U0851533

人力资源管理法律实操

全流程演练

实战案例版

何泽华◎著

中国铁道出版社有限公司
CHINA RAILWAY PUBLISHING HOUSE CO., LTD.

内 容 简 介

本书是一本面向企业管理者的劳动法律书籍，重点讲解企业在人力资源管理中的法律风险及防范。

本书力求以简单生动的语言全面阐释我国劳动法律规范，通过流程图、表格、文书模板、案例、延伸知识点等多种形式深入浅出地讲解《劳动法》知识点，纠正企业管理者在人力资源管理中的误区，减少劳资纠纷，和谐劳资关系。

本书共分十九章，内容涵盖劳动者入职到离职的人力资源管理全流程，按照企业用工管理的时间顺序将《劳动法》各项法律法规重新整合，将晦涩难懂的法律条文以通俗易懂的语言、典型的实战案例等方式阐述，帮助人力资源管理者吃透劳动法律，规避用工风险，从容应对劳资纠纷。

图书在版编目（CIP）数据

人力资源管理法律实操全流程演练 / 何泽华著 . —北京：中国铁道出版社，2018.9（2021.2 重印）

ISBN 978-7-113-24609-9

Ⅰ．①人… Ⅱ．①何… Ⅲ．①人力资源管理－劳动法－基本知识－中国 Ⅳ．①D922.5

中国版本图书馆 CIP 数据核字（2018）第 138911 号

书　　名：人力资源管理法律实操全流程演练
作　　者：何泽华

策　　划：王　佩　　**编辑部电话：**(010)51873022　　**邮箱：**505733396@qq.com
责任编辑：张亚慧　王　佩
封面设计：仙境
责任印制：赵星辰

出版发行：中国铁道出版社有限公司（100054，北京市西城区右安门西街 8 号）
印　　刷：三河市兴达印务有限公司
版　　次：2018 年 9 月第 1 版　2021 年 2 月第 6 次印刷
开　　本：700 mm×1 000 mm 1/16　**印张：**20.75　**字数：**300 千
书　　号：ISBN 978-7-113-24609-9
定　　价：68.00 元

前　言

FOREWORD

笔者从事法律工作多年，在解答和代理企业相关劳动争议纠纷时发现很多企业在进行人力资源管理时远不能达到《中华人民共和国劳动合同法》（以下简称《劳动合同法》）及相关法律法规对企业的要求，无论是在实体、证据、还是程序上，企业管理者都存在许多的缺陷和误区，使得企业需承担额外的用工成本。

《劳动合同法》及相关法律法规的修订与完善，一方面保护了劳动者的合法权益，另一方面规范和促进了企业依法用工。笔者在执业中发现很多管理者对劳动法有着诸多困惑，对于非法律专业的企业管理者而言阅读纷繁复杂的劳动法律法规并能准确进行理解和适用毕竟是不现实的。

为了在保障劳动者合法权益的同时也能兼顾企业的合法利益以及正常营商秩序，和谐劳资关系，节约用工成本，笔者萌发了为企业管理者编写一本劳动用工法律指南的想法，遂成本书。

本书相比于其他劳动法律书籍而言，具有四大优势:

① 全面。本书涵盖了劳动者从入职到离职期间企业所涉及到的所有劳动法知识点，按照企业用工管理的时间顺序将法律法规进行整合，避免遗漏。

② 易懂。本书面向广大无法律功底的企业管理者，将晦涩难懂的法条以通俗易懂的语言进行阐述，力争在简明易懂的同时不失严谨专业。为了帮助企业管理者理解法律法规，本书还在各章节穿插有真实案例、延伸知识点及各类图表、流程图以及文书模板，将法律法规流程化、图表化、案例化。

③ 实用。本书在章节内容的编排上，既注重对基本法律背景知识的介绍和大量典型案例的分析，同时更对相关问题的实务处理提出了具体的应对意见、解决方案以及操作技巧，使企业管理者可以在日常管理中灵活运用本书知识点。

④ 时效。本书编写时依据国家颁布的最新法律法规和司法解释，并结合各地方的审判实践，深入分析和把握了劳动立法精神，充分吸收了仲裁和司法机关的审判意见，具有较强的时效性。

希望各位读者能在阅读本书后有所收获！

由于笔者水平有限，书中或有遗漏、错误之处，还请多多批评指正！

何泽华

2018.4

CONTENTS

目录

第三章　劳动合同

第四章　试用期管理

第十三章 劳动合同变更

第十四章 劳动合同的解除

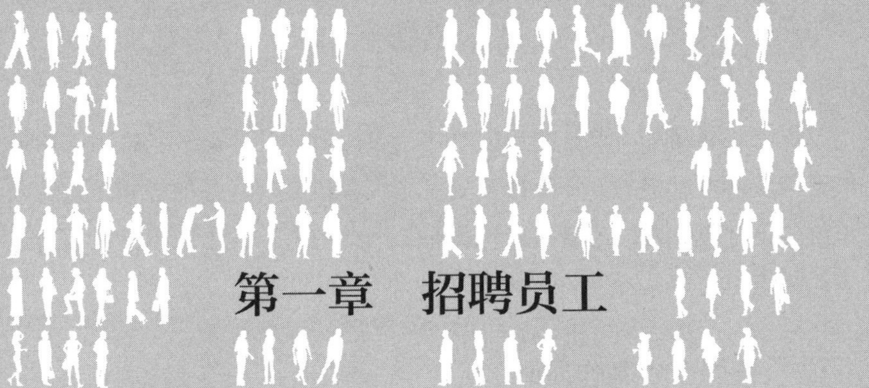

第一章　招聘员工

招聘是用人单位人力资源管理的第一步，其决定了用人单位的基本用人政策，对用人单位运作、经营都起着决定性的作用，把握好这一关对用人单位至关重要。俗话说“病从口入、祸从口出”，招聘作为用人单位用人的一张“口”，把握得好，则劳资关系和谐，用人单位欣欣向荣；把握得不好，则劳资关系紧张，劳动争议频发。随着《劳动合同法》及相关司法解释的出台，法律对用人单位招聘增加了更多的规定，给一些招聘机制不健全的中小企业带来了不小的压力和损失。

1.1 招聘启事

招聘启事是用人单位发出的一张“要约”，是劳动者了解用人单位的窗口，招聘启事的好坏直接决定了用人单位人力资源的优劣，对用人单位的正常营商秩序起着决定性作用，因此用人单位主应当重视招聘启事的制作和发布，防范法律风险。

1.1.1 招聘启事制作原则

一份好的招聘启事，应当做到以下几点：

（1）合法且有效

招聘启事的合法包括招聘启事的实体合法以及招聘启事的程序合法。招聘启事的实体合法指的是招聘启事的内容信息符合国家相关的法律法规，不存在歧视、虚假、非法、违背公序良俗的内容；招聘启事的程序合法指的是用人单位委托第三方发布的流程、渠道正当。

为了规范用人单位的招聘行为，国家针对性地出台了《人事部关于加强人才管理招聘工作的通知》《人事部人才流动开发司关于加强用人单位经营管理、人才招聘活动管理，切实做好人才招聘服务工作的通知》等法规，各地区的地方政府也出台了相应的地方性规范文件，例如北京市出台了《北京市关于加强人才招聘启事管理的通知》、四川省出台了《关于进一步加强人才招聘工作的通知》，对上述法律法规进行总结，用人单位应当注意以下几点：

招聘启事内容不得含有歧视性词语，不得以宗教信仰、性别、地域为由拒绝录用或提高聘用标准（特殊工种除外）。如在招聘内容中明确写明“限男性”“限本市户口”“限汉族”等。

① 禁止以侵犯其他单位及求职应聘人员的合法权益或以不正当手段招聘人才，如明知劳动者存在其他劳动关系或存在竞业协议而进行招聘。

② 禁止以人才招聘为由牟取不正当利益，以各种名义向应聘人员收取费用，要求求职应聘人员以财产或证件做抵押，此类情况较多发生在劳动密集型用人单位，如超市、快递等用人单位。用人单位为了保证货物、商品的安全，在入职时要求劳动者缴纳一定的押金或扣留身份证，此类行为是《劳动合同法》所禁止的。

③ 禁止未经应聘人员同意，擅自发布、泄露求职应聘人员资料和信息，擅自使用求职应聘人员成果。此种情况大多存在于皮包公司以及互联网用人单位中。一些皮包公司成立之初的目的就是收集身份信息然后高价进行售卖，这类公司将招聘看做一个收集身份信息的途径，打着招聘的幌子做着违法收集个人信息的勾当；另外有一些互联网公司，借着招聘高端人才的旗号，将公司内部遇到的技术问题作为招聘录用的笔试或者面试的考题，待得到满意的解决方案后在以种种理由打发掉应聘者，从而达到免费使用他人智力成果的目的。诚然上述两类行为实务中由于举证困难，很多都没有得到应有的处罚，但笔者相信随着法律的逐渐健全以及民众的法律意识逐渐提高，有上述行为的用人单位一定会得到应有的惩罚。

④ 禁止用人单位超出有关部门核准的经营范围或许可范围发布广告，禁止发布不得招聘人员的广告，禁止发布违反《中华人民共和国广告法》（以下简称《广告法》）规定的招聘启事。

（2）真实且客观

招聘启事是用人单位对外发出的一种具有法律效力的书面文件，用人单位必须要对招聘启事的真实性负责。一些用人单位为了招聘劳动者、吸引眼球，故意采取一些夸大其词、言过其实的语言，此类招聘不但不能招聘到适合用人单位的员工，而且还可能会被定性为《广告法》中的虚假宣传而被处罚。

（3）简洁且完整

一份好的招聘启事要简洁且完整，要用最简短的篇幅涵盖招聘要求、条件、待遇、岗位职责等多方面的信息，获得最大限度的关注。

一份完整的招聘启事应当有以下几个部分：

- 用人单位情况
- 岗位情况
- 岗位要求
- 福利待遇
- 联系方式

1.2 招聘启事制作与发布的常见问题

1.2.1 招聘启事中存在歧视性信息

用人单位在发布招聘启事时经常无意间包含形形色色的歧视性信息，例如性别歧视、年龄歧视、身高歧视、乙肝歧视等，此类歧视信息是对劳动者平等权利的侵害。《中华人民共和国就业促进法》第三条明确规定，劳动者依法享有平等就业和自主择业的权利，如用人单位侵害了劳动者平等就业和自主择业的权利，则会受到相应的处罚。实践中，法律对何种情况属于就业歧视没有明确的法律规定，用人单位是否构成就业歧视几乎完全依赖于法官的自由裁量权。一般认为，用人单位不是基于工作岗位的客观需要而在招聘启事中进行限制的，都属于歧视，认定为招聘启事中存在歧视性信息。

【案例】维护女性合法权益，中国就业性别歧视第一案

22岁的曹菊是2012年的应届毕业生。她在招聘网站看到“巨人教育”发布的行政助理职位招聘启事后，在2012年6月12日向对方投递了简历，但“简历投了好几天还没有任何音讯”。2012年6月25日，她再一次登录网站查看投递简历消息时发现，“巨人教育”行政助理招聘启事中有一条“仅限男性”的条件。对方工作人员在电话中再次明确告知该职位只招男性。

曹菊认为，“巨人教育”只招男性的做法属于就业性别歧视，将“巨人教育”诉至海淀法院，要求对方赔礼道歉、赔偿精神损害抚慰金50000元。曹菊一方表示，国家保障妇女享有与男子平等的就业权利。用人单位在录用职工时，除国家规定的不适合妇女的工种或者岗位外，不得以性别为由拒绝录用妇女或提高对妇女的录用标准。

【裁判】

被告“巨人教育”出于对女性平等权益的维护与尊严、对依法反对就业性别歧视的行为表示赞赏与支持，放弃辩护权。被告律师表示，该案开庭前，已向原告发出了“致歉信”。在法庭的调解下，“巨人教育”向曹菊提供3万元，作为海淀区新巨人培训学校关爱女性平等就业专项资金。

【解析】

本案中，被告放弃辩护寻求与原告和解的选择是明智的。一方面，被告招聘的职位是行政助理，主要负责日常的行政事务工作，按照一般的经验，女性更能胜任此类琐碎需要细心和耐心的工作。被告在招聘启事中对该职位限定“只招男性”却不能提供该职位客观上不能由女性上岗工作的证明，属于对女性应聘者的性别歧视；另一方面，被告作为国内知名的大公司，其对外行为会引发关注甚至会被一些用人单位效仿，被告主动进行和解，承认自己的错误并积极地进行弥补、赔偿，体现了一个大型用人单位的社会责任，也给其他用人单位树立了一个良好的示范榜样。

1.2.2 招聘启事中存在虚假信息

有些用人单位为了吸引劳动者应聘，经常在招聘信息上故意夸大待遇、职位或者许诺一些福利待遇，待劳动者入职后却无法实现，从而引发了争议。招聘员工的用人单位需要注意，虽然招聘启事的性质一般认为是“要约邀请”，通常不具备法律约束力，但存在例外情形。如果招聘启事的内容明确，从形式上符合要约的要求，并且劳动者对于要约邀请的内容产生了合理的信赖，也可能被认为具有法律约束力。

诚信原则是订立劳动合同的基本原则，如果善意的劳动者对于招聘启事中的内容产生了合理的信赖并因此递交简历、求职申请，甚至自费“长途奔袭”参与面试等支出一定的费用，若用人单位的过失甚至恶意的行为导致应聘者损失，招聘的用人单位应该承担相应的赔偿责任。

在劳动合同的协商订立阶段，双方当事人都应该遵守诚信原则，如果用人单位违背诚信原则进行虚假的陈述则有可能构成欺诈，应承担相应的法律责任。

1.2.3 招聘启事录用条件不明确

在招录劳动者之后与其签订劳动合同时往往附有试用期的条款，在试用期间如果劳动者不符合录用条件，用人单位就可以行使单方解除劳动合同的权利。

用人单位与劳动者双方就建立了劳动关系，应当受到劳动法的保护，在试用期间行使单方解除权，若劳动者不认可，双方就容易产生劳动纠纷。

虽然根据《劳动合同法》第三十九条明确规定：劳动者在试用期间被证明不符合录用条件，单位可以立即解除劳动合同。但是行使单方解除权是附有条件的，只有在满足条件的情况下，单位才可以行使该权利。但上述条款中，有两个容易被用人单位忽略但在司法实践中非常关键的词语：“被证明”和“录用条件”。“被证明”表明用人单位需要承担举证责任，即在试用期间如果用人单位认为劳动者不符合录用条件，要行使单方解除权，那么用人单位将承担举证责任，证明劳动者不符合录用条件，否则将承担举证不能的不利后果。

用人单位需要明确“录用条件”，招聘广告中的录用条件需要明确精准。同时应将此招聘广告存档备查并保留刊登的原件。这样，一旦在试用期解雇员工而产生纠纷时，就可使用人单位处于主动地位，防止出现举证不能败诉的情形。

1.2.4 招聘启事制作与发布的技巧

用人单位在招聘启事制作与发布上要熟练运用以下技巧，防止因招聘启事出现劳动争议遭受损失。

第一，制作招聘启事时多用“择优录取、优先”等词语，避免歧视性语言的运用。用人单位在制作招聘启事时，除非特殊岗位法定或客观的条件限制外，对于一般的工作岗位要避免运用歧视性词语，例如“限男性”“限身高180cm以上”“限本市户籍”“限211及985学历”等词语，此类词语一旦运用就表明用人单位排除了不满足上述条件的劳动者平等应聘、平等就业的权利，如果用人单位不能给出该岗位客观上需要上述限制条件的原因，则一般都会被法院认定为存在就业歧视，进而赔偿损失。故用人单位在制作“招聘启事”时，可以将歧视性的前置性筛选程序变成“择优录取”后置性选拔程序，多运用“优先”“择优录取”的文字表述，在保证所有劳动者公平应聘权利的同时，运用用人单位雇佣劳动者的自主权利对应聘者“择优录取”，既可以避免就业歧视引发争议，又可以挑选到心仪的人才。

第二，制作招聘启事时要合理设置岗位、明确岗位需求。招聘启事中对岗位职责的表述应当与真实职责一致，并且尽量进行明确，如条件不允许，建议在招聘启事上标注“最终岗位职责与待遇以双方签订的劳动合同为准”。

第三，制作招聘启事时应秉承诚实信用的原则，避免发布虚假的招聘信息。有的用人单位为了吸引到更多的人才不惜在制作招聘启事时发布虚假的招聘信息，故意夸大用人单位的实力、地位、规模、夸大招聘岗位的层级、夸大薪资待遇、福利等行为，这无异于“饮鸩止渴”，一旦劳动者以此提起劳动争议，用人单位会因为“欺诈”“待遇未兑现”等原因被迫解除与劳动者的劳动关系并赔偿相应的损失。

第四，制作招聘启事时明确录用条件，并针对决定录用应聘者，要求其出具“阅读并理解录用条件”的证明或签订配套的《录用条件确认书》留档备查，如劳动者不胜任工作，需解除劳动关系，该招聘启事、《录用条件确认书》可作为重要证据进行举证。

【延伸】一份可参考的录用条件确认书

录用条件确认书【编号：××××××】

员工姓名：　　　　身份证号：

工作岗位：　　　　入职时间：

试用期期限：自　　年　月　日至　　年　月　日

录用条件：

1. 诚实守信、具有优良的道德品质；试用期内员工存在任何与工作内容或其他事项上的虚假陈述、提交虚假材料（此包含应聘入职时提供的材料：学历学位证书、工作经历、教育经历、体检证明材料等，也包括工作中向上级提交虚假的工作材料）、隐瞒事实的行为属于不符合录用条件；

2. 具有较强的敬业精神与工作责任心；试用期内连续无故旷工达 2 天，累计旷工达 4 天的，视为不符合录用条件；

3. 具有良好的工作态度以及遵守公司的劳动纪律；若员工存在拒绝接受公司下达的工作任务等消极怠工行为，或其他有违公司劳动纪律的行为，公司有权给予书面警告；试用期内给予第 2 次书面警告的，视为不符合试用期的录用条件；

4. 具有较好的团队合作、沟通协调能力；若试用期员工所在部门或小组（部门或小组应满足 5 人以上）经民主、公开评议，有 2/3 以上其他员工认为试用期员工团队协作、配合能力差，视为不符合录用条件；

5. 具有较强的服务意识、与客户的沟通能力；若试用期内客户口头投诉达到 2 次或书面投诉达到 1 次，则视为不符合试用期录用条件；

6. 具有较强的岗位工作能力；销售类岗位的员工每月应达指定的销售目标 **** 元，若未达销售目标的，视为试用期不符合录用条件；非销售类岗位的员工，试用期内出现工作过错或失职行为达到 2 次以上的属于不符合录用条件。

--骑缝章--

回执

员工 ×××（身份证号：　　）已认真仔细阅读并签收本公司的《录用条件确认书》【编号：××××××】，并完全知悉和理解该确认书的内容并严格遵守。

签字：

日期：

用人单位在发布招聘启事时要选择正规的发布渠道，且尽量保持不同途径、不同形式发出的招聘启事内容上的一致，以避免因第三方修改造成不必要的争议。

招聘启事发布后，用人单位要及时进行存档备案，保留刊登的原件。相比于劳动者，用人单位处于劳资关系中的强势地位，因此我国劳动法要求用人单位承担绝大部分的举证责任，用人单位应对招聘启事进行妥善的归档保管，以避免出现劳动争议中因举证不能而败诉的情形。

1.3　应聘面试

在对应聘劳动者进行面试时，用人单位与劳动者的告知义务尤为重要。一方面，用人单位在面试劳动者时往往要求劳动者提供求职简历并在面试过程中询问一些有关劳动者自身与岗位或个人有关的信息来全面了解劳动者是否符合应聘条件；另一方面，劳动者在与用人单位面试人员的沟通中了解有关用人单位的相关信息，从而确认用人单位是否符合自身对工作岗位、环境、氛围等一系列的要求。

但需要注意的是，告知义务以及用人单位的知情权存在一定边界，其边界的底线就是不能侵犯应聘劳动者的隐私权。一些用人单位在面试的过程中除了询问劳动者与工作有关的年龄、工作经历、学历、健康状况等与工作有关的信息外，还询问诸如家庭情况、血型、体重、身材、财务状况、婚姻状况等于工作无关的信息。在求职过程中，劳动者属于弱势的一方，出于对岗位的渴望往往会配合用人单位做相关调查，但这类调查已经侵犯了劳动者的个人隐私，如用人单位不谨慎操作很可能会承担相应的法律后果。

在面试中，用人单位应当注意以下问题：

① 用人单位面试时要注意知情权与隐私权的冲突，针对询问的问题要设定合理的边界，尽量避免询问与工作无关的个人隐私，即使出于特殊原因需要询问也应事先跟劳动者进行沟通，并告知劳动者具有选择回答或不回答的权利。

② 用人单位在接收劳动者递交简历后要做好简历的保管及保密工作。劳动者的简历中一般会涉及劳动者姓名、身份证号、联系电话、家庭住址、肖像照等个人隐私，用人单位在接收劳动者递交的简历后要做好保管及保密工作，避免劳动者简历外泄，否则用人单位将承担侵犯劳动者隐私权的法律责任。

③ 用人单位应当如实告知劳动者询问的与工作相关的信息。在面试过程中，劳动者一般也会向用人单位询问与工作相关的信息，主要涉及岗位职责、薪资待遇、工作环境、团队环境等，此类信息与工作相关，属于劳动者知情权的范围之内，用人单位应当如实回答，不能有隐瞒和欺诈。

第二章　录用审批

2.1 入职审查

《劳动合同法》第八条规定，用人单位招用劳动者时，有权了解劳动者与劳动合同直接相关的基本情况，劳动者应当如实说明。

法律赋予了用人单位相关的入职审查权利。入职审查工作的目的主要有两个：其一是核实应聘者提供材料的真实性或澄清某些疑问，以提高招聘准确度；其二是规避法律风险。入职审查的重点，在于对招聘过程中得到的劳动者相关信息的固定和整理。

用人单位要从以下几个方面进行入职审查。

2.1.1 身份、年龄审查

《劳动法》第十五条规定，“禁止用人单位招用未满十六周岁的未成年人。文艺、体育和特种工艺单位招用未满十六周岁的未成年人，必须依照国家有关规定，履行审批手续，并保障其接受义务教育的权利”。可见，一般用人单位只能招用年满16周岁的劳动者，否则会构成违法用工。

用人单位招聘时，应当要求应聘者提供身份证明，并对其身份证件进行核实。必要时，还可以通过公安部门、街道办事处、居民委员会等机构调查应聘者的身份，或通过相关网站对应聘人员的身份证件进行核实。

2.1.2 资质审查

用人单位应根据招聘职位的具体情况，要求应聘者提供相关的学历证明和各种资格证明，并进行真实性审查。如将相关资格证书送至专业机构验证，登录教育部网站或中国高等教育学生信息网核实学历证书、资格证书等的真实性，从而最大程度地确保劳动者的基本素质和专业技能适应招聘岗位的需求。

2.1.3 劳动关系状态审查

根据《劳动合同法》第91条规定，用人单位招用与其他用人单位尚未解除或终止劳动合同的劳动者，给其他用人单位造成损失的，应当承担连带赔偿责任。《违反〈劳动法〉有关劳动合同规定的赔偿办法》第六条规定，用人单位招用尚未解除劳动合同的劳动者，对原用人单位造成经济损失的，除该劳动者承担直接赔偿责任外，该用人单位应当承担连带赔偿责任。其连带赔偿的份额应不低于对原用人单位造成经济损失总额的百分之七十。因此，招聘员工时，用人单位必须要求应聘者提供已与原用人单位解除或终止劳动合同的证明。若其无法提供相关证明，用人单位可要求员工提供原单位的联系方式或证明人，以便进行工作背景调查。

2.1.4 就业限制审查

现代商业社会，大多数用人单位都存在一定的商业秘密，尤其对于一些知识型、技术型或从事重要岗位的应聘者，原单位很可能与其签订有限制就业的相关法律文件，如竞业限制协议，应聘者进入本用人单位工作就有可能违反上述协议。

用人单位在招聘和录用员工尤其是高管时，应询问应聘者是否与原单位签订有保密协议、竞业限制协议等法律文件，在本用人单位工作是否违反了相关协议，必要时还可以联系其原单位进行求证。

2.1.5 身体状况审查

患有潜在的疾病或职业病的劳动者会给用人单位带来巨大的风险，因此《劳动合同法》规定了用人单位对劳动者的身体状况的知情权，即用人单位有权要求应聘劳动者提供正规的体检报告或者要求应聘者到指定医院参加入职前体检。

实践中，很多用人单位滥用身体状况审查的权利，侵害了劳动者的平等就业权，其中最严重的当属拒绝录用携带乙肝病原体的劳动者。为了规范和避免用人单位滥用知情权，人力资源和社会保障部门出台了《关于进一步规范入学和就业体检项目维护乙肝表面抗原携带者入学和就业权利的通知》，明确规定了用人单位在就业体检中，不得要求乙肝项目检测，不得因劳动者是乙肝病原携带者而拒绝予以招用或辞退。也就是说，除非用人单位能够证明拟聘用的员工将在本单位从事国家法律、法规和卫生部规定禁止乙肝病原携带者从事的工作，比如餐饮、保育、医疗等服务行业的相关工作，否则不能在入职体检中强制要求员工参加乙肝项目检测，也不得拒绝录用携带乙肝病原的劳动者。

2.1.6 入职审查操作技巧

用人单位招聘劳动者一般会根据应聘者的资质、学历、职业经历、健康状况等信息决定是否录用，应聘者提供虚假资料，如假文凭、假证件、假职业经历或用人单位疏于审查某些重要信息，必将为用人单位埋下巨大的隐患。用人单位应当建立完善的入职审查机制，掌握审查技巧，以防患于未然。

面对入职应聘者，用人单位应当掌握下列入职审查操作技巧：

（1）设置《新聘用人员入职登记表》

表格中列明劳动者与签订劳动合同有关的各个项目，要求应聘人员如实填写，不得欺骗。用人单位应将《新聘用人员入职登记表》作为劳动合同的附件，妥为管理和保存，一旦发现新聘用人员有欺诈行为，用人单位就可以依据《新聘用人员入职登记表》作出处理。

（2）要求劳动者提供相关个人资料

用人单位可以要求劳动者提供书面的相关个人资料留作证据，重点审查身份、学历、资格、工作经历等信息是否真实；是否患有潜在疾病、残疾、职业病等；应聘人员是否年满 16 周岁或是否退休享受养老保险待遇的人员；是否与其他单位签订有未到期的劳动合同；是否与其他单位存在竞业限制协议；录用外国人的，是否办理外国人就业手续。招用有从业经历的劳动者时，应该要求其提供与前单位的解除或终止劳动合同证明，并保留原件，如尚未解除劳动合同的，要求其原单位出具同意该新聘用人员入职的书面证明。

（3）劳动合同中约定审查条款

为了规避出现入职审查不严带来的法律风险，用人单位可以在劳动合同中约定审查条款。例如："乙方应当按照甲方要求提供可验证的居民身份证或其他有效身份证、学历证书、职业资格证书的复印件，以及最后服务单位的离职证明、婚姻生育证明、甲方指定医院的体检证明等相关资料，并将有关与本劳动合同直接相关的基本情况，按甲方提供的《新聘用人员招收登记表》，由本人如实填明并作为劳动合同的附件。"

在劳动合同中约定审查条款的目的在于添加劳动者提供合法身份证件和其他证件的义务，避免劳动者提供虚假信息造成用人单位的损失。

（4）建立职工名册并存档

《劳动合同法》第7条规定："用人单位自用工之日起即与劳动者建立劳动关系。用人单位应当建立职工名册备查。"由此可见，建立职工名册是用人单位的法定义务。

要求用人单位建立职工名册备查的目的，是为了解决劳动者在发生劳动纠纷时举证困难，难以证明双方劳动关系的存续情况。职工名册是由用人单位掌握和管理的，用人单位就负有举证义务了，因此用人单位应当建立职工名册并存档，避免不能提供职工名册而承担举证不能的法律风险。

2.2　录用通知书

随着用人单位人力资源管理水平不断提高，越来越多的用人单位在聘用劳动者时，都会发一封录取通知书。

录用通知书是用人单位经过考核之后向决定录用的劳动者单方发出

的愿意与之建立劳动关系的文书。换言之，单位之所以要发出录用通知书，主要表达的是想与劳动者建立劳动关系的意思。

2.2.1 录用通知的法律效力

录用通知书在法律上是一种要约，其对用人单位具有约束力，对劳动者没有约束力。对于劳动者来说，录取通知书不是劳动合同，劳动者可以承诺，也可以不承诺。也就是说，劳动者可以接受这份工作机会而去与用人单位签订劳动合同，也可以不接受，而不接受并不需要承担任何法律后果。 对于用人单位来说，录用通知一旦发出并被劳动者收到，就发生法律效力，用人单位要受到这份要约的约束，只有在特殊的条件下才能撤销，并承担相应的赔偿责任。

有的用人单位在录用通知书上还会明确薪酬待遇、工作地点、岗位等信息，则该录用通知书应当视为劳动者与用人单位就劳动合同的某些条款已经达成一致。一旦接收该录用通知书的劳动者入职签订劳动合同时，除非劳动者同意重新商定相关内容，否则用人单位应当按照录用通知上的约定与劳动者签订劳动合同。

【延伸】录用通知与劳动合同约定不一致应当如何处理?

建立劳动关系，应当订立书面的劳动合同，录用通知书即使规定了劳动合同中的必备条款也不能免除书面劳动合同的订立义务。实践中录用通知书中的约定会包括劳动合同部分内容，经常会出现两个文件中约定不一致的问题。

针对这种情况，用人单位应当依照以下情况进行处理:

① 劳动合同中约定与用人单位存在冲突的,以劳动合同的约定为准。劳动合同订立的时间在录取通知之后，劳动合同的约定与录用通知约定不同实际上是用人单位与劳动者变更的合意，应当适用最新的约定即以劳动合同的约定为准。

② 录用通知的约定在劳动合同中未约定的，按照录用通知中的约定

执行。录用通知书对用人单位具有约束力，即使劳动合同中未约定也并不能否认录用通知中约定的效力。

2.2.2 录用通知书的撤回与撤销

上文提到，录用通知书法律层面是一种要约。《合同法》规定，要约是可以撤回与撤销的，但需要发出相应的撤回录用通知书、撤销录用通知书。

撤回录用通知书的通知应当在录用通知书到达拟录用者之前或与录用通知书同时到达拟录用者；撤销录用通知书的通知应在拟录用者在录用通知书上签字承诺之前到达拟录用者。

一般情况下，录用通知书是由公司人力资源部门亲自给至拟录用者，且由拟录用者当场签字交还至人力资源部门，故一般是不存在录用通知书撤回及撤销这种情况。但针对公司较难招聘的技术性岗位或者公司高管，在给其录用通知书的同时，也需给予其考虑的时间，在这种情况下，如公司发出录用通知书又反悔的，则应当及时做出撤销录用通知书的法律行为。

2.2.3 录用通知书的操作技巧

录用通知书是用人单位向劳动者发出的单方书面文件，对劳动者没有约束力但对用人单位有约束力，用人单位发录用通知书时一定要慎重且要掌握一定的操作技巧，尽量避免给劳动者造成损害，承担赔偿责任的情形发生。

用人单位在制作以及发出录用通知书时应当注意以下内容：

① 用人单位录用劳动者可以不出具录用通知。录用通知书并不是法律规定必须出具的文件，如无特别需求不建议用人单位向劳动者出具录取通知书，利用电话或口头通知劳动者入职即可。

② 录用通知尽量在体检之后发放。用人单位发放录用通知书一般

会在应聘人员复试合格后发出，而在录用通知书里通知拟录用的应聘者带上体检证于某月某日前来公司办理入职手续。这样做虽然缩短了招聘录用的时间，提高了工作效率，但同样存在很大的风险——如果体检查出拟录用人员不符合用人单位的体检标准，则用人单位会处于进退两难的境地，所以这时发出录用通知书显然不合时宜。笔者建议将体检作为招聘录用的一个环节，综合体检结果考虑后再对拟录用人员发出录用通知书，对于不符合用人单位体检标准的劳动者，可以告知因其他原因未录用。

明确约定录用通知无效的情形。为了保障用人单位的利益，用人单位在出具录用通知书时可明确通知无效的条件。例如：(1) 拟录用者未在规定时间内作出承诺的；(2) 拟录用者未在规定时间前来办理入职手续上班的；(3) 在正式上班前发现有不符合录用条件的；(4) 与原单位存在竞业限制约定且本公司在限制范围之内的；(5) 在正式上班前发现所提供个人简历、学历、职称等资料弄虚作假的，或者在面试过程中有欺骗或其他不诚实行为的；(6) 无法提供办理录用、社会保险等所需要的证明材料的；(7) 具有其他不诚信的行为的。

明确约定劳动者的违约责任。录用通知书是要约，劳动者的确认就是承诺了，一旦劳动者承诺之后，则双方的民事合同关系就成立，劳动者再反悔的，要承担缔约过失责任。笔者建议用人单位在录用通知书中要设置好劳动者确认的条款及格式，并要求劳动者将确认文书回邮单位。骑驴找马是目前大多数求职者的求职心态，用人单位发出录用通知书，但拟录用员工作出承诺后又反悔的，这不但浪费了用人单位的招聘成本，还影响到用人单位的招聘机会，以致影响用人单位的正常生产经营。故需在录用通知书里设定违约责任，防止拟录用者随意承诺，以此减少用人单位的损失。

尽快签订书面劳动合同。录用通知书不能代替劳动合同，用人单位在劳动者入职后应尽快与劳动者签订书面的劳动合同。另外，用人单位在签订劳动合同时要注意录用通知书中的约定，避免约定冲突情况的发生。

2.3 应届生源的三方协议

三方协议是《普通高等学校毕业生、毕业研究生就业协议书》的简称，它是明确毕业生、用人单位、学校三方在毕业生就业工作中的权利和义务的书面表现形式，能解决应届毕业生户籍、档案、保险、公积金等一系列相关问题。三方协议是普通高等学校毕业生和用人单位在正式确立劳动人事关系前，经双向选择，在规定期限内就确立就业关系、明确双方权利和义务而达成的书面协议；是用人单位确认毕业生相关信息真实可靠以及接收毕业生的重要凭据；是高校进行毕业生就业管理、编制就业方案以及毕业生办理就业落户手续等有关事项的重要依据。

三方协议最早出现于 1997 年教育部高校学生司下发《关于统一使用 < 全国普通高等学校毕业生就业协议书 > 的通知》（教学司〔1997〕118 号），明确在全国高校毕业生就业工作中统一使用《全国普通高等学校毕业生就业协议书》，该协议书由教育部高校学生司统一制定，学校招生就业工作处统一翻印。2009 年教育部高校学生司发布了《关于修订 < 普通高等学校毕业生就业书 > 若干意见的通知》将三方协议的制定权下放至省级教育主管部门，各省修订后的三方协议文本上均采用了经过数据加密处理的专用条码防伪方式，每个毕业生有且仅有一份。

2.3.1 三方协议与劳动合同的区别

三方协议虽然也规定一些劳动关系涉及的内容，但其不能代替劳动合同，与劳动合同相比存在以下区别：

第一，签订时间不同。三方协议是学生在校期间签订的，而劳动合同是在毕业生毕业离校后到单位正式报到时签订的。

第二，主体不同。三方协议的主体是三方，即学校、毕业生和用人单位；而劳动合同的主体是两方，即劳动者和用人单位。

第三，内容不同。三方协议的主要内容是毕业生如实介绍自身情况，并表示愿意到用人单位就业、用人单位表示愿意接收毕业生，学校同意推荐毕业生并列入就业方案；而劳动合同是记载劳动者和用人单位的权利和义务，是劳动关系确立的法律凭证。

第四，目的不同。三方协议是毕业生和用人单位关于将来就业意向的初步约定，是编制毕业生就业方案和将来双方订立劳动合同的依据。而劳动合同主要是劳动关系确立后使劳动者和用人单位的合法权益得到应有的保障。

第五，适用的法律不同。三方协议订立后如发生争议，解决主要依据是《国家关于高校毕业生就业的规定》《民法》《合同法》等，而劳动合同订立后，发生争议解决主要依据是《劳动法》《劳动合同法》及相关法律法规，司法解释。

但需要注意的是，三方协议与劳动合同并非没有任何联系。三方协议中的毕业生就业之后的工作性质、地点、期限、工资薪金、社会保险及公积金等涉及劳动合同关系的条款与双方正式签订的劳动合同内容上基本一致，通过三方协议中内容，毕业生基本可以预见到自己与用人单位建立劳动关系之后所享有的权利和应承担的义务。

2.3.2 用人单位签订三方协议应注意的问题

用人单位在进行校招时，通常会需要与应届毕业生、生源学校签订三方协议，在签订三方协议时，下列问题需要特别注意：

第一，签订三方协议后，仍需订立劳动合同。三方协议仅具有一般合同性质，是对毕业生与用人单位之间即将形成劳动关系及形成劳动关系后，双方应履行的基本权利义务的约定和确认，不具备《劳动合同法》要求的劳动合同必备条款。故用人单位在签订三方协议后，应按照《劳动合同法》的规定在劳动关系形成之日起一个月内与毕业生签订正式的书面的劳动合同，否则将面临未依法签订劳动合同的法律风险，有关劳动合同订立相关内容参见本书第三章劳动合同相关内容。

第二，招聘应届毕业生之前做好规划，避免用人单位违约的情况。招聘应届毕业生与社会招聘劳动者不同，对用人单位而言具有更高的违约成本。很多学校有用人单位违约后几年内不得在进入学校进行招聘的规章制度，并且在签订三方协议后，签订劳动合同之前，用人单位违约一般需要支付毕业生相应的违约金。因此用人单位在招聘应届毕业生时要提前做好规划，避免多招、错招现象发生，避免承担违约的后果。

第三，招聘应届毕业生时要做好严格的筛选，并约定适当违约金，减少毕业生毁约情况的发生。三方协议受《合同法》约制，用人单位可以在三方协议上约定适当的违约金，一方面毕业生考虑到违约将遭受损失进而减少违约情况的发生，另一方面一旦发生毕业生违约的情况，通过违约金的索赔可以起到一定弥补损失的作用。需要注意的是，用人单位可以在三方协议签订后，劳动合同签订前违约的毕业生主张违约金，但一般不能对签订劳动合同的毕业生主张违约金。

第四，尽量避免签订“以解决户口为由约定服务期和违约金”的三方协议及劳动合同。很多大城市的户籍限制及享受待遇的差距，导致许多学生签订三方协议重点考虑户口因素，用人单位签订了三方协议和劳动合同后，辛苦为其办理户口，户口一旦解决了就提出辞职，用人单位最终“竹篮打水一场空”。许多用人单位针对这种情况会在三方协议、劳动合同中会以解决户口为条件约定服务期和违约金，但此类条款一般不会得到法律支持。《劳动合同法》第25条规定，除如下两种特殊情形外，用人单位不得同劳动者约定由劳动者承担违约金：（1）用人单位为劳动者提供专项培训费用，对其进行了专业技术培训的，可以与该劳动者订立协议，约定服务期。如果劳动者违反服务期约定的，应当按照约定向用人单位支付违约金。（2）对负有保密义务的劳动者，用人单位可以在劳动合同或者保密协议中与劳动者约定竞业限制条款。劳动者违反竞业限制约定的，应当按照约定向用人单位支付违约金。“解决户口”既不属于专项培训亦不属于竞业限制，因此不能约定违约金，即使约定也不得到支持。

【案例】

北京师范大学毕业的侯某研究生毕业应聘到北京一家央企工作，该央企可以解决侯某的户口但工资偏低，侯某为了得到北京户口与该央企签订了三方协议和劳动合同，并约定“用人单位两年内为侯某办理户口入京手续，侯某服务期为5年，如不满服务期离职需支付用人单位违约金10万元”。两年后，侯某顺利的拥有了北京户口，但却在拥有户口后2个月内离职进入了一家薪资较高的私企。原工作单位将侯某起诉至仲裁委要求侯某支付违约金10万元。

【裁决】

仲裁委驳回了该用人单位的诉讼请求，用人单位不服上诉至法院，法院维持了仲裁委的裁决。

【解析】

根据我国《劳动合同法》第25条规定，除如下两种特殊情形外，用人单位不得同劳动者约定由劳动者承担违约金：1、用人单位为劳动者提供专项培训费用，对其进行了专业技术培训的，可以与该劳动者订立协议，约定服务期。如果劳动者违反服务期约定的，应当按照约定向用人单位支付违约金。2、对负有保密义务的劳动者，用人单位可以在劳动合同或者保密协议中与劳动者约定竞业限制条款。劳动者违反竞业限制约定的，应当按照约定向用人单位支付违约金。

本案中，侯某与用人单位约定了5年服务期，该服务期是以解决北京户口为条件，不属于《劳动合同法》中可以约定违约金的情形，不应支持。另外根据《北京市劳动局北京市高级人民法院关于劳动争议案件法律适用问题研讨会会议纪要(2009年8月27日公布)》第32条规定，“用人单位为其招用的劳动者办理了本市户口，双方据此约定了服务期和违约金，由于该约定违反了《劳动合同法》第二十五条的规定，因此用人单位以双方约定为依据要求劳动者支付违约金的，不应予以支持”，也进一步说明了北京地区不支持以户口为由约定服务期和违约金的做法。综上，仲裁委及法院的裁决无误。

第三章　劳动合同

劳动合同又称劳动契约，是作为平等主体的劳动者与用人单位依据双方真实意思表示签订的确立劳动关系，明确双方权利与礼物的书面协议。依据劳动合同，劳动者加入用人单位、个体经济组织、事业组织、国家机关、社会团体等用人单位，成为该单位的一员，承担一定的工种、岗位或职务工作，并遵守所在单位的内部劳动规则和其他规章制度；用人单位应及时安排被录用的劳动者工作，按照劳动者提供劳动的数量和质量支付劳动报酬，并且根据劳动法律、法规规定和劳动合同的约定提供必要的劳动条件，保证劳动者享有劳动保护及社会保险、福利等权利和待遇。

劳动合同也是稳定劳动关系、用人单位强化劳动管理、劳动者保障自身权益、双方处理争议的重要依据，用人单位在与劳动者订立劳动合同时，必须依法依规进行，防止出现劳动争议造成损失。

3.1　劳动合同的主体

劳动合同的签约主体即是订立劳动合同、确立劳动关系的当事人——劳动者和用人单位。相比于一般民事责任主体而言，劳动合同的签约主体具有特定性：劳动者和用人单位都要具备法律规定的劳动合同主体条件才能签订劳动合同，不具备法定资格的公民、不具有用工权的组织和个人都不能签订劳动合同。

3.1.1　签约主体的范围

按照字面意思进行解读，劳动者指的是“劳动的人”，是对一切从事劳作的自然人的统称。劳动法律关系中所涉及的劳动者其范围相对字面意义上的劳动者要小得多，其指达到法定年龄、具有劳动能力，以从事某种社会劳动获得收入为主要生活来源，依据法律或合同规定，在用人单位管理下从事劳动并获取劳动报酬的自然人。

从劳动者的法律定义分析，劳动关系中的劳动者要满足以下条件：

（1）年龄条件

根据《劳动法》《国务院关于工人退休、退职的暂行办法》的规定，法定劳动年龄区间为年满16周岁（以社会劳动获得收入为主要生活来源）至退休年龄（在没有新的延迟退休政策出台之前，男性劳动者退休年龄为60周岁；女性劳动者，身份为干部的55周岁，身份为工人的50周岁）

另外，从事井下、高空、高温、特别繁重体力劳动或者其他有害身体健康的工作，退休年龄提前，男性年满55周岁、女性年满45周岁。

（2）劳动能力条件

用人单位与劳动者建立劳动关系的目的在于利用劳动者的劳动来进行经营、创造价值。因此，劳动者必须具有完全的民事行为能力以及劳动能力。

另外，劳动者从事一些特殊的行业还需要满足该行业的特殊需求，例如餐饮行业的劳动者不得有传染疾病。

用人单位是指具有用人权利能力和用人行为能力，运用劳动力组织生产劳动，且向劳动者支付工资等劳动报酬的单位，一般包括用人单位、个体经济组织、国家机关、事业组织、社会团体。

3.1.2 特殊劳动者的法律认定

在实践中，用人单位要谨慎与下列几种特殊劳动主体建立劳动关系。

（1）退休人员

有些用人单位为了节省劳动成本、给单位提供经验丰富的人才等目的，会聘请一些退休人员工作。退休返聘人员不属于劳动者，原因在于劳动者的劳动权利能力和行为能力开始于16周岁，男性终止于60周岁、女性干部终止于55周岁、女工人终止于50周岁。劳动者一旦超过了年龄就丧失了劳动权利能力，也就丧失了与用人单位签订劳动合同的法定资格，即使签订了劳动合同也不具备法律上的效力。

在劳动争议的审判实践中，法院及仲裁委也支持退休人员不能与用人单位建立劳动关系的观点。最高人民法院《关于审理劳动争议案件适用法律若干问题的解释（三）》第七条规定：“用人单位与其招用的已经依法享受养老保险待遇或领取退休金的人员发生用工争议，向人民法院提起诉讼的，人民法院应当按劳务关系处理”。

退休人员不能与用人单位建立劳动关系，一旦在工作中发生损害不能通过工伤认定，由工伤保险进行赔付，但退休人员可以依据《最高人民法院关于审理人身损害赔偿案件适用法律若干问题的解释》的规定：“雇员在从事雇佣活动中遭受人身损害，赔偿权利人可以请求第三人承担赔偿责任，也可以请求雇主承担赔偿责任。”要求用人单位承担赔偿责任，故存在极大的用工风险，笔者个人不建议用人单位返聘退休人员。

如确有返聘退休人员的必要，建议用人单位与退休人员签订完善的劳务协议并投保雇主责任险以避免用工风险。

【案例】

何女士退休前在某单位担任会计，有着丰富的工作经验。在何女士正式退休后，单位出于节省成本的考虑，将何女士返聘继续从事会计工作。2009 年初，何女士在工作中遭闯入的讨债者殴打造成流血、骨折等损害。事发后，单位立即将何女士送至医院接受治疗。经过四十余天的治疗，何女士出院。但是这次事故造成何女士左手四指丧失功能，整个左手几近残疾。

病情稳定的何女士申请了伤残鉴定，经鉴定，何女士构成七级伤残。何女士找到了单位要求予以适当的赔偿。但是，单位认为何女士应当找造成损害后果的第三人进行赔偿，无奈的何女士将单位诉至法院。

【裁决】

法院经审理后认为，何女士作为已达到退休年龄的公民，与单位之间不再形成劳动关系。但是，这并不代表单位对何女士的受伤不承担任何责任。根据《最高人民法院关于审理劳动争议案件适用法律若干问题的解释（三）》，何女士在退休后依旧为单位提供劳务，此时与单位之间形成的是劳务关系，受我国民法保护。据此，法院依据我国《侵权责任法》《最高人民法院关于审理人身损害赔偿案件适用法律若干问题的解释》的相关规定，判令单位支付何女士医疗费、护理费、误工费、住院伙食补助费、交通费、营养费、残疾赔偿金、残疾辅助器具费、精神损害抚慰金等合计 30 余万元。

【解析】

用人单位雇佣退休人员一定程度上可以减轻用人成本：一方面用人单位与退休人员建立的是劳务关系不是劳动关系，无需按照劳动法的规定为其缴纳“五险”；另一方面，劳务关系不存在加班的概念，无需支付相应的加班工资。但用人单位应当注意到，退休人员与用人单位之间形成的是劳务关系，用人单位作为雇主对雇员遭受损害是要承担责任的，千万不要贪小便宜吃大亏。

（2）外国人

随着我国经济的快速发展，人才流动逐渐由出转进，越来越多的外国人来到中国发展，随之而来引发了更多涉外劳动法律关系纠纷。

我国劳动法并未限制劳动者的“国籍”，故外国人在国内建立劳动关系与我国公民享有同等待遇，但要注意以下事项：

- 外国人在中国就业要年满 18 周岁，身体健康；
- 有明确的聘用单位；
- 身体健康；
- 不得存在犯罪记录；
- 持有有效护照或能代替护照的其他国际旅行证件；
- 持有“就业证”及“工作类居留证件”；
- 解除劳动合同，用人单位需报劳动保障部门、公安部门备案；
- 外国人“就业证”实行年检制度，用人单位需注意每年的审查。

【延伸】如何办理外籍劳动者“就业证”及“工作类居留证件”？

用人单位为外国人办理“就业证”及“工作类居留证件”时，按照以下步骤进行：

外籍劳动者就业许可办理：

（1）用人单位聘用外籍劳动者首先应在外籍劳动者入境之前为该外籍劳动者办理就业许可，经获准并取得《中华人民共和国外国人就业许可证书》。

【外籍劳动者提供】1. 护照复印件。2. 二寸白底或蓝底照片一张。3. 境外人员体检证明复印件。4. 中文简历。5. 本科或本科以上学位证书和专业技能资格证书原件及复印件。6. 学历中文翻译件(盖翻译公司公章)。7. 本科毕业后境外两年以上工作经验证明原件（如在境内工作过，可提供境内两年工作签证或两年就业证的复印件），工作经验累积两年即可。8. 工作经验中文翻译件(盖翻译公司公章)。

【用人单位提供】1. 营业执照副本原件及复印件（盖公章）。2. 批准证书原件及复印件（盖公章）（此项外商独资用人单位或外商合资用人单位提供）。3. 公司章程复印件。4. 合资合同复印件（合资、合作用人单位提供）。5. 用人单位社会保险登记证原件及复印件（盖公章）（此项内由用人单位提供）。6. 聘用外籍劳动者书面申请报告（详细说明聘用原因、职务、盖公章）。7. 用人单位聘用外籍劳动者的聘用意向（副总以上职位带董事会决议，盖公章）。8. 外籍劳动者就业申请表一份（在申办单位处盖公司公章），附二寸照片一张。

（2）外籍劳动者工作签证邀请函办理。

外籍劳动者工作签证邀请函官方名称叫做《被授权单位签证通知表》。

【外籍劳动者提供】1. 护照复印件（盖公章）。2. 申请外商来访报告表一份（盖公章）。3. 就业证许可原件及复印件。

【用人单位提供】1. 营业执照副本原件及复印件（盖公章）。2. 批准证书原件及复印件（盖公章）（此项由外商独资用人单位或外商合资用人单位提供）。

（3）到中国驻境外大使馆或者香港特派员公署领取临时工作签证。

用人单位将邀请函和《中华人民共和国外国人就业许可证书》寄给境外外籍劳动者。外籍劳动者携带就业许可原件和邀请函原件到中国驻境外大使馆或者大陆驻香港特派员公署领取工作签证。

（4）入境。

境外外籍劳动者携带工作签证入境。

（5）办理《外籍劳动者就业证》。

用人单位为境外外籍劳动者办理《外国人就业证》。

【所需材料】1. 交回《外国人就业许可证书》原件。2. 填写外国人就业登记表一式三份（表格左上角应加盖单位公章、贴一寸近期免冠同底照片）。3. 被聘用外籍劳动者的护照、工作签证及复印件(加盖单位公章)(若是外文的须翻译成中文并加盖单位公章）。4. 拟被聘用外籍劳动者的健康证明（出入境检验检疫部门检查后出具的无传染疾病的健康检查证明书。提供复印件须加盖单位公章）。5. 用人单位与被聘用外籍劳动者签订的劳动合同及复印件一份(若是外文的须翻译成中文并加盖单位公章，用人单位为外资用人单位常驻代表机构不用提供)。6. 被聘用外籍劳动者二寸近期免冠照片一张（办证件用）。7. 办《就业证》时被聘用外籍劳动者应到场签署《就业证》。

（6）申办居留手续、办理《外国人居留许可证》。

外籍劳动者持《外国人就业证》在入境 30 天内向市公安局出入境管理处申办居留手续，取得《外国人居留许可证》。

（3）在校实习人员

高校学生实习是高校学生完成学业的一项必要活动。司法实践中，裁判机构在确认实习生是否与用人单位存在劳动关系时，会根据实习的目的不同以就业型实习、培训型实习、勤工俭学型实习进行区分。

① 就业型实习

就业型实习是指已经达到法定劳动年龄的大学生，为今后在某用人单位工作而在该单位进行锻炼实习，可以认定此类实习大学生与单位之间存在劳动关系。在就业型实习情况下，大学生往往会与实习单位签订实习协议，用人单位为见习者提供必要的工作、生活条件，发放不低于当地最低工资标准的见习工资。

需要指出的是，为进一步做好离校未就业高校毕业生实习，提升高校毕业生就业能力，2009年4月2日，人力资源社会保障部、教育部、工业和信息化部、国资委、工商总局、全国工商联和共青团中央共同制定了《“三年百万”高校毕业生就业见习计划》，决定自2009年至2011年，用3年时间组织100万离校未就业高校毕业生参加就业见习。这种见习是一种就业型实习，根据该计划，这种见习相关事项有特殊规定。见习之前，见习单位应和参加见习的高校毕业生签订就业见习协议，明确见习期限、岗位职责、见习待遇、见习计划安排，以及见习单位和见习人员的权利义务。见习期间，见习单位应指定专人加强对见习人员的工作指导，努力提高见习质量。高校毕业生见习期间由见习单位和地方政府提供基本生活补助。见习期满，见习单位应为见习人员出具见习证明。高校毕业生在同一单位见习时间一般为3-12个月。见习期间或期满后被见习单位正式录用的，单位应及时与高校毕业生签订劳动合同，缴纳社会保险。见习时间可作为工龄计算。见习单位应能够为参加见习的高校毕业生提供部分基本生活补助，并办理人身意外伤害保险。

② 培训型实习

培训型实习指的是作为学校教学计划的一部分，由学校统一安排到实践部门进行的实习。此类实习应当看做是教学的延伸，通过实习积累经验，提升学生的技术能力，不能视为就业，用人单位与实习生之间成立的是劳务关系而非劳动关系。

为了解决实习生在实习过程中发生伤害事故的处理，一般应由接受实习生的用工单位与学校、实习生签订实习协议，就实习期间承担的责任在合同中约定。

③ 勤工俭学型实习

勤工俭学型实习是指为获得生活费用和学习费用，在校生个人利用业余时间进行的勤工俭学活动，可以被称为勤工俭学型实习。这种实习活动，大学生与其服务的单位之间没有劳动关系。劳动部《关于贯彻执行（劳动法）若干问题的意见》第12条指出，在校生利用业余时间勤工助学，不视为就业，未建立劳动关系，可以不签订劳动合同。

（4）未成年人

劳动法律关系中的未成年人指的是已满16周岁未满18周岁，以自己的劳动收入为主要生活来源的自然人。未成年人仍处于生长发育阶段，法律对未成年劳动者规定了特殊的保护措施。

第一，不得安排未成年劳动者从事禁忌的劳动。这里所说的禁忌劳动主要指：矿山井下、有毒有害，国家规定的第四级体力劳动强度的劳动和其他禁忌从事的劳动。

第二、对未成年劳动者的定期体检制度。根据《未成年工特殊保护规定》第6条规定：用人单位应按下列要求对未成年工定期进行健康检查，并且对健康检查的时间节点也做出了明确规定：（一）安排工作岗位之前；（二）工作满一年；（三）年满十八周岁，距前一次的体检时间已超过半年。

第三，对未成年工实行登记和持证上岗制度。用人单位招收使用未成年工，除符合一般用工要求外，还须向所在地的县级以上劳动行政部门办理登记。劳动行政部门根据《未成年工健康检查表》《未成年工登记表》，核发《未成年工登记证》，未成年工须持《未成年工登记证》上岗。

有关未成年劳动者具体的保护措施条款请详见《未成年人特殊保护规定》。

3.1.3 特殊用人单位的法律认定

（1）筹建中的公司

正如人的出生需要怀胎十月，公司的成立也需要一个筹备过程，公司在设立过程中招用劳动人员也是公司设立的客观需要。

设立中的公司与已经成立的公司不同，已经成立的公司自用工之日起便与劳动者建立劳动关系，但设立中的公司不具有独立的法律人格，民事权利能力受到一定的限制，其招用的劳动者与设立中的公司之间是否存在劳动关系在审判实践中有不同的认识。

笔者认为，筹建中的公司尚未具备法人资格，未取得营业执照，不具有用工权利，不能与劳动者形成劳动关系。筹建中的公司并不是用人主体，公司的出资人才是用人主体，其与劳动者形成的应当是雇佣关系，相应的法律责任也是出资人来承担。需要注意的是，一旦筹建中的公司正式成立，公司具备了用工权利，则先前的雇佣关系应转化为劳动关系，劳动者在筹建期的工作时间应纳入劳动合同的期间当中。

【案例】

2014年1月，王冲筹建成立候鸟颐园旅游开发有限公司，筹建期间对外挂牌“候鸟颐园公司”。王亚超经人介绍于2014年3月9日到候鸟颐园公司从事后厨案板工作，双方没有签订劳动合同或者聘用协议等用工证明手续。2014年3月31日，王亚超工作时受伤。经过治疗于2014年4月18日出院，出院时医嘱全休半年，之后王亚超便一直未回公司上班。2014年5月30日，候鸟颐园公司经工商注册登记正式成立，法定代表人为王冲。后王亚超诉至一审法院要求确认与候鸟颐园公司之间存在事实劳动关系。

【裁决】

一审法院认为，劳动关系的主体具有特定性和恒定性，一方为用人单位，一方为劳动者，且双方均须符合法律、法规规定的主体资格。本案中，候鸟颐园公司于2014年5月30日经工商注册登记正式成立，此时公司才符合《劳动法》上用人单位的主体要求。故在公司筹备期间，王亚超与公司之间不存在事实劳动关系，因此没有支持原告的诉讼请求。一审法院宣判后，王亚超不服遂提起上诉。

二审法院认为，候鸟颐园公司的用人单位名称经工商行政管理局核准后，未办理营业执照前，王冲作为该公司的发起人并以该公司的名义招用王亚超，公司应当对王冲的行为承担责任。王亚超于2014年3月9日经人介绍到该公司从事后厨案板工作，系该公司业务的组成部分，且王冲也以该公司名义向其发放工资。王亚超2014年3月31日受伤遵医嘱全休半年，该公司2014年5月30日正式成立时王亚超仍遵医嘱处于休息状态，应当认定王亚超自2014年3月9日起与候鸟颐园公司之间建立事实劳动关系，且该劳动关系一直存续。

【解析】

1. 公司筹备期间的法律地位

公司在登记注册成立前，就已经对外以公司名义招聘人员组织生产经营在实践中屡见不鲜。而根据《公司登记管理条例》规定：公司经登记机关依法登记，领取《用人单位法人营业执照》，方取得用人单位法人资格，未经公司登记机关登记的，不得以公司名义从事经营活动。同时，从《劳动法》与《劳动合同法》中规定的劳动关系主体来看，筹备中的公司因不具有用工权利能力而不能承担劳动义务。换句话说，筹备期的公司并不是《劳动法》及《劳动合同法》中规定的用人单位。

2. 设立中公司事实劳动关系的认定

公司能否成立对设立中公司事实劳动关系的认定起着决定性作用，实践中主要有两种情况：第一种情况公司未能成立：若公司最终未能成立，则不会出现《劳动法》及《劳动合同法》上适格的用工主体，劳动者和设立中的公司不可能发生事实劳动关系。但根据《民法通则》及其司法解释，设立中的公司最终未能成立，则由发起人（股东）对设立中公司产生的债权债务承担民事责任。本案中，假设候鸟颐园公司最终未成立，但王亚超为设立中公司付出的劳动是不可否认的，享受劳动成果的为设立公司的各位股东，王亚超与股东王冲之间形成劳务关系，王亚超对王超享有劳务报酬请求权，其在工作中受伤也可依据《侵权责任法》的相关规定向王冲等股东索赔。第二种情况公司设立成功。此时，公司作为“法律上的人”便享有民事权利能力和行为能力，是一个适格的用工主体，自此招用的劳动者建立劳动关系自不待说。发起人在公司设立时，以公司名义招用劳动者的行为应视为“受设立中公司的委派，以‘公司业务执行人’的身份在授权范围内与劳动者建立事实劳动关系”。公司成立的法律行为是对发起人招用劳动者行为的进一步追认，发起人与劳动者之间建立的“劳务关系”，也随之转化成公司与劳动者之间的“劳动关系”，劳动关系形成的时间应自“劳务关系”形成时起算。故本案二审法院认定王亚超自2014年3月9日起与候鸟颐园公司建立劳动关系正是对法律精神深刻理解的体现。

（2）非法用工单位

根据《非法用工单位伤亡人员一次性赔偿办法》的规定，非法用工单位是指无营业执照或者未经依法登记、备案的单位以及依法被吊销营业执照或者撤销登记、备案的单位或者是雇佣童工的单位。可见，非法用工单位存在多种类型，对不同类型的非法用工单位是否与劳动者存在劳动关系需要分别进行讨论。

对于无营业执照或者未经依法登记、备案的单位，尽管可能具备字号、营业场所、业务等一般公司具有的特征，但其无营业执照或未经依法登记、备案的单位并非法律意义上的民事主体，也就不能与劳动者建立劳动关系。司法实践中，劳动仲裁庭一般对未办理营业执照或未经依法登记、备案的单位发生的争议不作为劳动争议受理，而是将其作为劳务关系，提示当事人向法院起诉。

对于被依法吊销营业执照的单位，其与劳动者之间的劳动合同自然终止，但用人单位的主体资格并不随之消失，不能因此免责。两者之间形成法律关系，仍属于因提供劳务和支付劳动报酬产生的权利义务关系，劳动者可根据相关法律规定要求用人单位支付劳动报酬、经济补偿和赔偿金等。另外根据《公司登记管理条例》的规定，用人单位法人被吊销营业执照后至其清算程序结束被工商部门注销前，仍可以自己名义或清算组名义(已成立清算组)从事清算范围内活动，包括起诉、应诉等，程序上具有民事诉讼主体资格。因此，在用人单位被吊销营业执照后，注销登记前，与劳动者的关系仍然属于劳动关系。

对于撤销登记、备案的单位，该单位自始至终从未获得用工主体资格，属于未筹建成功的公司，与雇员之前存在的劳务关系，由筹建公司的出资人承担雇佣责任，此类情形在上文已经进行详细分析，此处不再赘述。

对于雇佣童工的用人单位，童工不属于合法的劳动者，劳动法规定禁止用人单位雇佣童工。因此，雇佣童工的用人单位不能与童工形成劳动关系。

【案例】

杨某于2012年起诉被告余某开办的宁波市心动娱乐有限公司工作，该公司只进行了预先核准，未进行设立登记。双方约定每月工资为1700元。2012年10月10日晚，杨某在工作时不慎从该公司的平台上坠落至重伤，后杨某被送往医院住院治疗，经诊断为：肋骨骨折、双肺挫裂伤、颅脑外伤等损伤。杨某在工作期间未获得劳动报酬且公司未对杨某的医药费进行支付，杨某无奈将公司起诉。

经劳动仲裁，宁波市江北区劳动人事争议仲裁委员会以被申请人主体不适格为由出具了不予受理案件通知书。遂杨某向宁波市江北区人民法院提起诉讼要求被告赔偿一次性赔偿金、医疗费、住院伙食补助、营养费、护理费和停工留薪期工资。

【裁决】

一审法院认为，原告在被告开办的虽经预先核准但未正式进行设立登记的公司工作期间受伤，按照《非法用工单位伤亡人员一次性赔偿办法》的规定，原告属非法用工单位伤亡人员，应按照《非法用工单位伤亡人员一次性赔偿办法》的规定项目和标准得到赔偿。但按照《非法用工单位伤亡人员一次性赔偿办法》的规定应由所在单位支付，因被告开办的单位未经设立登记，承担责任的主体并不存在，根据《非法用工单位伤亡人员一次性赔偿办法》的立法目的，结合《最高人民法院关于审理劳动争议案件适用法律若干问题的解释（三）》第四条之规定，此种情况可以将出资人列为当事人，本院认定承担责任的主体为被告，支付的项目和标准按照《工伤保险条例》和《非法用工单位伤亡人员一次性赔偿办法》的相关规定进行计算。判决被告赔偿原告杨某一次性赔偿金、医疗费等20余万元，工资5 000余元。

【解析】

一审法院裁判是正确的，用工单位不具备民事主体资格时，其出资人应承担非法用工的赔偿责任。无论非法用工单位有无民事主体资格，其最终收益人还是出资人，由出资人享受以单位形式发展所带来的发展成果，故由出资人承担非法用工单位不具备民事主体资格的赔偿责任，也是权责利的统一，是公平公正的。因此，《最高人民法院关于审理劳动争议案件适用法律若干问题的解释（三）》第四条规定："劳动者与未办理营业执照、营业执照被吊销或者营业期限届满仍继续经营的用人单位发生争议的，应当将用人单位或者其出资人列为当事人。"本案被告经营的公司，虽未取得营业执照，但仍属于劳动争议范畴的用人单位，在纠纷发生时，可按照法律倾斜于劳动者的原则，由用人单位承担相应的责任，当用人单位不存在或者无力承担责任时，出资人应当依法予以承担责任。

（3）分公司或分支机构

分公司或分支机构是否能与劳动者订立劳动合同判断标准在于分公司或分支机构是否取得了营业执照。分公司虽然没有独立的主体资格，但是其实际领取了营业执照，并且从事相关的经营活动，对于普通劳动者而言，可能并不能辨认其主体资格。《劳动合同法》实施条例第四条规定"劳动合同法规定的用人单位设立的分支机构，依法取得营业执照或者登记证书的，可以作为用人单位与劳动者订立劳动合同；未依法取得营业执照或者登记证书的，受用人单位委托可以与劳动者订立劳动合同。"

3.2 劳动合同的订立

劳动合同订立是指劳动者和用人单位经过相互选择和平等协商，就劳动合同条款达成协议，从而确立劳动关系和明确相互权利义务的法律行为。

3.2.1 订立形式与时间

根据《劳动合同法》第10条、第69条的规定，全日制劳动者与用人单位建立劳动关系，应当订立书面的劳动合同。订立书面劳动合同是用人单位的职责，如非劳动者自身原因未签订书面劳动合同超过一定时间将会承担一定的法律后果。非全日制劳动者与用人单位之间建立劳动关系可以订立口头协议，但劳动争议中举证责任一般在用人单位方，因此笔者建议即使是非全日制用工也应当订立书面劳动合同，以明确双方权利义务，防止争议。

劳动合同订立时间自劳动关系建立之日起一个月内。

3.2.2 未订立书面劳动合同的法律后果

实践中，很多用人单位由于各种原因，与劳动者形成了劳动关系却没有订立书面劳动合同。从未订立的原因分类，分为用人单位不依法订立劳动合同和劳动者拒绝签订劳动合同两种。

（1）用人单位不依法订立劳动合同

用人单位不依法订立书面劳动合同，按照法律规定会承担如下法律后果。

用人单位自用工之日起超过一个月不满一年未与劳动者订立书面劳动合同的，应当向劳动者每月支付二倍的工资，并应当与劳动者签订书面劳动合同；用人单位自用工之日起满一年仍然不与劳动者订立书面劳动合同的，视为用人单位与劳动者已订立无固定期限劳动合同。

需要注意的是，“双倍工资”与“视为无固定期限劳动合同”两个法律后果并不叠加适用。换而言之，劳动者自劳动关系确立之日起1个月的次日至满1年的前一日期间可以向用人单位主张双倍工资（即11个月的双倍工资），自劳动关系确立满1年的当日，用人单位与劳动者之间的劳动关系视为已经订立了无固定期限劳动合同，此时劳动者就不能再主张双倍工资了。

另外，每个地区针对“双倍工资”的诉讼时效不尽相同，本书仅以北京地区为例。北京高院在《北京市高级人民法院、北京市劳动争议仲裁委员会关于劳动争议案件法律适用问题研讨会会议纪要（二）》中认为：“双倍工资”中多出一倍的工资属于惩罚性赔偿的部分，不属于劳动报酬，不能适用拖欠劳动报酬的仲裁时效，只能适用劳动争议普通时效。故劳动者主张用人单位不订立劳动合同“双倍工资”的时效为一年，二倍工资适用时效的计算方法为：在劳动者主张二倍工资时，因未签劳动合同行为处于持续状态，故时效可从其主张权利之日起向前计算一年，二倍工资按未订立劳动合同所对应时间用人单位应当正常支付的工资为标准计算。

例如：员工小何与用人单位 2017 年 1 月 1 日确定劳动关系，则 2017 年 2 月 1 日起开始计算双倍工资至 2017 年 12 月 31 日，共计 11 个月。2018 年 1 月 1 日起员工小何与用人单位之间视为订立了无固定期限劳动合同。员工小何要想拿到 11 个月的双倍工资就必须在 2018 年 2 月 1 日前起诉，2018 年 12 月 31 日前员工小何未起诉的话则其无法再主张双倍工资。

【延伸】未签书面劳动合同的补救措施：劳动合同的倒签与补签

劳动合同“补签”，即劳动者与用人单位事后签订劳动合同，把合同期限向前推移，签订日期为补签合同的时间。

劳动合同“倒签”，是劳动者与用人单位事后补签劳动合同，将合同期限向前推移，同时将签订日期写成劳动关系建立之初的时间，签订日期并非签合同当天的日期，而是劳动合同中约定的合同开始的日期。

只要劳动者在“补签”和“倒签”劳动合同时都是出于自身的真实意思表示，则都可以免除用人单位未依法订立书面劳动合同的法律责任。需要注意的是，补签劳动合同时劳动期限要写到法定期限内，如不在法定期限内则仍需承担不在期限内的双倍工资。比如甲 2016 年 1 月 1 日入职，甲与用人单位于 2016 年 4 月 1 日补签，补签的合同期限是 2016

年3月1日至2017年2月28日，那么，对于2016年2月1日至2016年2月29日期间的二倍工资，单位仍需支付。

（2）劳动者拒绝签订劳动合同

用人单位应当在建立劳动关系之日起一个月内书面通知劳动者签订劳动合同，但实践中存在部分劳动者拒绝签订劳动合同的情形，经用人单位催告后如劳动者依然拒绝签订劳动合同，根据《劳动合同法实施条例》第5条、第6条的规定，用人单位应当书面通知劳动者终止劳动关系。

用人单位终止与劳动者的劳动关系时，用人单位具有证明终止劳动关系合法的举证责任，需要严格按照法律规定进行操作并留存书面证据。1、向劳动者发出书面通知，要求劳动者在规定时间内前往某地点签订书面劳动合同，保留书面通知原件、送达回证或邮寄单据；2、在与劳动者协商签订劳动合同时宜时制作现场视频，并留存；3、劳动者明确表示拒绝签订劳动合同后，应及时发出终止劳动关系的书面通知并对劳动者进行送达，保留书面通知原件，送达回证和送达视频。

需要特别指出的是，如劳动者拒绝签订劳动合同，用人单位必须书面终止劳动关系而不能继续留用，否则会承担未签订书面劳动合同的法律后果。

【案例】

劳动者谢先生受雇在厦门一家科技有限公司工作。据公司称，当初公司提供了劳动合同要求谢先生签署，但谢先生以部分条款不当为由，拖着不签劳动合同。后来，公司认为不签合同的责任在谢先生，就没有再要求谢先生签合同。但公司没有想到，谢先生在离职之后，突然状告公司，要求公司支付未签订书面劳动合同的二倍工资差额。

【裁决】

仲裁委审理认为，谢先生不与公司签订书面劳动合同，公司作为用人单位应当终止劳动关系，而不应继续用工，继续用工就应承担未签订书面劳动合同的责任，故仲裁委支持了谢先生的请求。

【解析】

仲裁委的裁决是正确的。劳动者拒绝签订劳动合同，用人单位必须书面终止劳动关系而不能继续留用，即使因为劳动者拒绝，导致未能签订书面劳动合同的情况，也不能因此免除用人单位未签订书面劳动合同的责任。因为《劳动合同法》相关规定强制要求用人单位必须在用工之日起一个月内和劳动者签订书面劳动合同，超过一个月不满一年未签订劳动合同的，劳动者有权要求用人单位每月支付二倍工资。

3.3 劳动合同的条款

劳动合同条款是劳动合同条件的表现和固定化，是确定用人单位和劳动者之间权利和义务的根据。劳动合同条款应当明确、完整、清晰，条款之间不能互相矛盾，否则将影响劳动合同的成立、生效、履行以及劳动合同目的的实现，引发劳动争议。按照《劳动合同法》的规定，劳动合同的条款分为必要条款和备选条款，下面本书将分别进行详细的介绍。

3.3.1 劳动合同的必要条款

根据《劳动合同法》的规定，劳动合同需要具备如下必要条款。

（1）用人单位的名称、住所和法定代表人或者主要负责人信息

劳动者具有对用人单位的知情权，其中就包括用人单位的名称、住所地以及法定代表人或主要负责人的信息，因此其属于劳动合同的必要条款。

（2）劳动者的姓名、住址和居民身份证或者其他有效身份证件号码

为了明确劳动合同中劳动者一方的主体资格，确定劳动合同的当事人，劳动合同中必须具备这一项内容。需要注意的是，用人单位对劳动者的用工处理都需要对劳动者进行送达，并承担已向劳动者送达的举证

责任，因此在签订劳动合同时需要明确劳动者的通讯地址。确定劳动者的通讯地址主要有以下两种方式：第一种，在劳动合同中明确约定“劳动者通讯地址、联系电话、紧急联系人等”条款，且明确用人单位向劳动者通讯地址邮寄或向劳动者或紧急联系人电子送达视为送达；第二种，在劳动者签订劳动合同的同时要求劳动者签订《员工入职信息表》并作为劳动合同的一部分。

《员工入职信息表》格式如下：

<table>
<tr><th colspan="9">员工入职信息表</th></tr>
<tr><td>姓名</td><td></td><td>性别</td><td></td><td>民族</td><td></td><td>出生年月日</td><td></td><td rowspan="3">照片</td></tr>
<tr><td>籍贯</td><td colspan="4"></td><td colspan="2">身份证号</td><td></td></tr>
<tr><td>现住址（通讯地址）</td><td colspan="4"></td><td colspan="2">暂住证号</td><td></td></tr>
<tr><td rowspan="2">曾获取何种技能资格证书</td><td colspan="2"></td><td colspan="2">获取资格时间</td><td colspan="4"></td></tr>
<tr><td colspan="2"></td><td colspan="2">资格名称及证书编号</td><td colspan="4"></td></tr>
<tr><td colspan="7">有无与其他单位存在尚未解除或终止的劳动合同</td><td colspan="2"></td></tr>
<tr><td colspan="7">有无受过治安处罚或刑事处罚的犯罪记录</td><td colspan="2"></td></tr>
<tr><td>联系电话</td><td colspan="2"></td><td colspan="2">其他联系方式（QQ、邮箱等）</td><td colspan="4"></td></tr>
<tr><td>紧急情况联系人</td><td colspan="2"></td><td>联系电话</td><td colspan="2"></td><td>通讯地址</td><td colspan="2"></td></tr>
<tr><td colspan="9">工作经历</td></tr>
<tr><td colspan="2">时间</td><td colspan="4">单位名称</td><td colspan="2">受过何种处罚</td><td>受过何种奖励</td></tr>
<tr><td colspan="2"></td><td colspan="4"></td><td colspan="2"></td><td></td></tr>
<tr><td colspan="2"></td><td colspan="4"></td><td colspan="2"></td><td></td></tr>
<tr><td colspan="2"></td><td colspan="4"></td><td colspan="2"></td><td></td></tr>
<tr><td colspan="2"></td><td colspan="4"></td><td colspan="2"></td><td></td></tr>
<tr><td colspan="2"></td><td colspan="4"></td><td colspan="2"></td><td></td></tr>
<tr><td colspan="2"></td><td colspan="4"></td><td colspan="2"></td><td></td></tr>
<tr><td colspan="9">公司声明：入职员工应确认上述通讯地址真实有效。公司以 EMS 的形式向上述通讯地址或通过 QQ、邮箱等通讯方式发送公司文件后，既视为已向入职员工送达该文件。</td></tr>
</table>

续上表

确认及保证书
本人确认上述通讯地址或QQ号码、邮箱名称正确无误，并保证提供的上述信息和资料全面、真实，如有虚假或隐瞒，公司可立即解除劳动合同，不予支付经济补偿，并由本人承担因此给公司造成的一切损失。 入职员工： 年 月 日

（3）劳动合同期限

劳动合同期限是双方当事人相互享有权利、履行义务的时间界限，即劳动合同的有效期限。劳动合同期限可分为固定期限、无固定期限和以完成一定工作任务为期限三种情形。签订劳动合同主要是建立劳动关系，但建立劳动关系必须明确期限的长短。劳动合同期限与劳动者的工作岗位、内容、劳动报酬等都有紧密关系，更与劳动关系的稳定紧密相关。合同期限不明确则无法确定合同何时终止，如何给付劳动报酬、经济补偿等，容易引发劳动争议。

（4）工作内容

劳动合同中的工作内容一般是指劳动者的工作岗位，这一条款是劳动合同的核心条款之一，是建立劳动关系极为重要的因素。工作内容是用人单位使用劳动者的目的，也是劳动者通过自己的劳动取得劳动报酬的源由。劳动合同中的工作内容条款应当规定得明确具体，便于遵照执行。如果劳动合同没有约定工作内容或约定的工作内容不明确，用人单位将可以自由支配劳动者，随意调整劳动者的工作岗位，难以发挥劳动者所长，也很难确定劳动者的劳动报酬，造成劳动关系的极不稳定，因此约定和明确工作内容是必不可少的。另外，工作岗位约定要掌握技巧，太宽泛或者太严苛均会引起劳动争议。

（5）工作地点

工作地点是指劳动合同的履行地，是劳动者从事劳动合同中所规定的工作内容的地点。工作地点关系到劳动者的工作环境、生活环境、以及劳动者的就业选择，劳动者有权在与用人单位建立劳动关系时知悉自己的工作地点，所以这也是劳动合同中必不可少的内容。工作地点同工作内容一样，是劳动合同中非常重要的条款，亦是容易引发劳动争议的条款，用人单位在拟定劳动合同时要针对不同的工种或者岗位以及用人单位的实际需要适当合理的约定工作地点，为以后劳动合同变更做好准备。有关约定工作地点的技巧请参见本书第十三章劳动合同变更内容。

（6）工作时间与休息休假

工作时间是指劳动者在用人单位、事业、机关、团体等单位中，必须用来完成其所担负的工作任务的时间。法律规定劳动者在一定时间内（工作日、工作周）应该完成的工作任务，以保证最有效地利用工作时间，不断地提高工作效率。

劳动法中的工作时间包括工作时间的长短、工作时间方式的确定，如是 8 小时工作制还是 6 小时工作制，是日班还是夜班，是正常工时还是实行不定时工作制，或者是综合计算工时制。工作时间上的不同，对劳动者的就业选择、劳动报酬等均有影响，故其属于劳动合同的必要条款。

休息休假是指用人单位、事业、机关、团体等单位的劳动者按规定不必进行工作，自行支配的时间。休息休假的权利是每个国家的公民都应享受的权利，用人单位与劳动者约定休息休假事项时应当遵守劳动法及相关法律法规的规定。有关工作时间与休息休假的具体内容请参见本书第七章工作与休假内容。

（7）劳动报酬

劳动报酬是指劳动者与用人单位确定劳动关系后，因提供了劳动而取得的报酬，劳动报酬是满足劳动者及其家庭成员物质文化生活需要的主要来源，也是劳动者付出劳动后应该得到的回报。根据法律规定，劳动报酬包含以下几个部分：计时工资、计件工资、奖金、津贴和补贴、加班加点工资以及特殊情况下支付的工资。有关劳动报酬的具体内容请参见本书第八章劳动报酬内容。

（8）社会保险

社会保险是一种为丧失劳动能力、暂时失去劳动岗位或因健康原因造成损失的人口提供收入或补偿的一种社会经济制度。

在我国，社会保险是社会保障体系的重要组成部分之一，其在整个社会保障体系中居于核心地位。另外，社会保险是一种缴费性的社会保障，资金主要是用人单位和劳动者本人缴纳，政府财政给予补贴并承担最终的责任。

劳动者只有履行了法定的缴费义务，并在符合法定条件的情况下，才能享受相应的社会保险待遇。在我国，社会保险包括养老保险、医疗保险、失业保险、工伤保险、生育保险五种。有关社会保险的具体内容请参见本书第十二章社会保险相关内容。

（9）劳动保护、劳动条件和职业危害防护

劳动保护是指用人单位为了防止劳动过程中的安全事故，采取各种措施来保障劳动者的生命安全和健康。在劳动生产过程中，存在着各种不安全、不卫生因素，如不采取措施加以保护，将会发生事故。例如矿井作业可能发生瓦斯爆炸、冒顶、水火灾害等事故；建筑施工可能发生高空坠落、物体打击和碰撞事故等。劳动事故会危害劳动者的安全健康，妨碍工作的正常进行，国家为了保障劳动者的身体安全和生命健康，通过制定相应的法律和行政法规、规章，规定劳动保护，用人单位也应根据自身的具体情况，制订相应的劳动保护规则，以保证劳动者的健康和安全。

劳动条件是指用人单位为使劳动者顺利完成劳动合同约定的工作任务，为劳动者提供必要的物质和技术条件，如必要的劳动工具、机械设备、工作场地(即工作地点)、劳动经费、辅助人员、技术资料、工具书以及其他一些必不可少的物质、技术条件和其他工作条件。

职业危害防护，主要是指特殊行业的用人单位对接触有害因素的劳动者提供相应的防护措施和待遇的条款，有害因素一般指粉尘、放射、有毒、有害物质等。有上述有害因素的用人单位在聘用劳动者、与劳动者签订劳动合同时，要充分保障劳动者的知情权，对工作环境以及可能遇到的侵害如实告知，提供安全的工作环境并给予一定的待遇，这是劳动法律的要求也是用人单位社会责任的体现。

上述条款就是法律规定的劳动合同必备条款，用人单位在拟定劳动合同时应对必备条款进行逐一审查，防止出现遗漏，否则极有可能因约定不明引发劳动争议，造成不必要的损失。另外用人单位还会面临遭受举报，由劳动行政部门责令改正、赔偿劳动者损失的法律风险。

3.3.2 劳动合同的备选条款

《劳动合同法》第17条第2款规定“劳动合同除前款规定的必备条款外，用人单位与劳动者可以约定试用期、培训、保守秘密、补充保险和福利待遇等其他事项。”这一规定明确了劳动合同除了必备条款外，用人单位可以在不违反国家强制性法律、法规、不违背公序良俗的范围内与劳动者约定一些备选条款，以便更好地行使用工权利。

备选条款并不是法律强制要求，用人单位应当结合自身以及招聘岗位的实际情况有针对性的约定备选条款，以下的几项备选条款用人单位要特别注意，合理使用。

（1）保密条款

保密条款目的是让劳动者更好的遵守保密义务以及明确劳动者违反保密义务所应承担的责任。对于保密条款《劳动法》和《劳动合同法》中都有规定，《劳动合同法》23 条 1 款规定：用人单位与劳动者可以在劳动合同中约定保守用人单位的商业秘密和与知识产权相关的保密事项。

劳动者的保密义务是指劳动者对于单位的商业秘密进行保护，不能以窃取等不正当手段取得，不能泄露、使用、或允许他人使用。对于接触用人单位核心机密、商业秘密的岗位，用人单位应当在劳动合同中加入保密条款来保护自身免受侵害。

用人单位在约定保密条款时应当注意以下几个原则：第一，保密内容要合法，不能要求劳动者对用人单位违法的秘密或信息保密；第二，条款要严密。约定的保密条款是双方履行保密义务的依据，严密完整的保密条款应当具备商业秘密的内容、期限、权利义务、违约责任、泄密赔偿办法等条款；第三，保密范围要适宜。一般只有商业秘密才属于保密的范围，不能将全部技术经营信息都归为保密范围；第四，加强对涉密文件、档案资料的管理。需要保密的经营、技术信息资料、磁盘实物等，确定其保密期限，加盖密级印章，交专人保管，规定借阅范围和时间，制定复制及销毁办法等，将泄密问题消灭在萌芽状态。

有关保密条款的具体内容请参见本书第九章保密协议与竞业限制相关内容。

（2）培训与服务期条款

服务期是指劳动者与用人单位约定的劳动者必须为用人单位提供服务的期限。服务期可以长于劳动合同的期限，只要是双方的真实意思表示并通过书面形式固定，则对双方均具有约束力。劳动合同的服务期条款主要包括三部分内容：（1）服务期限，即劳动者应为用人单位提供服务的时间；（2）用人单位就服务期限应对劳动者提供的培训及其他额外福利待遇；（3）劳动者违约应承担的责任。

对用人单位来说，只有在用人单位专门拨出经费，为劳动者提供特定项目的专门培训的情况下，用人单位才可以与劳动者约定服务期。一般的岗前培训、劳动技能培训并不属于专门培训，是不可以设定服务期的，用人单位要仔细甄别。

有关培训及服务期的具体内容请参见本书第十章服务期相关内容。

（3）试用期条款

试用期是指用人单位对新招收的劳动者的实际工作能力、工作态度、工作技能等情况进行综合考察的时限。劳动合同中可以约定试用期条款，一方面可以维护用人单位的用工利益，为每个工作岗位招聘到胜任的劳动者；另一方面也可以保护劳动者的利益，给劳动者一段时间亲自考察、了解用人单位的理念、岗位是否适合自身，故试用期是一个用人单位与劳动者双向考察的时期。

试用期条款的约定存在着严格的法律限制。次数上，同一用人单位针对同一劳动者不能重复设定试用期；时限上，不同期限劳动合同，其试用期的设定时限亦不尽相同；待遇上，试用期工资不得低于用人单位内相同岗位最低档或者劳动合同约定工资的80%，且不得低于用人单位所在地最低工资标准。

有关试用期的具体内容请参见本书第四章试用期相关内容。

3.4 劳动合同的期限

劳动合同的期限是建立劳动关系的用人单位与劳动者之间享有权利及履行义务的一段时间。市场经济条件下，劳动力的流动是必然的，故劳动关系的时限是不确定的，可能是长时间的，也可能是短时间的。劳动关系到底会维系多久，必须通过一定的时限表现出来，劳动合同的期限因此出现。

《劳动合同法》第12条规定，劳动合同分为固定期限劳动合同、无固定期限劳动合同和以完成一定工作为期限的劳动合同。

1. 固定期限劳动合同

固定期限劳动合同是指用人单位与劳动者约定了合同终止时间的劳动合同，也就是说，在劳动合同中明确约定了合同效力的起始与终止时间。此类劳动合同是实践中最常见的一类劳动合同，此类合同的具体期限由用人单位与劳动者双方协商约定。

2. 无固定期限劳动合同

无固定期限劳动合同是指用人单位与劳动者的劳动合同无确定的终止时间。相比于固定期限劳动合同而言，无固定期限劳动合同不约定存续期间，除非存在法定或约定的合同解除情形，否则该劳动合同直到劳动者退休才终止。

无固定期限劳动合同相对于固定期限劳动合同而言，无固定期限劳动合同具有很强的稳定性，更保障劳动者的劳动权益，但其并非很多人认为的是“铁饭碗”“终身制”，一经签订就不能解除，无固定期限的劳动合同一样能够解除或终止。

根据《劳动合同法》规定，签订无固定劳动合同的情形有以下三种。

（1）约定订立

用人单位与劳动者在平等、自愿的条件下，经协商一致订立无固定期限劳动合同。实践中，一些特殊岗位，如涉密、涉核心技术、涉内部高层等工作岗位，用人单位为了保障劳动关系的稳定性，会主动要求与劳动者签订无固定期限的劳动合同，一方面有利于维护用人单位的经济利益，减少频繁更换关键岗位的核心人员所带来的损失，另一方面有利于该岗位上的劳动者长期稳定，专心钻研业务技能。

（2）法定订立

为了保障劳动者的劳动权益，我国法律规定了几种必须订立无固定期限劳动合同的情形。

① 劳动者已在该用人单位连续工作满十年。

此情形核心条件是在同一用人单位连续工作满十年，而不是累计满十年。例如员工在用人单位工作 5 年后离职到其他单位工作 1 年后又回到原用人单位继续工作 5 年，虽然在原用人单位累计工作已满 10 年，但工作期间并非连续，不符合此种法定订立无固定期限劳动合同的条件，劳动者如要求签订无固定期限劳动合同，用人单位可拒绝。

② 用人单位初次实行劳动合同制度或国有用人单位改制重新订立劳动合同时，劳动者在该用人单位工作满10年且距法定退休年龄不足十年。

在推行劳动合同制度及国有用人单位进行改制前，用人单位的有些职工已经在本单位工作了很长时间。推行新的制度以后，很多老职工难以适应这种新型的劳动关系，一旦让其进入市场，确实存在着竞争力弱难以适应的问题，年龄的局限又使其没有充足的条件来提高改进，应当说这是由于历史的原因造成的。他们担心的不仅是能否与原单位签订劳动合同的问题，还存在着虽然签了劳动合同但期限很短，在其尚未退休前合同到期却没有用人单位再与其签订劳动合同的问题。我们在制定法律和政策的同时，应当考虑那些给国家和用人单位作出过很多贡献的老职工的利益。

在此种情形下订立无固定期限劳动合同必须同时满足 4 个条件。

（1）劳动者在该用人单位连续工作满 10 年。（2）劳动者距法定退休年龄不足 10 年。（3）劳动者提出或者同意续订劳动合同的。（4）劳动者没有提出订立固定期限劳动合同。

③ 用人单位与劳动者连续两次订立固定期限劳动合同。

用人单位与劳动者连续两次订立固定期限劳动合同，且第二次劳动合同履行期限届满后，用人单位已经丧失了决定是否续订劳动合同的用工选择权利。用人单位在设定劳动合同的期限时要避免短期劳动合同，务必谨慎。

（3）视为订立

《劳动合同法》第14条第3款规定：用人单位自用工之日起满一年不与劳动者订立书面劳动合同的，视为用人单位与劳动者已订立无固定期限劳动合同。

3. 以完成一定任务为期限的劳动合同

以完成一定工作任务为期限的劳动合同，是指用人单位与劳动者约定以某项工作的完成为合同期限的劳动合同。该类劳动合同的存续时间是根据某项工作的开始和结束时间而确定的，由于这类合同具有相对确定的期限，但在签订劳动合同时并不能确定，因此可以说以完成一定任务为期限的劳动合同实际上也是一种特殊的固定期限劳动合同。

一般在下列几种情况中，用人单位与劳动者可以签订以完成一定工作任务为期限的劳动合同。（1）以完成单项工作任务为期限的劳动合同、如“完成 ×× 软件开发”为期限的劳动合同。（2）以项目承包方式完成承包任务的劳动合同，如“完成 ×× 装修幕墙工程”为期限的劳动合同。（3）因季节原因临时用工的劳动合同，如“完成 ×× 节快递任务”为期限的劳动合同。（4）其他双方约定的以完成一定工作任务为期限的劳动合同，如“完成该项工作任务”为期限的劳动合同。

以完成一定工作任务为期限的劳动合同与其他种类的劳动合同一样，在加班费、社保、支付经济补偿金、赔偿金方面并无法律规定上的差别，但也存在一定的特殊性。首先，以完成一定工作任务为期限的劳动合同不得约定试用期。我国《劳动合同法》第 19 条第 3 款规定："以完成一定工作任务为期限的劳动合同或者劳动合同期限不满三个月的，不得约定试用期。"其次，以完成一定工作任务为期限的劳动合同签订数次不会转化为无固定期限劳动合同。我国《劳动合同法》规定的法定订立无固定期限劳动合同中之规定了用人单位签订两次固定期限劳动合同后必须订立无固定期限劳动合同的情形，但并未对以完成一定工作任务为期限劳动合同签订次数进行规定，这意味着以完成一定工作任务为期限的劳动合同不受无固定期限劳动合同的约束。

3.5 劳动合同的瑕疵及处理

本书所指的劳动合同的瑕疵是指劳动合同订立的实体与程序上存在不影响劳动合同效力的缺陷。劳动合同的瑕疵虽然不会导致劳动合同无效，影响用人单位与劳动者之间的劳动关系的有效性，但在实践中因劳动合同瑕疵所引发的劳动争议层出不穷。本章将对常见的劳动合同瑕疵进行详细阐述并给出处理方法。

3.5.1 合同遗漏必要条款或约定不明

劳动合同必要条款遗漏或约定不明是否会影响劳动合同的效力在劳动法理论与实践中存在争议。第一种观点认为：《劳动合同法》第 17 条使用的是"应当"二字，立法上属于强制性规定。《劳动合同法》第 26 条明确规定，"违反法律、行政法规强制性规定的劳动合同无效。"因此，如果劳动合同欠缺必备条款时，应当认定劳动合同无效；第二种观点认为：书面劳动合同因缺少法定必备条款，是一份不完备的劳动合同，但已经具备的条款是成立且生效的，该书面劳动合同也是成立且生效的，缺少的必备条款可以协商补充，也可以要求劳动行政部门责令用人单位改正。

笔者个人同意第二种观点，实践中因用人单位的疏忽，劳动合同缺少一项或者几项必要条款的情形经常发生，其主观上并非要违反国家强制性法律法规，如果直接认定无效实际上违背了订立劳动合同双方的意愿，也不利于劳动合同存续期间双方权利义务的确定。另外，《劳动合同法》相关条文中有关于双方订立劳动合同欠缺必要条款时，可以允许双方协商补正或依照其他标准（如：集体合同、同岗位类比）进行确定，这也间接说明立法者在此问题上也不赞同缺少必要条款的劳动合同无效的观点。

用人单位拟定劳动合同时，要尽量参照当地劳动局或人力资源与社会保障局印发的《劳动合同》范本，以避免必要条款的遗漏或约定不明。针对已经签订的劳动合同，用人单位应当进行如下处理。

（1）对已经签订的劳动合同进行排查，统计存在必要条款遗漏或约定不明的劳动合同。

（2）与有问题的劳动者进行协商，针对遗漏的必要条款与劳动者签订补充协议并存档。

（3）如劳动者不配合签订补充协议，应当要求劳动者写明理由，并进行录音或录像留存证据。

3.5.2 劳动合同与规章制度冲突

除了劳动合同，规章制度也约定了劳动者的权利与义务，很容易出现约定相互冲突的问题。造成劳动合同与其他文件约定冲突的原因有很多，一般是由于用人单位疏于审查或规章制度与劳动合同未保持同步更新造成的。根据《最高人民法院关于审理劳动争议案件适用法律若干问题的解释（二）》的规定“用人单位制定的内部规章制度与集体合同或者劳动合同约定的内容不一致，劳动者请求优先适用合同约定的，人民法院应予支持”。可以得知，在此种情况下，劳动者具有选择的权利，判断劳动规章制度与劳动合同的效力要贯彻“劳动合同优先原则”和“有利原则”。首先，一般情况下，劳动合同效力高于劳动规章制度，这是首要的规则；其次，倾斜保护劳动者利益的“有利原则”是劳动法的基本原则，如果劳动规章制度的内容，对劳动者更有利，宜优先适用劳动规章制度。

要想解决劳动合同与规章制度约定冲突的问题，要注意以下两点。

第一，用人单位要区分劳动合同和规章制度的功能。规章制度是用人单位内部的“法律”，往往规定了用人单位很多共性的问题，并且规章制度可能会根据用人单位发展与需要进行修订，修订规章制度并不以某个员工个人的意志为转移，而是以集体意志的方式进行修订。劳动合同是法律规定的用人单位必须与员工签订的合同文件，是用于明确劳动者与用人单位之间个性化权利义务的法律文件，劳动合同的变更需要劳动者与用人单位双方同意。即规章制度是为了解决共性问题而产生，劳动合同是为了解决个性问题而形成。

第二，劳动合同约定不要过细，对于用人单位内部管理部分的内容不要涉及。劳动合同的文件不需要非常复杂，只要简单、明了，能够表达个性化需求即可，更多共性的问题、日常管理的问题，都应当放在规章制度中予以明确。另外可以在劳动合同中约定冲突适用原则，例如可以约定“如劳动合同与公司规章制度约定冲突的，适用公司规章制度约定”。

3.6　劳动合同的效力

劳动合同的效力是劳动合同依法具有的对当事人的法律约束力。劳动合同效力体现着国家对劳动关系的引导和评价，是劳动合同法律属性的充分体现，是劳动合同走向合理、公正、效率的保证。劳动合同的目的是否预期实现及实现程度，完全取决于劳动合同效力的法律位阶。《劳动合同法》第 26 条、27 条和 28 条规定了劳动合同无效制度，分别涉及劳动合同无效、部分无效以及劳动合同无效的法律后果。

3.6.1 劳动合同生效要件

劳动合同生效必须具备以下方面的要件。

（1）劳动合同签订主体适格

劳动合同应当由适格的用人单位与适格的劳动者签订。所谓适格的用人单位是指具有用人权利能力和用人行为能力，运用劳动力组织生产劳动，且向劳动者支付工资等劳动报酬的单位；所谓适格的劳动者是指达到法定年龄、具有劳动能力，以从事某种社会劳动获得收入为主要生活来源的自然人。

（2）劳动合同必须为书面

劳动关系成立后应当订立书面的劳动合同，全日制劳动关系只有书面合同才是有效的。

（3）劳动合同内容合法

劳动合同的条款、内容必须合法，不得违反国家强制性法律法规或违背公序良俗，否则无效。

（4）签订劳动合同基于真实意思表示

劳动合同签订的双方主体必须基于真实意思表示签订劳动合同，任一方欺诈或重大误解均不生效。

3.6.2 劳动合同无效的认定

根据《劳动合同法》的规定，劳动合同无效主要有以下三种情形。

其一，以欺诈、胁迫的手段或者乘人之危，使对方在违背其真实意思的情况下订立或者变更劳动合同的。其中“欺诈”是指一方当事人故意告知对方当事人虚假的情况，或者故意隐瞒真实的情况，诱使对方当事人作出错误意思表示的行为；“威胁”是指以给公民及其亲友的生命健康、荣誉、名誉、财产等造成损害为要挟，迫使对方作出违背真实意思表示的行为。欺诈、威胁或者乘人之危，违反了订立和变更劳动合同必须遵循的平等自愿、协商一致原则，使对方在违背真实意思的情况下订立或变更劳动合同。因此，以此种手段订立和变更的劳动合同无效。除此之外，其他诸如采取恐吓、威逼等手段，使对方当事人违背其真实意思而订立和变更的劳动合同也是无效劳动合同。需要指出的是，该项内容不仅指用人单位，也包括劳动者在内。

其二，用人单位免除自己的法定责任、排除劳动者权利。此种类型导致劳动合同无效主要分为以下情形。①用人单位制订霸王条款，违反劳动安全保护制度，如约定劳动者自行负责工伤、职业病等，免除用人单位的法律责任的。②用人单位和劳动者签订权利义务显失公平的劳动合同，如约定无偿劳动，约定巨额违约金来限制劳动者流动，又或者是约定严苛的竞业禁止条件的。

其三，劳动合同违反法律、行政法规强制性规定。法律法规是国家意志的体现，违反了法律法规特别是强制性规定的劳动合同自然无效。此种无效劳动合同主要是以下两种情形，一是订立劳动合同的主体不符合法律、法规的规定，如用人单位不具备法人资格或者不能独立承担民事责任，劳动者不具备劳动行为能力或者尚不满 16 周岁等。二是劳动合同约定违反法律法规的规定，如加班不支付加班工资，支付低于最低工资标准的工资；约定工作时间超过法律规定，损害劳动者正常休息休假；又或者规定合同期内职工不准恋爱、结婚、生育的。

3.6.3　劳动合同无效的法律后果

无效劳动合同不能发生当事人预期的法律后果，造成劳动合同无效的责任方还应承担相应的法律责任。法律规定劳动合同无效制度，主要是为了切实维护劳动者的合法权益，防止用人单位在订立劳动合同时利用劳动者求职时的弱势地位进行欺诈或作出显失公平的约定。

劳动合同无效分为劳动合同全部无效和劳动合同部分无效两种。需要注意的是，对劳动合同的无效或部分无效有争议的，争议双方必须由劳动争议仲裁机构或者人民法院依法认定，其他机构如劳动行政部门、劳动争议调解委员会、工会等机构都不具有认定劳动合同效力的权利。

（1）劳动合同全部无效

劳动合同全部无效的法律后果主要有三点。第一，劳动关系消灭。劳动合同的订立违背了一方或双方的真实意思表示，或者违反了法律、行政法规的强制性规定，劳动合同自然全部无效，劳动关系归于消灭，劳动合同自始无效。第二，用人单位就劳动者以付出的劳动支付劳动报酬。虽然劳动合同自始无效，劳动关系归于消灭，但劳动者已经付出的劳动是有效的，应当给付相应的劳动报酬。如果无效的劳动合同中的工资条款不存在违法问题可以参照双方约定的条款确定，如果工资条款无效或未约定，可以按照用人单位相同、相近岗位工资标准进行支付。第三，有错过的一方向另一方承担赔偿责任。由于一方的过错导致劳动合同被确认无效，给另一方造成损失的，有过错的一方应当承担赔偿责任。

（2）劳动合同部分无效

实践当中，大多数劳动合同只是部分无效，并非全部无效。《劳动合同法》规定，劳动合同部分无效不影响其他部分效力的，其他部分仍然有效。部分无效的劳动合同的无效条款法律后果与全部无效的劳动合同相同，此处不再赘述。

3.6.4　劳动合同无效的处理

由于劳动者用以交换的劳动力的特殊性，对于无效的劳动合同，不可能采用返还及追缴等办法处理，根据无效劳动合同的特点可以采取撤销合同并重新订立合同、修改合同和赔偿损失三种处理措施。

（1）撤销无效合同并重新订立合同

撤销合同的处理方式，适用于被确认全部无效的劳动合同。全部无效的劳动合同是国家不予以承认和保护的，应通过撤销合同的方法来消灭该合同产生的劳动关系，劳动合同整体确认无效。如劳动合同正在履行，则应立即停止履行。

对于已履行的部分，对劳动者付出了劳动的，用人单位应当向劳动者支付劳动报酬。劳动报酬的支付，参照本单位相同或相似岗位劳动者的劳动报酬，按照同工同酬的原则确定。劳动合同全部无效而用人单位对此有过错的，如果当事人双方都具备主体资格，劳动者要求订立劳动合同的，在撤销无效的劳动合同的同时，用人单位应当与劳动者依法订立劳动合同。

（2）修改合同

修改合同的处理，适用于被确认部分无效的劳动合同及程序不合法而无效的劳动合同。劳动合同部分无效，不影响其他部分效力的，其他部分仍然有效。劳动合同中的某项条款被确认无效，该项条款不得执行，应依法予以修改。修改后的条款具有溯及力，溯及到该合同生效之时。

（3）赔偿损失

如造成劳动合同无效的责任方是用人单位，则用人单位需要对劳动者的损害承担赔偿责任。《劳动法》第 97 条规定：“由于用人单位的原因订立的无效合同，对劳动者造成损害的，应承担赔偿责任。”

【案例】

魏某某从 2013 年年初开始在 A 煤矿从事井下采掘工作。A 煤矿为正式招录员工，魏某某等人在某某医院进行入职体检。魏某某 2013 年 2 月 28 日的体检结果显示：心肺未见异常。之后，魏某某仍继续在 A 煤矿工作。2013 年 11 月 1 日，双方签订书面劳动合同，约定：合同期限从 2013 年 11 月 1 日至 2017 年 10 月 30 日。2014 年 2 月 4 日，魏某某到某某医院进行体检，体检结果提示尘肺可能，建议进一步检查。2014 年 4 月 10 日，魏某某在重庆某某医院体检，作胸部摄片检查。2014 年 6 月 26 日，重庆某某医院作出诊断结论，确认魏某某为煤工尘肺二期。后 A 煤矿委托重庆市南川区某某鉴定所对上述三张胸片进行对比，该鉴定所于 2014 年 8 月 10 日作出《法医临床鉴定意见书》，认定：(1) 2013 年 2 月 28 日胸片与 2014 年 2 月 4 日、2014 年 4 月 10 日胸片不属同一人；(2) 2014 年 2 月 4 日及 2014 年 4 月 10 日胸片属同一人。之后，A 煤矿认为魏某某入职体检时作假，向重庆市南川区劳动人事争议仲裁委员会申请仲裁，要求确认双方劳动合同无效。

【裁决】

仲裁委驳回了A煤矿的诉讼请求。A煤矿不服，起诉至一审法院。一审法院支持了A煤矿的请求。魏某某不服上诉至二审法院，二审法院认为魏某某在入职体检中存在欺诈行为，与A煤矿签订的劳动合同应属无效，故维持原判。

【解析】

一、二审法院判决无误。《劳动合同法》第26条第1款第1项规定，以欺诈、胁迫的手段或者乘人之危，使对方在违背真实意思的情况下订立或者变更劳动合同的，劳动合同无效。劳动者在签订劳动合同之前的健康状况，足以影响用人单位签订劳动合同的意愿，因此劳动者应当将自己的真实情况告知用人单位，并按照用人单位的要求参加体检。如劳动者找他人代替本人参加体检，则可认定构成欺诈。从A煤矿提交的署名为“魏某某”、摄片时间为“2013年2月28日”的摄片报告看，该次摄片经鉴定非魏某某本人的摄片，故可以合理推断魏某某系找他人代检，除非魏某某能够证明医院保存的摄片资料被调换或者篡改。A煤矿的证据具有明显优势，足以证明魏某某在入职体检时，本人并未到场摄片。魏某某在签订合同时存在欺诈行为，故一、二审法院判决无误。

第四章　试用期管理

用人单位录用劳动者，以及劳动者选择用人单位，都希望找到合适的人员或者工作，仅凭用工前双方的介绍并不能确保双方相互契合，还需要实践证明。试用期就是劳动者考察用人单位，用人单位考察劳动者的期限。在试用期内，劳动者认为用人单位不适合自身发展可以提前3日通知用人单位并解除合同；用人单位证明劳动者不符合录用条件随时可以解除合同。

4.1 试用期的法律规定

我国劳动法赋予了用人单位在试用期内更大的用工自主权，出于制衡、约束的考虑，劳动法对用人单位约定试用期的条件、时限、次数等方面做了强制性的法律规定，以防止用人单位以试用期为名侵害劳动者的劳动权益。

1. 不得约定试用期的劳动合同

并非所有的劳动合同均可以约定试用期，根据《劳动合同法》《关于非全日制用工若干问题的意见》的规定，下列三类合同不得约定试用期。

① 劳动合同期限不满3个月的劳动合同（不包括3个月的劳动合同）。② 以完成一定工作任务为期限的劳动合同。③ 非全日制用工劳动合同。

2. 试用期的法定期限

劳动合同试用期的期限由用人单位与劳动者结合岗位特征、经营方式等因素协商一致确定，但不能超过《劳动合同法》规定的最长时限。

① 3个月≤劳动合同期限<1年，试用期≤1个月。

② 1年≤劳动合同期限<3年，试用期≤2个月。

③ 劳动合同期限≥3年或无固定期限劳动合同，试用期≤6个月。

3．试用期的次数

《劳动合同法》生效实施以前，试用期可以适用于初次就业、再次就业、改变工作岗位或工种的劳动者，同一用人单位就有可能与同一劳动者约定两次或两次以上的试用期。《劳动合同法》生效实施以后，明确规定了“同一用人单位与同一劳动者只能约定一次试用期”，也就是说用人单位与同一劳动者有且只有一次约定试用期的机会，纵使劳动者的工作岗位或工种发生变化，或者劳动者离职后重新入职，都不得再约定试用期。

【延伸】试用期的延长与中止

由于试用期属于劳动者与用人单位自主约定的选择性条款，那么延长试用期并非一概不可，但需要同时符合以下三个条件。

① 双方平等自愿、协商一致对劳动合同中原试用期条款进行变更。

② 延长后的试用期不得超过相对应的法定上限。

③ 应在试用期到期之前作出变更。

试用期是否也可以中止呢？对此法律没有明确规定，但上海、山西与江苏等地的地方法规中规定：特殊情况下可对试用期予以中止。用人单位可以在劳动合同中约定，若劳动者在试用期内因长期病假、行政拘留等其他原因无法到岗工作，双方劳动合同（试用期）中止履行，但劳动者依法享受婚假、年休假等情形除外。

4．违法约定试用期的法律责任

用人单位在约定试用期时要在法律规定内进行，否则将承担违法约定试用期的法律责任。《劳动合同法》第83条规定“用人单位违反本法规定与劳动者约定试用期的，由劳动行政部门责令改正；违法约定的试用期已经履行的，由用人单位以劳动者试用期满月工资为标准，按已经履行的超过法定试用期的期间向劳动者支付赔偿金。”根据规定，用人单位违反本法规定与劳动者所约定的试用期，如果还没有实际履行的，由劳动行政部门责令用人单位予以改正，使之符合法律规定；如果无效的试用期约定已经实际履行，则由用人单位以劳动者月工资为标准，按已经履行的超过法定试用期的期间向劳动者支付赔偿金。如法定试用期为 1 个月，用人单位违法与劳动者约定了 6 个月的试用期。当这个试用期已经履行了，支付赔偿金的期间就从试用期的第 2 个月至第 6 个月的时间。

【案例】

王小姐原本在某用人单位从事文秘工作，但是苦于没有发展，于是跳槽到一家实业公司工作，岗位为行政人事专员。双方订立的劳动合同期限为 2016 年 3 月 1 日至 2017 年 2 月 28 日，其中试用期为 2016 年 3 月 1 日至 2017 年 5 月 31 日，约定试用期月工资 2000 元，转正后月工资 2500 元。2016 年 9 月，双方劳动合同解除。劳动合同解除后，王小姐经咨询得知该实业公司违反劳动合同法中有关试用期的规定，认为公司与自己的劳动合同期限为 1 年，但约定试用期为 3 个月，违反了法律规定，遂向劳动仲裁委提出诉讼，要求公司支付违法约定试用期赔偿金 2500 元。

【裁判】

劳动仲裁委支持了王小姐的诉讼请求，实业公司不服仲裁裁决，认为劳动合同是双方真实意思的表示。王小姐作为行政人事专员，明确知道法律中有关试用期的规定，但其在入职时对试用期约定没有提出任何异议，应当视为放弃己方权利，认可公司有关试用期的约定合法。为此，公司提起诉讼，要求法院撤销仲裁裁决。法院院审理后认为，仲裁裁决正确，裁定驳回了实业公司的申请。

【解析】

仲裁委及法院的判决正确，根据《劳动合同法》第 19 条规定：“劳动合同期限三个月以上不满一年的，试用期不得超过 1 个月；劳动合同期限一年以上不满三年的，试用期不得超过 2 个月；三年以上固定期限和无固定期限的劳动合同，试用期不得超过 6 个月。以完成一定工作任务为期限的劳动合同或者劳动合同期限不满3个月的，不得约定试用期。”试用期包含在劳动合同期限内。由此可以看出，劳动合同法中关于试用期的规定系强制性规定，当事人之间的约定不能违反该规定。本案中，实业公司与王小姐的劳动合同期限为1年，按照法律规定，试用期最长只能为2个月，但约定试用期为3个月，违反了法律规定。根据《劳动合同法》第83条规定“用人单位违反本法规定与劳动者约定试用期的，由劳动行政部门责令改正；违法约定的试用期已经履行的，由用人单位以劳动者试用期满月工资为标准，按已经履行的超过法定试用期的期间向劳动者支付赔偿金。”综上，实业公司应当向王小姐支付一个月工资，即2500元的赔偿金。

4.2 试用期内工资与福利

长期以来用人单位利用试用期的“模糊规定”损害劳动者的合法权益的行为屡见不鲜，其中较为普遍的就是试用期的工资和福利待遇问题。实践中，试用期往往成为“白干期”或“廉价期”，为了保护劳动者的合法权益，《劳动合同法》对试用期内劳动者的工资和福利待遇作出了规定。

1. 试用期工资

《劳动合同法》对劳动者试用期内工资规定了两个原则。

（1）试用期工资不得低于用人单位所在地的最低工资标准

最低工资标准是指劳动者在法定工作时间或依法签订的劳动合同约定的工作时间内提供了正常劳动的前提下，用人单位依法应支付的最低劳动报酬，即各地规定的在本地提供正常劳动用人单位所应提供的最低工资，具有保障性作用。试用期的劳动者虽然属于用人单位考察的阶段，但也提供了正常的劳动，因此用人单位支付试用期工资不应低于用人单位所在地的最低工资标准。

（2）试用期工资不得低于本单位同岗位最低档工资的 80% 或不得低于劳动合同约定工资的 80%

需要注意的是，用人单位在约定劳动者试用期工资标准时要同时满足上述两个原则，不满足任何一个都是违法的，需要承担赔偿责任。

2. 试用期福利待遇

《劳动合同法》并未对劳动者在试用期内的福利待遇问题进行规定，实践中不同性质的福利待遇有不同的要求。社会保险、津贴、补贴等法定的福利待遇，是国家法律赋予劳动者的福利待遇，适用于全体劳动者而并不区分是否处于试用期，故此类法定福利待遇处于试用期的劳动者应当享受；培训、旅游、零食等用人单位内部约定的福利待遇，法律没有强制性规定，用人单位可以自行安排。

4.3 试用期内解约

试用期是用人单位和劳动者为相互了解、选择而协商约定的考察期，在此期间，不论是劳动者还是用人单位都具有相对宽松的解约权。

1. 劳动者试用期内解约

试用期内的劳动者无需提前 30 日书面通知用人单位解除劳动合同，只需要提前 3 日通知用人单位即可，通知的形式没有明确的限制，口头或书面均可。

试用期的劳动者解除劳动关系不需要承担赔偿责任。原劳动部办公厅关于试用期内解除劳动合同处理依据问题的复函 (劳办发〔1995〕264 号) 第三点关于解除劳动合同涉及的培训费用问题中指出，用人单位出资 (指有支付货币凭证的情况) 对职工进行各类技术培训，职工提出与单位解除劳动关系的，如果在试用期内，则用人单位不得要求劳动者支付该项培训费用。

鉴于试用期内劳动者享有任意解约的权利且用人单位无法要求赔

偿，建议用人单位要注意以下几点。

① 用人单位要对试用期劳动者安排适当的工作，涉密、涉核心、连续性较强、比较重要的工作要避免由试用期的劳动者承接，以免劳动者试用期内离职用人单位陷入被动。

② 用人单位的出资技术培训、教育等项目要在劳动者试用期结束，确认留用后进行，在试用期间可安排日常的入职、上岗培训。

③ 如有试用期内劳动者离职，用人单位应当引导离职员工出具书面的离职申请并予以妥善保管。

2. 用人单位试用期内解约

我国《劳动法合同法》规定，用人单位在试用期内解除劳动合同需要满足前提条件。《劳动法合同法》第25条规定，劳动者在试用期间被证明不符合录用条件的，用人单位可以解除劳动合同。《劳动合同法》更进一步明确规定："在试用期中．除劳动者有本法第三十九条和第四十条第一项、第二项规定的情形外，用人单位不得解除劳动合同。用人单位在试用期解除劳动合同的，应当向劳动者说明理由。"故只有"被证明不符合录用条件"是对解除试用期劳动合同专门设立的。

用人单位以"被证明不符合录用条件"为由解除劳动合同必须要符合以下要件。

（1）录用条件具体明确，并有效公示告知

首先，从内容上录用条件应当具体明确。总体上看，可从学历虚假、经历不足、资质与绩效、不遵守规章制度、员工手册、有特殊疾病不能上岗、无原单位解除劳动合同证明等方面确定，有关录用条件如何确定请参见本书第一章的内容。

其次，该录用条件应当进行有效的公示告知。公示的方式如制作岗位说明书、录用条件确认书或在劳动合同与规章制度中予以规定，且用人单位应将上述证据保存备查。

（2）用人单位应有证据证明劳动者不符合录用条件

《最高人民法院关于民事诉讼证据的若干规定》规定，因用人单位解除劳动合同而引发的劳动争议，由用人单位对解除行为承担举证责任。因此，劳动者在试用期间不符合录用条件被解除劳动合同的，用人单位须提供充分有效的证据。

实践中可以作为证明劳动者不符合录用条件的证据包括：关于劳动者是否符合录用条件，用人单位是否对劳动者进行实际考核，以及考核结果能否体现劳动者实际情况并获得有效确认的证据材料。

（3）应在试用期届满前作出解除决定

当试用期履行届满后，无论用人单位是否为劳动者办理转正手续，或用人单位是否明示认可，劳动者均已进入正式劳动合同期。依据原劳动部《对〈关于如何确定试用期内不符合录用条件可以解除劳动合同的请示〉的复函》（劳办发〔1995〕16号）规定，对试用期内不符合录用条件的劳动者，用人单位可以解除劳动合同；若超过试用期，则用人单位不能以试用期内不符合录用条件为由解除劳动合同。故用人单位必须在试用期内对劳动者进行录用条件考核，并在试用期结束前作出留用或解除的决定并送达劳动者。

【案例】

陈某在一家国有企业做了多年车工，2016年年底跳槽到了一家新公司，并与公司签订了劳动合同。合同约定：合同期限为3年，其中试用期3个月(自2017年1月1日起至2017年4月1日止)。试用期内公司有权对陈某进行考核，产品达不到优良为不合格。4月1日，技术考核组对陈某的工作进行了考核，4月2号，技术考核组得出考核结论：陈某加工的零件精度不合格，陈某的技术水平不够优良等级。4月12日。公司做出决定：由于陈某不具备相应技术水平，不符合公司的录用条件。公司根据劳动法的规定，解除与陈某的劳动合同。陈某对此决定不服，向劳动争议仲裁委员会申请劳动争议仲裁，要求劳动争议仲裁委员会裁决公司解除劳动合同的行为无效，公司须继续履行劳动合同。

【裁决】

劳动仲裁委支持了陈某的诉讼请求，裁决公司解除劳动合同的行为无效，公司必须继续履行劳动合同。公司不服起诉至法院，一审法院支持了劳动仲裁委的裁决。

【解析】

劳动仲裁委及法院的裁决结果是正确的，主要原因在于公司已经超出了试用期解约的时限。本案中，公司是在试用期内的最后一天对陈某进行的考核，考核结果是在试用期满后的第一天得出的，解除劳动合同的决定是在试用期满后才做出的。公司尽管是在试用期内进行的考核，但通过考核证明陈某不符合录用条件的结论，却是在试用期满后才得出的。这说明证明陈某不符合录用条件，不是在试用期间，而是在试用期后。因此，公司此时已不能以不符合录用条件为理由，来解除与陈某的劳动合同了。另外，《劳动合同法》在有关文件中也规定：对试用期内不符合录用条件的劳动者，用人单位可以解除劳动合同；若超过试用期，则用人单位不能以试用期间不符合录用条件为由解除劳动合同。因此，公司解除劳动合同的行为是违法的。

（4）向劳动者说明理由

《劳动合同法》第21条规定，用人单位在试用期解除劳动合同的，应当向劳动者说明理由。因此笔者建议用人单位采用书面形式向劳动者说明解除劳动合同理由。

（5）通知工会

《劳动合同法》第43条规定，用人单位单方解除劳动合同，应当事先将理由通知工会。用人单位在试用期内行使单方解除权解除劳动合同的，未事先将理由通知工会，属于程序违法，解除行为无效，但起诉前用人单位已经补正有关程序的除外。

（6）制作《离职证明》及解除劳动合同通知书并及时送达劳动者

依据《劳动合同法》第50条规定，用人单位应当在解除或者终止劳动合同时出具解除或者终止劳动合同的证明，并在15日内为劳动者办理档案和社会保险关系转移手续。同时依据《劳动合同法》第82条规定，若用人单位未向劳动者出具解除或者终止劳动合同的书面证明，则由劳动行政部门责令改正；给劳动者造成损害的，还应当承担赔偿责任。故用人单位应当及时为解聘劳动者制作《离职证明》并将解除劳动合同通知书及时送达劳动者。

第五章　规章制度

用人单位的规章制度是用人单位制定的组织劳动过程和进行劳动管理的规则及制度的总和。规章制度也称为内部劳动规则，是用人单位内部的“法律”。用人单位制定规章制度要严格执行国家法律、法规的规定，保障劳动者的劳动权利督促劳动者履行劳动义务。制定规章制度应当体现权利与义务一致、奖励与惩罚结合，不得违反法律、法规的规定，否则将会受到法律的制裁。

5.1 规章制度的功能与作用

规章制度是用人单位与劳动者在劳动及工作中所必须遵守的劳动行为规范的总和。依法制定的规章制度是用人单位内部的法律，是规范运行和行使用人权的重要方式之一，用人单位应最大限度地利用和行使好法律赋予的这一权利。

实践中很多用人单位并未对此予以重视，认为只要有国家法律、法规，产生争议按国家法律法规处理就行。但国家法律、法规不会针对某个单位的具体情况正确及时的作出应对，用人单位的具体情况是千变万化的。

用人单位运行平稳、畅通、高效必须依靠一份完备的规章制度。

一份完备的规章制度可以保证用人单位正常运行，从而引导劳动者进行劳动。规章制度不针对单一劳动者，而是适用于用人单位中的全体劳动者，其在劳动法律法规的范围内对劳动合同约定进行补充和细化，从而具体的指导劳动者的劳动行为，保证用人单位正常运转。

一份完备的规章制度是用人单位奖罚的依据，用人单位制定规章制度既是权利又是义务，是其“用工自主权”的体现。规章制度是用人单位的内部“法律”，贯穿于用人单位的整个用工过程，是用人单位行使管理权、合同解除权的重要依据。劳动者严重违反用人单位的规章制度的，用人单位可进行处罚或者解除劳动合同。

一份完备的规章制度是用人单位与劳动者双方维权的依据，是劳动争议仲裁中重要的证据。规章制度是用人单位管理劳动者的规范，判断劳动者是否“胜任工作”、是否严重违反用人单位用工制度都要通过规章制度来判定，规章制度是否合法、是否生效是此类劳动争议胜败的关键，故规章制度对劳资双方而言都是重要的证据、维权的依据。

5.2 规章制度制定程序

根据《劳动合同法》的规定，劳动规章制度制定程序一般包括起草、讨论、通过、公示四个步骤。进一步细化可以分为如下步骤。

① 用人单位内部提出需求。制定规章制度的第一步是用人单位内部出现了需求，此需求可以是订立新的劳动规章制度，也可以是对旧规章制度进行修订。

② 听取各方意见、收集资料。规章制度的制定，关系到用人单位内部所有劳动者的切身利益，在起草文本之前应当在用人单位内部广泛争取意见、收集各类日常规范等资料。

③ 起草规章制度大纲。整理、归纳各方的意见、收集的资料，确定规章制度的整体基调，进一步起草规章制度大纲，明确其基本框架、体系构成、重要条款等。

④ 撰写规章制度草案。起草工作人员按照起草大纲确定的框架和内容，在计划时间内进行起草工作，形成劳动规章制度草案。

⑤ 民主评议与修订。用人单位针对规章制度草案召开职工代表大会或全体职工大会进行讨论，在征求各方意见的基础上由起草人员进行整理，对草案进行修订，形成最终的规章制度审议稿。

⑥ 规章制度定稿。经过数次修订后，起草人员综合各方意见完成最后的规章制度定稿。

⑦ 公示。将规章制度定稿向用人单位内部全体员工公示，将公示现场拍照留存备案。

⑧ 生效与执行。经过公示的规章制度定稿自生效之日起开始执行。

⑨ 更新与修订。执行过程中如需要对规章制度进行更新或修订，则按照上述流程制作规章制度修正稿。

5.3 规章制度的生效

规章制度制定程序复杂，在实体以及程序方面都有着严格的要求。实践当中，大部分用人单位虽然有规章制度，但因实体要件、程序要件的缺失处于未生效或者无效的状态，用人单位依据未生效或无效的规章制度对劳动者作出任何处理行为都会承担败诉并赔偿损失的法律风险。

5.3.1 实体要件

（1）规章制度制定主体为用人单位

我国《劳动法》及《劳动合同法》都规定，用人单位应当依法建立和完善劳动规章制度，保障劳动者享有劳动权利、履行劳动义务。由此可知，规章制度制定主体应当为用人单位本身。实践当中，很多用人单位制定规章制度是由某个业务部门、股东会、董事会，甚至有的小规模用人单位的规章制度是由法定代表人、经理、某个业务领导拟定并发布公示的，此类规章制度因其制定主体不适格，属于无效或未生效的规章制度，存在法律风险。

为了避免规章制度因主体不适格不生效或无效的问题，即使是由公司某个部门具体负责规章制度的起草的（通常是由公司人力资源部负责，也有由公司法务部或办公室负责），最后也得以公司的名义发布，这样才能保证所制定规章制度的权威性和可执行性。

（2）规章制度内容合法

劳动规章制度的内容，不仅应该符合国家法律、行政法规及政策规定，还应该合理公平、符合社会道德，否则将会被视为内容不合法。中华人民共和国劳动和社会保障部《关于〈中华人民共和国劳动法〉若干条文的说明》（1995 年 1 月）第 4 条对“依法”作广义理解，指所有的法律、法规和规章，包括宪法、法律、行政法规、地方法规，民族自治地区还要依据地方的自治条例和单行条例，以及关于劳动方面的行政规章。第89条规定，用人单位制定的劳动规章制度违反法律、法规规定的，由劳动行政部门给予警告，责令改正；对劳动者造成损害的，应当承担赔偿责任。上述条款中的“法律、法规”主要是指劳动法律、行政法规、地方法规和国家技术标准等。根据《最高人民法院关于审理劳动争议案件适用法律若干问题的解释》（2001年4月）第19条的规定，用人单位的规章制度还不得违反政策的规定。

实践当中，用人单位规章制度规定的诸如“加班属于完成未完成工作行为，不发加班工资”“不准员工谈恋爱、不准生育，否则开除”等条款都属于违法条款，是无效的。

【案例】

李某所在公司出于担心员工间因恋爱影响工作，而在其规章制度中明确规定：合同期内，同事间不得恋爱、结婚。若有违反，公司有权单方面解除劳动合同。公司与李某签订的为期4年的劳动合同中，也有同样的内容。由于李某在与同事钟某的接触中，彼此日久生情，已悄悄地在一起同居生活。公司发现李某他们的“地下恋情”后，以他们违反公司的规章制度及劳动合同为由，于近日决定分别解除与李某、钟某的劳动合同。李某不服，认为公司无权干预个人的婚恋自由，不能以此解除劳动关系，故起诉至劳动仲裁委要求撤销公司解除劳动关系的行为。

【裁决】

仲裁委支持了李某的诉讼请求，认定公司规章制度中“合同期内，同事间不得恋爱、结婚。若有违反，公司有权单方面解除劳动合同”的条款违法，不生效。公司不得以此条款与李某解除劳动关系。

【解析】

该公司规章制度中“合同期内，同事间不得恋爱、结婚。若有违反，公司有权单方面解除劳动合同”严重违法，属于无效条款。

一方面，不准同事间恋爱、结婚的内容违法。《中华人民共和国婚姻法》第3条规定，“禁止包办、买卖婚姻和其他干涉婚姻自由的行为”。其中所说的婚姻自由，是指婚姻当事人有权按照法律的规定，自主地结婚或离婚，任何单位和个人均不得以任何形式、任何理由加以强制或干涉。公司在其规章制度乃至劳动合同中，将同事间不得恋爱、结婚作为员工必须遵守的纪律乃至签订、履行劳动合同的条件，明显是对未婚员工婚姻自主权的侵犯、干涉。而《劳动合同法》第4条、第26条第（三）项已分别指出，“用人单位应当依法建立和完善劳动规章制度，保障劳动者享有劳动权利、履行劳动义务”；“违反法律、行政法规强制性规定的”劳动合同无效。正因为上述所涉内容并非“依法”确立，决定了其从一开始时起便对未婚员工没有任何法律约束力，所有未婚员工都有权拒绝履行。

另一方面，不准同事间恋爱、结婚的规定，不能成为公司解除劳动合同的理由。《劳动合同法》第39条规定，劳动者有下列情形之一的，用人单位可以解除劳动合同：（一）在试用期间被证明不符合录用条件的；（二）严重违反用人单位的规章制度的；（三）严重失职，营私舞弊，给用人单位造成重大损害的；（四）劳动者同时与其他用人单位建立劳动关系，对完成本单位的工作任务造成严重影响，或者经用人单位提出，拒不改正的；（五）以欺诈、胁迫的手段或者乘人之危，使对方在违背真实意思的情况下订立或者变更劳动合同，致使劳动合同无效的；（六）被依法追究刑事责任的。即不得与同事恋爱、结婚并不在法定情形之列。

（3）规章制度内容合理

公司的规章不但要合法，还得合理，不是说法律不禁止的，公司就可以根据需要自由约定，如果超出了合理的范围也可能被认定为无效。虽然法律并没有明确规定规章制度的内容必须合理，但在司法实践中发生劳动争议时裁判机关有自主裁量权，那些明显违背常理或者过分苛刻的规章制度一般是很难得到司法裁判机关的认可。

实践中，仲裁委及法院在审理劳动争议案件，特别是涉及因违反规章制度解除劳动合同的案件时，均会对用人单位的规章制度、处罚行为以及劳动者的相应行为进行审查以确认劳动者的行为是否已经构成了《劳动合同法》规定的“严重违反用人单位的规章制度”，一些明显违背常理或者过分苛刻的规章制度，例如“顶撞领导开除”“上厕所超过5分钟开除”“迟到一次、吸烟一次直接开除”等规章制度，一般是很难得到司法裁判机关的认可的，势必会让仲裁委或法院认定规章制度无效，相对应的用人单位解除劳动者劳动关系的行为无效，承担赔偿责任。

如何确保规章制度内容合理，我国法律并没有明确的规定也没有形成统一的标准。规章制度制定的目的在于规范用工单位的用工管理，让劳动者有章可循而并非是惩罚劳动者或剥夺劳动者的正常人身权利。用人单位在制定规章制度时要确保其内容符合社会大多数人的普遍认知，不能不近情理，应当依据公平原则，以是否符合正常人一般性的评判标准，同时考虑公司的类型、规模、工作岗位的特点，员工行为的性质以及违反规章制度的次数、违反规章制度给公司造成的损失等因素综合评判。

【案例】

陈先生是一家通讯公司的保安，某日下午陈先生来接班，当时同事拿出烟盒在大堂里给了陈先生一支烟，陈先生刚把烟接到手上，公司的监督员恰好经过看到了这一幕，便一口咬定他在工作区域吸烟，要按规定处理。该公司规章制度规定“员工不得在工作区域内吸烟，违者视为严重违纪”，第二天陈先生变接到了公司发来的解除劳动关系通知书。陈先生认为公司规章制度过于苛刻，不合理，公司不能以该规章制度解除劳动关系，遂起诉至劳动仲裁委。

【裁决】

劳动仲裁委认为该公司规章制度过于苛刻，陈先生的行为不属于严重违反规章制度解除的情形，公司解除劳动关系行为违法。公司不服，起诉至法院，一、二审法院均支持了劳动仲裁委的裁决。

【解析】

用人单位制定的“合法不合理”的规章制度并不全然对劳动者具有约束力。实际上，法律部门审理劳动争议特别是涉及解除劳动者劳动合同的案件时，均会对用人单位的处罚行为和劳动者的相应行为的情节、轻重程度相对照，看劳动者的相应行为是否达到‘严重’程度。

本案中，首先陈先生只是接过了烟并未吸烟，并没有违反公司规章制度的规定；其次即使陈先生吸烟也是初次违反规章制度，不具有主观的故意以及累犯严重影响公司形象或侵害他人的行为，不具备“严重违反”的程度；再次该公司将“工作场所吸烟一次”定义为“严重违反规章制度”的行为本身不合理，该条款不能作为解除陈先生劳动关系的依据。仲裁委或法院认定劳动者的相应行为的情节不够严重，尚不足以被解除合同的，尽管依据用人单位的规章制度规定可以解除劳动者合同，也会被认定为用人单位解除劳动合同违法，承担相应的法律后果。综上，仲裁委以及法院的裁决是正确的。

用人单位在制定规章制度时，内容上必须合法、合理、合情；程序上应民主、公开、公示；在利用规章制度处罚劳动者时不得‘小题大做’、‘轻违重罚’，更不能随意处罚，滥用处罚权。

5.3.2 程序要件

规章制度合法有效不仅要满足实体要件，更要满足程序要件。

（1）民主程序

规章制度的民主程序指的是规章制度的制定需要经过法定的民主程序。民主程序是规章制度程序要件之一，即使规章制度内容合法、合理，但没有经过法定的民主程序也是违法的，不能对劳动者发生效力。《劳动合同法》第4条对规章制度的民主程序作了明确的规定。

规章制度制定的民主程序分两步。第一步是讨论程序，即规章制度需经职工代表大会或全体职工讨论，提出方案和意见；第二步是协商程序，即用人单位与工会或职工代表平等协商确定规章制度内容。一般来说，公司建立了工会的与工会协商；没有建立工会的与职工代表协商。根据法律规定可知，职工代表需参与民主程序的全过程，公司需成立职工代表大会以确保规章制度制定民主程序的合法性。

需要注意的是，并不是所有的规章制度都需要经过民主程序。《劳动合同法》规定“用人单位在制定、修改或者决定有关劳动报酬、工作时间、休息休假、劳动安全卫生、保险福利、职工培训、劳动纪律以及劳动定额管理等直接涉及劳动者切身利益的规章制度或者重大事项时，应当经职工代表大会或者全体职工讨论，提出方案和意见，与工会或者职工代表平等协商确定。”依照上述规定可知，规章制度需要进行民主程序的范围是直接涉及劳动者切身利益的重大事项。

实践中，民主程序可以以工会同意、职工大会、职工代表大会通过、职工意见表投票等方式进行，具体形式详见下表。

序号	民主程序方式	操作办法	留存书面材料
1	全体职工大会	召开职工大会，意见记录在案，当场进行协商	会议签到表＋会议记录＋现场照片
2	职工代表大会	召开职工代表大会，意见记录在案，当场进行协商	会议签到表＋会议记录＋现场照片
3	职工意见表	规章制度印发各职工，回收职工意见表听取员工意见，针对必要问题进行协商	规章制度员工意见征集表
4	工会大会	工会内部针对规章制度召开会议，当场进行协商	会议签到表＋会议记录＋现场照片

表　用人单位规章制度流程

【延伸】规章制度民主程序中劳资双方意见不一致如何处理？

规章制度需要用人单位与工会或职工代表、全体职工平等协商确定，如果劳动者与用人单位存在意见分歧时应当如何处理呢？这涉及到规章制度究竟是“单决制”还是“双决制”的问题。理论界中，一方认为制定规章制度和决定重大事项是用人单位的“单决权”，是用人单位的经营管理自主权；另一方认为，用人单位制定规章制度应该有劳动者参与，涉及职工切身利益的，属于“共决权”的事项，是用人单位和职工双方共同决定的。

关于规章制度是单决权还是双决权的争议，立法者最后采用了折中的立场。《劳动合同法》第4条规定“在规章制度和重大事项决定实施过程中，工会或者职工认为不适当的，有权向用人单位提出，通过协商予以修改完善。”即规章制度制定和修改是劳资双方民主协商基础上的单决制，也就是所谓的“共议单决”制度。这样规定既满足了员工参与公司民主管理的需要，又尊重了公司的经营管理自主权。

综上，规章制度民主程序中劳资双方意见不一致并不影响规章制度的生效，用人单位应尽量与劳动者就规章制度的约定达成一致，当无法达成一致时可以由用人单位单方进行抉择。

需要注意的是，我国全民所有制的用人单位的规章制度并不适用“共议单决”，而是“共议共决”，不经职工大会或职工代表大会通过是不生效的。《全民所有制工业用人单位职工代表大会条例》（1986年9月）第七条：“属于职工代表大会职权范围内的用人单位规章制度，应当经职工代表大会审议通过。”

（2）公示制度

用人单位应当将直接涉及劳动者切身利益的规章制度公示或告知劳动者。实践中公示方法主要有以下几种。

① 直接将规章制度作为劳动合同的附件，在劳动合同中专款约定“劳动者已经详细阅读，并愿遵守用人单位的《劳动规章制度》”，让劳动者在劳动合同上签字。

② 将规章制度以手册形式发给劳动者，交由其阅读，并且在阅读后签字确认。用人单位应保留规章制度的发放证据。

③ 将规章制度放在公司网站上由员工浏览，通过计算机技术手段记录劳动者浏览规章制度的情况。

④ 将规章制度在厂区公共区域将规章内容全文公告，并且将规章制度的公示现场以拍照、录像等方式记录备案。

⑤ 将规章制度发至劳动者个人邮箱里，保留发信记录。

⑥ 将劳动者对于用人单位规章制度的了解情况作为考核项目，定期或者不定期考核对规章制度的了解情况，记录规章制度考核结果并由劳动者签字确认。

⑦ 召开全体职工大会或者组织全体职工对规章制度进行集中学习、培训，由劳动者在规章制度学习培训报到表上签名。

考虑到发生劳动争议需要用人单位举证的问题，建议用人单位使用第①、②、④、⑥、⑦种方式对规章制度进行公示，其他方式虽然相对简单但采集证据的难度更大（电子证据一般需要公证），一旦不能举证用人单位可能会承担败诉的法律风险，故不推荐。

5.4 规章制度无效的法律后果

规章制度缺少实体要件或程序要件会导致该规章制度无效。对用人单位而言无效的规章制度不但起不到作用，还会引起对用人单位不利的法律后果。

5.4.1 行政处罚

用人单位直接涉及劳动者切身利益的规章制度，违反法律、法规规定的，由劳动部门责令改正并给予警告。根据《劳动保障监察条例》第30条的规定，用人单位经劳动保障行政部门责令改正拒不改正，可处以2000元以上2万元以下的罚款。实践中，用人单位违法的规章制度遭到行政处罚，一般都是劳资双方产生纠纷，用人单位遭到举报或投诉引起的。

5.4.2 民事赔偿

用人单位直接涉及劳动者切身利益的规章制度，违反法律、法规规定的，给劳动者造成损害的，应当承担赔偿责任。这里的赔偿责任既包括物质赔偿责任，也包括精神损害赔偿责任。如果用人单位制定的规章制度侵犯了劳动者的人格权利，包括身体权、健康权、人格尊严等，对于这些侵权行为，劳动者可以依法主张精神损害赔偿。

5.4.3 劳动者单方解除劳动合同

用人单位的规章制度，违反法律、行政法规规定、损害劳动者权益的，劳动者可以随时通知用人单位解除劳动合同，并且根据《劳动合同法》第46条的规定，劳动者依照本法第38条解除劳动的有权要求用人单位支付经济补偿金。用人单位的规章制度，违反法律、行政法规规定，损害劳动者权益的，属于因用人单位过错劳动者可以即时解除劳动合同的情形，同时可以要求用人单位支付经济补偿金。

5.4.4 用人单位不能依据规章制度进行管理

用人单位可以依据合法有效的规章制度管理劳动者，对劳动者的行为按照规章制度的规定给予处理。一旦用人单位与劳动者发生劳动争议，用人单位可以向仲裁或法院提供规章制度来举证处理的正当性进而赢得诉讼。但如果规章制度无效，自然就不能成为劳动争议的处理依据，强行对劳动者进行处理会承担相应的法律后果。综上，如规章制度无效则用人单位不能依据其管理劳动者。

5.5 规章制度的执行

加强用人单位管理除了要建立合法有效的规章制度，还要落实好规章制度的顺畅执行。要落实好规章制度必须有一个严密的约束机制，做到赏罚分明，权责一致。

5.5.1 规章制度要具有可操作性

用人单位制定规章制度要结合自身情况，切忌“大而空”，要“量体裁衣”确保可操作性。制定规章制度时要注意对“严重违纪”“重大损害”“严重失职”等《劳动合同法》中较为宽泛的概念进行细化和量化，在法律允许的范围内实现自身的用工自主权利，比如“因个人过错造成单位损失人民币 10 000 元以上”定义成重大损失；“因个人原因一个月迟到 3 次及以上”认定为严重违纪等。

5.5.2 规章制度要及时修订

实践中，很多用人单位制定了规章制度之后就将其束之高阁，依然在沿用十几年前的规章制度。虽然这些规章制度可能很全面、很完善，但已经不能适应现代用人单位发展的需要，成了摆设、绊脚石。不及时修订更新的规章制度不仅不能起到应有的作用，有时反而会妨碍正常劳资关系。规章制度在执行的过程中要及时评估、根据劳动者的意见和建议以及用人单位发展的新要求对规章制度作出修订。

5.5.3 规章制度的执行要公平、公正、公开

俗话说“制度面前，人人平等”“王子犯法，与庶民同罪”，不管是领导干部或普通劳动者都必须严格按制度办事，谁违背了规章制度，就应该受到制度的处罚。如果一味的认人唯亲、一团和气、放低处罚标准，则根本起不到应有的激励和约束作用，甚至会起到消极的负面作用。

5.5.4 建立完善考核、评价机制

用人单位在建立的完善规章制度并有效执行的同时，还需要对规章制度建立合理、有效地评价和考核机制。建立完善考核、评价机制不但能使各项规章制度做到公平、合理的执行，也能促进全体劳动者的主观

能动性，更能对现有规章制度进行完善、修订和补充。用人单位针对各项规章制度执行的考核要建立合理的评价机制，不仅要对规章制度的落实进行评价，还要对结果进行纵横对比、合理评价。

第六章　集体合同

6.1 集体合同概述

6.1.1 集体合同的定义

集体合同是指劳动者一方与用人单位就劳动报酬、工作时间、休息休假、劳动安全卫生、保险福利等事项通过平等协商达成的书面协议。

集体合同起源于18世纪的欧洲。18世纪末期，资本主义自由竞争时期，英国雇佣劳动者团体与工厂雇主签订的劳动协定最早出现了集体合同的内容。1904年新西兰颁布了最早的集体合同法律，制定了各种有关集体合同的法律，是集体合同法制化的重要标志。

6.1.2 集体合同的内容

根据《集体合同规定》的规定，经过集体协商的用人单位与劳动者之间可以就下列某项或多项内容签订集体合同：

① 劳动报酬，主要包括：用人单位工资水平、工资分配制度、工资标准和工资分配形式；工资支付办法；加班、加点工资及津贴、补贴标准和奖金分配办法；工资调整办法；试用期及病、事假等期间的工资待遇；特殊情况下职工工资（生活费）支付办法；其他劳动报酬分配方法。

② 工作时间，主要包括：工时制度；加班加点办法；特殊工种工作时间；劳动定额标准。

③ 休息休假，主要包括：日休息时间、周休息日安排、年休假办法；不能实行标准工时职工的休息休假；其他假期。

④ 劳动安全卫生，主要包括：劳动安全卫生责任制；劳动条件和安全技术措施；安全操作规程；劳保用品发放标准；定期健康检查和职业健康体检。

⑤ 补充保险和福利，主要包括：补充保险的种类、范围；基本福利

制度和福利设施；医疗期延长及其待遇；职工亲属福利制度。

⑥ 女职工和未成年工的特殊保护，主要包括：女职工和未成年工禁忌从事的劳动；女职工的经期、孕期、产期和哺乳期的劳动保护；女职工、未成年工定期健康检查；未成年工的使用和登记制度。

⑦ 职业技能培训，主要包括：职业技能培训项目规划及年度计划；执业技能培训费用的提取和使用；保障和改善执业技能培训的措施。

⑧ 奖惩制度，主要包括：劳动纪律；考核奖惩制度；奖惩程序。

⑨ 裁员制度，主要包括：裁员的方案；裁员的程序；裁员的实施办法和补偿标准。

6.2 集体合同订立的程序

根据《集体合同规定》的规定，集体合同订立需要遵循一定程序。

6.2.1 集体协商代表的确定

集体协商代表（以下简称：协商代表），是指按照法定程序产生并有权代表本方利益进行集体协商的人员。集体协商双方的代表人数应当对等，每方至少 3 人，并各确定 1 名首席代表。职工一方的协商代表由本单位工会选派，未建立工会的由本单位职工民主推荐，并经本单位半数以上职工同意。职工一方的首席代表由本单位工会主席担任。工会主席可以书面委托其他协商代表代理首席代表，工会主席空缺的，首席代表由工会主要负责人担任。未建立工会的，职工一方的首席代表从协商代表中民主推举产生。用人单位一方的协商代表，由用人单位法定代表人指派，首席代表由单位法定代表人担任或由其书面委托的其他管理人员担任。

6.2.2 集体协商

集体协商任何一方均可就签订集体合同或专项集体合同以及相关事

宜以书面形式向对方提出进行集体协商的要求。一方提出进行集体协商要求的，另一方应当在收到集体协商要求之日起20日内以书面形式给以回应，无正当理由不得拒绝进行集体协商。

确定召开协商会议后，集体协商代表应熟悉与集体协商内容有关的法律、法规、规章和制度；了解与集体协商内容有关的情况和资料，收集用人单位和职工对协商意向所持的意见；拟定集体协商议题。集体协商议题可由提出协商一方起草，也可由双方指派代表共同起草；确定集体协商的时间、地点等事项；共同确定一名非协商代表担任集体协商记录员，记录员应保持中立、公正，并为集体协商双方保密。

在集体协商会议中，集体协商代表应发表各自意见，展开充分讨论并归纳意见。当意见达成一致时，双方协商代表拟定集体合同草案，由双方首席协商代表签字。

6.2.3 订立正式集体合同并审议通过

经双方协商代表协商一致的集体合同草案或专项集体合同草案应当提交职工代表大会或者全体职工讨论。职工代表大会或者全体职工讨论集体合同草案或专项集体合同草案，应当有三分之二以上职工代表或者职工出席，且须经全体职工代表半数以上或者全体职工半数以上同意，集体合同草案或专项集体合同草案方获通过。集体合同草案或专项集体合同草案经职工代表大会或者职工大会通过后，由集体协商双方首席代表签字。

6.2.4 劳动部门审查、生效

集体合同或专项集体合同签订或变更后，应当自双方首席代表签字之日起10日内，由用人单位一方将文本一式三份报送劳动保障行政部门审查。劳动保障行政部门对报送的集体合同或专项集体合同应当办理登记手续。劳动保障行政部门自收到文本之日起15日内未提出异议的，集体合同或专项集体合同即时生效。

【延伸】集体合同订立流程图

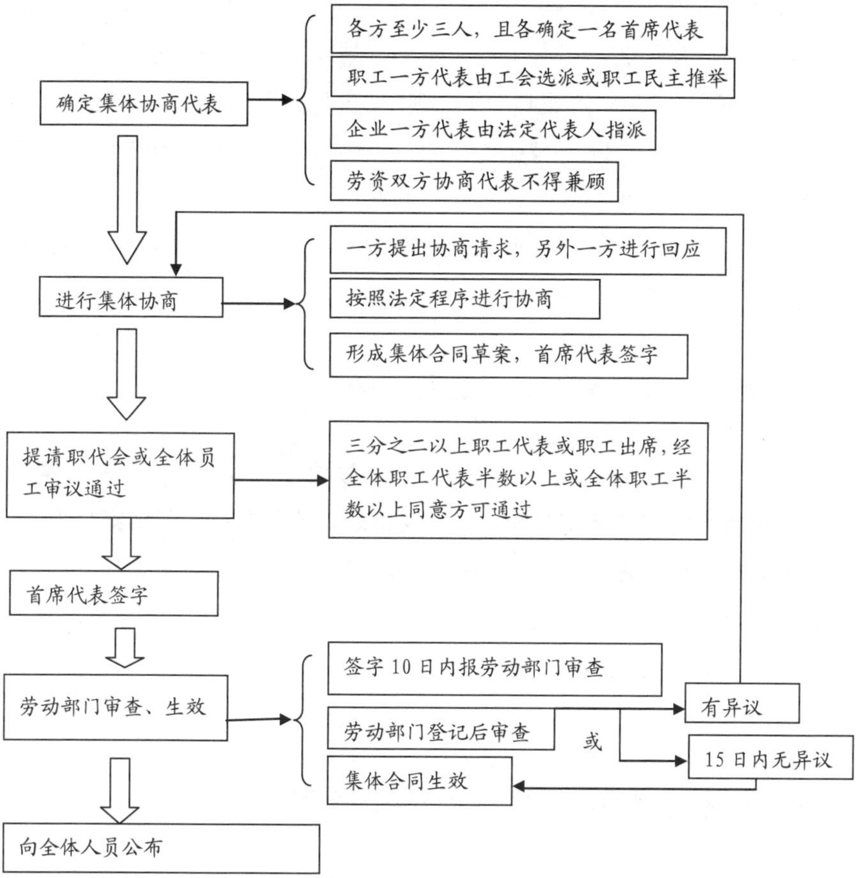

6.3 集体合同的法律效力

集体合同的法律效力是指集体合同的法律约束力，主要表现在以下三点。

6.3.1 集体合同对一个用人单位或一个区域、一个行业内的劳动者均具有约束力

《劳动法》第35条规定：依法签订的集体合同对用人单位和用人单位全体职工具有约束力，职工个人与用人单位订立的劳动合同中劳动条件和劳动报酬等标准不得低于集体合同的规定。《劳动合同法》第54条第2款规定：依法订立的集体合同对用人单位和劳动者具有约束力。行业性、区域性集体合同对当地本行业、本区域的用人单位和劳动者具有约束力。可见，集体合同一旦签订，其对用人单位内部全体劳动者或整个区域、整个行业全体劳动者均具有约束力，单一劳动者不能以未在集体合同上签字或未参与集体合同协商为由不受集体合同约束。

6.3.2 集体合同保障劳动者的最低权益

实践中订立集体合同的目的在于保障劳动者的最低权益。对于集体合同涉及到的劳动者基本权益，如劳动报酬、劳动保护、劳动安全卫生、女职工保护、休息休假等规定均不得低于国家规定的最低标准。例如集体合同约定的劳动报酬不得低于当地市政府规定的最低工资标准，只能等于或高于法律法规规定的最低基准，否则不能通过当地劳动保障部门的合法性审查。

6.3.3 集体合同的法律效力高于劳动合同

劳动合同中有关劳动条件以及报酬等约定不得低于集体合同中的条件和标准，否则被认为无效，劳动合同中劳动条件及报酬高于集体合同的，则认为有效并按照劳动合同执行。

【案例】

2012年某纺织公司工会代表全体职工与公司签订了集体合同。集体合同规定：职工工作时间为每日8小时，每周40小时，周六、周日为

公休日。如果在周六、周日安排职工加班，便在加班后的一周内安排补休；在上午和下午连续工作4个小时期内安排工间休息时间各一次，每次时间为20分钟，此20分钟计入工作时间之内；职工的工资报酬不低于每月300元，加班加点的工资及其他实物性福利不包括在内；工资于每月5日前支付;合同的有效期为自2012年4月1日至2016年3月31日，双方对于集体合同都要严格遵守，任何一方也不能违反，否则要赔偿对方所造成的损失。

此合同于2012年3月20日被劳动行政部门确认。2012年9月，纺织公司从人才市场上招聘了一批女工，去充实新建立的一个纺织分厂。2012年10月纺织公司与这批女工签订了劳动合同。其内容包括：本合同有效期为1年，自2014年10月1日至2015年9月30日；工人工作时间为每周40小时，每天8个小时，上下午各4个小时；没有工间休息时间；工作实行每月350元的工资制度。

双方签字盖章后合同生效。当招聘的女工到纺织公司下属的纺织分厂上班后，发现车间细尘很多，连续工作4小时头昏脑涨，分厂职工就向分厂领导提出工作期间休息一会儿，换换空气。分厂领导答复说，在上班时间不休息是劳动合同中已经规定了的，集体合同中规定职工报酬是每月300元，你们的报酬是每月350元，就是因为取消了20分钟的中间休息时间。集体合同中规定职工的工间休息20分钟是与其报酬数量少相对应的;在公司与你们签订的劳动合同中把工资提高到350元/月，所以取消了20分钟的工间休息。陶某等人不服向劳动仲裁委提起诉讼，要求恢复20分钟的工间休息。

【裁决】

仲裁委支持了陶某等人的诉讼请求。纺织公司不服向法院提起诉讼，认为纺织公司工会与公司签订集体合同时，纺织公司还没有设立分厂，因此集体合同只对公司总部的职工有效，分厂职工不应适用集体合同。一审法院维持了仲裁委的判决。

【解析】

仲裁委及法院的判决是正确的。

首先，依法签订的集体合同对用人单位和用人单位的全体职工都有约束力。只要属于用人单位的职工，不管其是在集体合同签订前还是在集体合同签订后进入用人单位的，均应适用集体合同约定的劳动条件和劳动报酬等约定。本案中，虽然田某等人是在集体合同签订后被公司招用的，仍应适用集体合同。同时，虽然陶某等人是在纺织分厂上班工作，但仍属于纺织公司的职工，因此应适用集体合同。

其次，集体合同规定了劳动者的最低保障，劳动合同中有关劳动条件以及报酬等约定不得低于集体合同中的条件和标准，否则被认为无效，但如果劳动合同中劳动条件及报酬高于集体合同的，则认为有效并按照劳动合同执行。本案中，劳动合同中删除了“20分钟工作时间休息”属于降低了劳动条件，应当认定为无效，而工资由“每月300元”提高到“每月350元”是提高劳动报酬，应当按照劳动合同执行，故仲裁委和法院判决纺织公司应按照集体合同的规定给予陶某等工人20分钟的工间休息时间无疑是正确的

6.4 集体合同的变更与解除

根据《集体合同规定》第39条、第40条的规定，集体合同的变更与解除有下列两种方式：

第一，约定变更或解除：用人单位与劳动者双方协商代表协商一致，可以变更或解除集体合同。

第二，法定变更或解除：（1）用人单位因被兼并、解散、破产等原因，致使集体合同或专项集体合同无法履行的；（2）因不可抗力等原因致使集体合同或专项集体合同无法履行或部分无法履行的；（3）集体合同或专项集体合同约定的变更或解除条件出现的；（4）法律、法规、规章规定的其他情形。上述情形发生后，用人单位或劳动者单方可以变

更或解除集体合同。

集体合同变更、解除也适用集体协商程序。用人单位或劳动者一方应以书面形式提出协商要求，另一方在 20 日内以书面形式进行回应，无正当理由不得拒绝。确定进行集体协商后，全体协商代表应召开集体协商会议，具体会议形式和步骤与签订集体合同的集体协商会议相同，此处不再赘述。

第七章　工作与休假

工作权与休息权是劳动者最基本的两项权利，需要通过建立健全、规范的工作时间与休假制度来约束。工作与休假贯穿于用人单位与劳动者劳动关系的始终，既是用人单位人力资源管理的基本内容，也是劳动争议的高发地带。

7.1　工作时间

工作时间又称劳动时间，是指法律规定的劳动者在一昼夜和一周内从事劳动的时间。工作时间由法律直接规定或劳动合同在法律规定的范围内进行约定，劳动者或用人单位不遵守将会承担相应的法律责任。

目前我国实行三种工时制度，分别为标准工时制、综合计算工时制和不定时工作制，每种工时制度对应的工作时间规定均不相同。

7.1.1　标准工时制

标准工时制，也称为标准工作制度，是由立法确定一昼夜中工作时间长度，一周中工作日天数，并要求各用人单位和一般劳动者普遍实行的基本工时制度。标准工时制是工时制度的标准和基础，是其他特殊工时制度的计算依据和参照标准。标准工时制具有至关重要的意义，也是各国劳动立法中的重要内容。

根据《国务院关于劳动者工作时间的规定》，我国目前实行的是每日工作 8 小时、每周工作 40 小时的工作时间制度。

标准工时制下，劳动者一年工作 365 天 -104 天（双休）-11 天（法定节假日）=250 天，总工作小时数 =250 天 ×8 小时 =2000 小时

【延伸】标准工时制必须每周工作 5 天，每天工作 8 小时吗？

标准工时制规定的每日工作 8 小时、每周工作 40 小时，并不当然意味着每周工作 5 天，休息 2 天。用人单位可以按照自身的工作性质、生产特点自行安排工作时间，只要能保证每天工作不超过 8 小时，每周

累计工作时间不超过40小时即可。但需要注意的是，《劳动法》第38条规定用人单位应当保证劳动者每周至少休息一日，用人单位不能一周七天都安排工作时间。综上，标准工时制下用人单位可以按照自身需求安排劳动者的工作时间，保证每天工作不超过8小时、每周不超过40小时且有完整一天休息时间即可，如每周工作6天，每天工作6小时属于正常的工作时间。

一些特殊的岗位或人员，由于其工作的特殊性或劳动者自身特点，可以比照标准工时制适当缩短工作时间，也就是一天工作少于8小时、一周工作少于40小时。可以缩短工作时间的岗位或人员有：（1）从事矿山井下、高山，有毒、有害，特别繁重和过度紧张的体力劳动者，以及纺织、化工、建筑冶炼、地质勘探、森林采伐、装卸搬运等行业或岗位的劳动者。（2）从事夜班工作的劳动者。夜班工作时间一般指当晚10时至次日晨6时从事劳动或工作的时间。夜班工作改变了正常的生活规律，增加了神经系统的紧张状态，因而夜班工作时间比标准工时减少1小时。（3）哺乳未满12个月婴儿的女劳动者。（4）16岁至18岁的未成年劳动者。

另外，用人单位要特别注意对“午休午餐时间”的处理。大多数用人单位的“午休午餐时间”处于中午11点半至下午13点半期间，长度从半小时到两小时不等，大多数为一小时。“午休午餐时间”与法定标准工时制的工作时间是重合的，其是否属于工作时间，法律并未明文规定。实践中，只要用人单位没有明确规定工作时间不包含“午休午餐时间”都会被认定为正常工作时间。如用人单位想明确规定正常工作时间不包括“午休午餐时间”则需要在劳动合同或规章制度中明确规定出来并且确认“午休午餐时间”属于劳动者自由休息时间，避免在该时间段内给劳动者安排工作。

7.1.2 综合计算工时工作制

综合计算工时工作制是指因工作性质特殊或者受季节及自然条件限

制，需在一段时间内连续作业，采取以周、月、季、年等为周期综合计算工作时间的一种工时制度。综合计算工时制的平均日工作时间和平均周工作时间应与法定标准工作时间基本相同。

根据劳动部印发的《关于用人单位实行不定时工作制和综合计算工时工作制的审批办法》的规定，综合计算工时工作制的适用范围有以下几种：

（1）交通、铁路、邮电、水运、航空、渔业等行业中因工作性质特殊，需连续作业的劳动者；

（2）地质及资源勘探、建筑、制盐、制糖、旅游等受季节和自然条件限制的行业的劳动者；

（3）其他适合实行综合计算工时工作制的劳动者，如季节性生产行业、轮班作业行业等工作。

综合计算工时工作制的适用不仅要符合上述适用范围，还必须向劳动履行地的劳动行政部门申请审批，地方用人单位实行不定时工作制和综合计算工时工作制等其他工作和休息办法的审批办法，由各省、自治区、直辖市人民政府劳动行政部门制定。

以北京地区为例，根据北京市劳动和社会保障局印发的《北京市用人单位实行综合计算工时工作制和不定时工作制办法》规定：（1）用人单位实行综合计算工时工作制，应当与工会、劳动者代表大会或劳动者协商，用人单位的工作和休息制度，应向劳动者公示。（2）用人单位实行综合计算工时工作制，应向用人单位营业执照注册地的区、县劳动和社会保障局申报，并报送以下资料：用人单位营业执照副本及复印件、《北京市用人单位实行综合计算工时工作制和不定时工作制申报表》。

实行综合计算工时工作制有特殊的工作时间计算方法：

（1）以一周为一个综合计时周期：劳动者的累计法定标准工作时间为 40 小时，延长劳动者工作时间（含工作日的加点、休息日和法定假日的加班总数）累计不得超过 8 小时，周期内必须保证劳动者至少休息 1 天。

（2）以一个月为一个综合计时周期：劳动者的累计法定标准工作时间为166.7小时，延长劳动者工作时间（含工作日的加点、休息日和法定假日的加班总数）累计不得超过36小时，周期内必须保证劳动者至少休息4天。

（3）以一个季度为一个综合计时周期：劳动者的累计法定标准工作时间为500小时，延长劳动者工作时间（含工作日的加点、休息日和法定假日的加班总数）累计不得超过108小时，周期内必须保证劳动者至少休息13天。

（4）以一年为一个综合计时周期：劳动者的累计法定标准工作时间为2000小时，延长劳动者工作时间（含工作日的加点、休息日和法定假日的加班总数）累计不得超过432小时，周期内必须保证劳动者至少休息52天。

7.1.3 不定时工作制

不定时工作制，也叫无定时工时制，它没有固定工作时间的限制，是针对因生产特点、工作性质特殊需要或职责范围的关系，需要连续上班或难以按时上下班，无法适用标准工作时间或需要机动作业的劳动者而采用的一种工作时间制度。经批准实行不定时工作制的劳动者，不受《劳动法》第41条规定的日延长工作时间标准和月延长工作时间标准的限制，但用人单位应采用弹性工作时间等适当的工作和休息方式，确保劳动者的休息休假权利和生产、工作任务的完成。

根据劳动部印发的《关于用人单位实行不定时工作制和综合计算工时工作制的审批办法》的规定，不定时工作制的适用范围有以下几种：

（1）用人单位中的高级管理人员、外勤人员、推销人员、部分值班人员和其他因工作无法按标准工作时间衡量的劳动者；

（2）用人单位中的长途运输人员、出租汽车司机和铁路、港口、仓库的部分装卸人员以及因工作性质特殊，需机动作业的劳动者；

（3）其他因生产特点、工作特殊需要或职责范围的关系，适合实行不定时工作制的劳动者。

不定时工作制同综合计算工时工作制一样，也需要劳动履行地的劳动行政部门申请审批，其审批条件、程序、告知公示要求与综合计算工时工作制一致（北京地区用人单位高级管理人员适用不定时工作制无需审批）。用人单位在实行不定时工作制时要注意：

（1）不定时工时制只能针对特殊岗位和特定人员，对于能够执行标准工时制的人员和岗位，用人单位不能实行不定时工时制；

（2）用人单位实行不定时工时制时，应履行协商、公示、告知程序，并经过审批；

（3）对于实行不定时工时制的劳动者，应合理确定劳动定额，采用集中工作、集中休息、轮休调休等适当方式，保障劳动者的身体健康；

（4）实行不定时工时制的有效期满后，用人单位需要继续实行特殊工时工作制的，应在有效期满前一个月再次申请，再次公示。

7.2 休息休假

休息休假是指劳动者在国家规定的法定工作时间外自行支配的时间，包括劳动者每天休息的时数、每周休息的天数、节假日、年休假、探亲假等。

7.2.1 休息日

休息日是指劳动者在一周内享有的连续休息一天（24 小时）以上的休息时间。实践中大多数劳动者一周工作 5 天，休息 2 天（周六、周日休息），也有小部分用人单位因为自身生产特点灵活运用标准工时制每周休息 1 天，工作 6 天，还有用人单位执行综合计算工时工作制和不定时工作制等其他的工作休息办法。在标准工时制下，劳动者一年一共有 104 天（52 周 ×2 天）的休息天。

7.2.2 法定节假日

法定节假日是法律规定的用于庆祝及度假的休息时间，法定节假日属于带薪休假，根据《全国年节及纪念日放假办法》的规定，法定节假日主要分为两类。

（1）全体公民放假的节日

新年，放假 1 天 (1 月 1 日)

春节，放假 3 天 (农历除夕、正月初一、初二)

清明节，放假 1 天 (农历清明当日)

劳动节，放假 1 天 (5 月 1 日)

端午节，放假 1 天 (农历端午当日)

中秋节，放假 1 天 (农历中秋当日)

国庆节，放假 3 天 (10 月 1 日、2 日、3 日)。

（2）部分公民放假的节日

妇女节 (3 月 8 日)，妇女放假半天

青年节 (5 月 4 日)，14 周岁以上的青年放假半天

儿童节 (6 月 1 日)，不满 14 周岁的少年儿童放假 1 天

中国人民解放军建军纪念日 (8 月 1 日)，现役军人放假半天。

7.2.3 带薪年休假

带薪年休假是国家根据劳动者工作年限和劳动繁重紧张程度，每年给予劳动者一定期间带薪连续休假。实行劳动者带薪年休假制度，是世界各国劳动制度的普遍做法。全国人大常委会 1994 年 7 月制定的《劳动法》和 2005 年 4 月制定的《中华人民共和国公务员法》，对劳动者休假事项作了原则规定，劳动者的休息权利得到了一定程度的保障。随着我国经济社会的发展，广大劳动者和社会各界普遍呼吁尽快健全我国的劳动者年休假制度，2007 年 8 月国家法制办根据国务院常务会议精神，约请有关部门共同研究，起草了《劳动者带薪年休假条例（草案）》，

通过报纸、网络等新闻媒体将草案征求意见稿全文公布，广泛征求社会公众的意见。2007 年 12 月 14 日，国务院总理温家宝签署国务院令公布《劳动者带薪年休假条例》（以下简称条例），该条例于 2008 年 1 月 1 日起正式施行。

（1）适用范围

关于带薪年休假的适用范围，在《企业职工带薪年休假实施办法》第 2 条作出了明确规定：中华人民共和国境内的企业、民办非企业单位、有雇工的个体工商户等单位（以下称用人单位）和与其建立劳动关系的职工，适用本办法。

需要特别注意的是，个体工商户雇用的人员符合条件的，同样可以享受带薪年休假。

（2）适用条件

《企业职工带薪年薪假实施办法》第 3 条的规定，劳动者享受带薪年休假的条件是连续工作满 12 个月以上。

实践中，连续工作满 12 个月是否必须是一家用人单位存在较大争议，最高人民法院对这个问题进行了统一，《< 企业职工带薪年薪假实施办法 > 有关问题的复函》规定：“关于带薪年休假的享受条件《企业职工带薪年休假实施办法》第三条中的‘职工连续工作满 12 个月以上’，既包括劳动者在同一用人单位连续工作满 12 个月以上的情形，也包括职工在不同用人单位连续工作满 12 个月以上的情形。”故劳动者只要是在法律规定的用人单位工作过，在认定是否享受带薪年休假时不需要区分原单位和现单位，只需累计计算连续工作的时间。

需要特别注意的是，带薪年休假虽然不区分前后工作的单位，但要求前后单位的工作时间必须连续，如在前后单位工作期间出现中断的情形则将无法享受带薪年休假。

（3）例外情形

劳动者有下列情形之一的，不享受当年的年休假：

① 劳动者依法享受寒暑假，其休假天数多于年休假天数的；

② 劳动者请事假累计 20 天以上且单位按照规定不扣工资的；

③ 累计工作满 1 年不满 10 年的劳动者，请病假累计 2 个月以上的；

④ 累计工作满 10 年不满 20 年的劳动者，请病假累计 3 个月以上的；

⑤ 累计工作满 20 年以上的劳动者，请病假累计 4 个月以上的。

（4）计算方式

劳动者享受法定带薪年假的天数与累计工作年限有关。劳动者累计工作已满 1 年不满 10 年的，年休假 5 天；已满 10 年不满 20 年的，年休假 10 天；已满 20 年的，年休假 15 天。国家法定休假日、休息日不计入年休假的假期。

离职劳动者带薪年休假天数计算公式为：

带薪年休假天数 =(当年度在本单位已过日历天数 ÷365 天)× 劳动者本人全年应当享受的年休假天数—当年度已安排年休假天数。（折算后不满 1 天不计算）

新入职劳动者带薪年休假天数计算公式为：

带薪年休假天数 =(当年度在本单位剩余日历天数 ÷365 天)× 劳动者本人全年应当享受的年休假天数。（折算后不满 1 天不计算）

（5）未休报酬

如果非劳动者本人自愿放弃带薪年休假，用人单位未依法安排劳动者带薪年休假应当支付相应的工资报酬作为替代补偿。

《企业职工带薪年休假实施办法》第10条规定：“企业经职工同意不安排年休假或者安排职工年休假天数少于应休年休假天数，应当在本年度内对职工应休未休年休假天数，按照其日工资收入的300%支付未休年休假工资报酬，其中包含企业支付职工正常工作期间的工资收入。”

（6）操作技巧

随着劳动者维权意识的提高，带薪年休假引发的劳动争议逐渐增多。为了避免引发争议造成损失，用人单位应当按照以下三点操作技巧来执行带薪年休假制度：

① 用人单位对劳动者的人事档案，包括劳动合同等资料一定要尽可能地妥善管理、保存，对劳动者的带薪年休假统筹安排一定要合法、合情、合理。

② 如劳动者本人自愿放弃带薪年休假权利，用人单位应要求劳动者本人以书面申请方式进行明确，并妥善保存该书面材料。保存书面材料有利于用人单位在发生劳动争议时进行有效举证，避免承担日工资三倍的法律责任。

③ 如用人单位与劳动者因“劳动者累计工作时间的确定”发生争议，用人单位仅需承担提供近两年内档案以供核查劳动者累计工作时间的义务。劳动者如主张近两年以前的累计工作时间事实，则需要由劳动者本人承担举证责任。用人单位即使保存有近两年以前劳动者的人事档案，也可不予提交。

④ 个别用人单位通过安排员工集体旅游来抵扣带薪年休假是错误的。按照法律规定可以抵扣带薪年休假的只有寒暑假、一定时间带薪事假、一定时间病假，并不包括集体旅游假期。集体旅游属于用人单位的福利待遇，并不属于带薪年休假。

【案例】

小白 2015 年 1 月入职 A 公司，双方签订书面劳动合同，合同期限自 2015 年 1 月 1 日起至 2017 年 12 月 31 日止。2017 年 5 月，小白与 A 公司解除劳动合同。仲裁中小白主张其在 2016 年度期间没有享受带薪年休假，要求公司支付未休年假工资；A 公司则主张单位在 2016 年 5 月 8 日至 15 日期间安排小白外出旅游，当年应当视为享受了带薪年假，并提交当月的考勤记录、旅游照片、火车票等证据予以证明。

【裁决】

仲裁委支持了小白的请求，判令公司按照日工资 200%（原工资已经支付一倍）支付带薪年休假补偿。

【解析】

仲裁委的裁决正确。

外出旅游是单位为员工安排的福利待遇，不能视为劳动者享受了年休假。根据《企业职工带薪年休假条例》第 5 条规定，单位根据生产、工作的具体情况，并考虑劳动者本人意愿，统筹安排劳动者年休假。故用人单位想以旅游待遇、福利待遇折抵年假天数，要跟劳动者协商并得到劳动者同意才可以。用人单位应当制定详细的休假制度规范，如果用人单位有相应的以福利待遇折抵年假天数的规定，应当提前向劳动者告知公示，以便劳动者在享受单位福利待遇或法定年休假之间作出选择。

7.2.4 病假

病假是指劳动者本人因患病或非因工负伤，需要停止工作进行医疗时，用人单位根据劳动者本人实际参加工作的年限以及在本单位工作的年限，给予一定医疗期的假期。

【延伸】病假与医疗期的联系与区别

提到病假便离不开医疗期。所谓医疗期，是指劳动者患病或非因工负伤停止工作进行治疗时，法律规定的用人单位不能因此解除劳动关系的期限。医疗期与病假紧密相关，两者既有区别又有内在联系：第一，医疗期是法定概念、病假是事实概念。医疗期是根据劳动者工作年限与本单位工作年限综合规定的，病假是根据病情以及医生建议而制定的；第二，医疗期是确定的刚性的期限，病假是不确定的弹性的时间。第三，病假和医疗期时间存在重叠，当病假短于医疗期，在病假期间内用人单位不得解除劳动合同；当病假长于医疗期时，用人单位有权在医疗期限届满后解除或终止劳动合同。

（1）医疗期计算

根据《企业职工患病或非因工负伤医疗期规定》，劳动者因患病或非因工负伤需要停止工作接受治疗的，根据本人实际参加工作年限和在本单位工作年限给予 3 个月至 24 个月的医疗期，具体为：

① 实际工作年限 10 年以下的，在本单位工作年限 5 年以下的为 3 个月；5 年以上的为 6 个月；

② 实际工作年限 10 年以上的，在本单位工作年限 5 年以下的为 6

个月；5年以上10年以下的为9个月；10年以上15年以下的为12个月；15年以上20年以下的为18个月；20年以上的为24个月。

如劳动者在医疗期内不能连续休假，则可以在6个月到30个月内累计修完医疗期，具体为：医疗期3个月的按6个月内累计病休时间计算；6个月的按12个月内累计病休时间计算；9个月的按15个月内累计病休时间计算；12个月的按18个月内累计病休时间计算；18个月的按24个月内累计病休时间计算；24个月的按30个月内累计病休时间计算。（医疗期包含公休、假日、法定节假日）

对某些患特殊疾病（如癌症、精神病、瘫痪等）的劳动者，在24个月内尚不能痊愈的，经用人单位和劳动行政部门批准，可以延长医疗期，一般不超过6个月。

医疗期的计算如下表所示。

总工作年限（a）	本单位工作年限（b）	连续医疗期（c）	累计医疗期（d）
a<10	b<5	c ≤ 3	d ≤ 6
	b ≥ 5	c ≤ 6	d ≤ 12
a ≥ 10	b<5	c ≤ 6	d ≤ 12
	5 ≤ b<10	c ≤ 9	d ≤ 15
	10 ≤ b<15	c ≤ 12	d ≤ 18
	15 ≤ b<20	c ≤ 18	d ≤ 24
	b ≥ 20	c ≤ 24	d ≤ 30
特殊医疗期：经用人单位和劳动行政部门批准，超过24个月可延长。 单位：a、b代表年；c、d代表月。			

（2）医疗期待遇

① 劳动者在医疗期内，其病假工资、疾病救济费和医疗待遇按照有关规定执行。根据《关于贯彻执行〈中华人民共和国劳动法〉若干问题的意见》（劳部发〔1995〕309号）第59条规定，在医疗期内用人单位支付的病假工资标准不得低于用人单位所在地最低工资标准的80%。

② 劳动者非因工致残和经医生或医疗机构认定患有难以治疗的疾病，在医疗期内医疗终结，不能从事原工作也不能从事用人单位另行安排的工作的，应当由劳动鉴定委员会参照工伤与职业病致残程度鉴定标准进行劳动能力的鉴定。被鉴定伤残等级为一至四级的，应当退出劳动

岗位，终止劳动关系，办理退休、退职手续，享受退休、退职待遇；被鉴定为五至十级的，医疗期内不得解除劳动合同。

③ 劳动者非因工致残以及经医疗机构认定患有难以治疗的疾病的，医疗期满后应当由劳动鉴定委员会参照工伤与职业病致残程度鉴定标准进行劳动能力的鉴定，被鉴定伤残等级为一至四级的，应当退出劳动岗位，解除劳动关系，并办理退休、退职手续，享受退休、退职待遇。

④ 医疗期满尚未痊愈的劳动者，用人单位可以依据《劳动合同法》第 40 条解除劳动合同或第 45 条终止劳动合同，用人单位需要支付劳动者经济补偿金、待通知金、医疗补助费等费用。

（3）操作技巧

请病假是劳动者合法权益，如果劳动者确实患病或非因工负伤需要停止工作进行治疗，请病假无可厚非；但实践中存在着很多劳动者利用制度漏洞请病假，影响用工单位的正常生产经营。用人单位要解决这个问题需要注意运用以下操作技巧：

① 正面引导劳动者少请病假。用人单位可通过设立全勤奖、绩效、考核、晋升等制度，与请假制度挂钩，正面引导劳动者少请病假、尽量不请病假，避免泡病假的现象滋生。

② 建立完善的病假规章制度。用人单位可以参考如下条款来制定请病假的规章制度：1、员工因病无法上班可请病假，如本人因病不能直接到公司请假，可以委托他人或电话通知直接上级或者人力资源部，说明请假天数，申请病假，本条适用于请假时间在 1 周以内。2、员工如果病假时间在 1 周以上，需提供三甲医院证明（医院病历册、各种检查单据、医院收费证明等），本人或者委托他人到公司人力资源部办理请假手续，并说明请假天数。3、员工病假结束，须在返回岗位后 3 日内向人力资源部销假，销假需提供的资料有：医院病历册、各种检查单据、医院收费证明等证明资料，均复印 1 份作为销假附件资料存档。4、员工提供虚假病假资料，公司人力资源部有权认定员工虚报病假，请假时间按旷工处理，并提请公司按严重违反公司管理制度进行处罚。

7.2.5 婚假

婚假是指劳动者本人结婚依法享受的假期。婚假是劳动者结婚时给予的假期，并由用人单位如数支付工资，这是对劳动者的精神抚慰，体现了政府对劳动者的福利政策，也是对其权益的保护，对于调动劳动者的积极性具有重要意义。

（1）婚假天数

婚假天数在法律层面没有规定，只在《国家劳动总局、财政部关于国营职工请婚丧假和路程假问题的通知》中有所规定，给予1至3天假期。夫妻双方如不在同一地点进行工作，要根据路程远近另行安排路程假，路程假天数不得占用婚假天数。

2015年12月之前，我国实行计划生育政策鼓励晚婚（男年满二十五周岁，女年满二十三周岁初婚），符合晚婚年龄的夫妻除了享受基本婚假外，享受晚婚婚假奖励。晚婚婚假奖励由各地方根据实际情况制定均有不同，比如山西30天，安徽20天，宁夏15天等。

2015年12月，全国人大常委会审议《人口与计划生育法修正案（草案）》，草案中删除了对晚婚晚育夫妻、独生子女父母进行奖励的规定。故目前不存在晚婚婚假奖励，只有1至3天的基本婚假（西藏地区依然保留晚婚假）。但各地区删除晚婚假后，以其他变通的方式在基本婚假基础上奖励婚假：例如上海地区符合法律结婚的公民除享受国家规定的婚假外，增加婚假七天；陕西省规定办理结婚登记的夫妻在登记前参加婚前医学检查的，在国家规定的婚假基础上增加假期十天。

（2）婚假待遇

劳动者婚假及路程假期间的工资用人单位应当支付，劳动者差旅费自行承担。对于员工结婚期间所请婚假的工资待遇，根据《劳动法》第51条规定，劳动者在法定休假日和婚丧假期间以及依法参加社会活动期间，用人单位应当依法支付工资。

除此之外，各地的人口与计生条例也都有相应的规定，描述大多为

“照发工资，不影响福利待遇和全勤评奖”。总而言之，员工婚假期间原工资待遇不变。

7.2.6 丧假

劳动者直系亲属死亡时，用人单位应当根据具体情况，给予劳动者丧假。

根据原国家劳动总局、财政部《关于国营企业职工请婚丧假和路程假问题的通知》，劳动者的直系亲属死亡时，用人单位应该根据具体情况酌情给予劳动者1-3天的丧假。直系亲属包括父母、配偶和子女。如果劳动者死亡的直系亲属在外地，需要劳动者本人去外地料理丧事的，用人单位应该根据路程远近另外给予劳动者路程假。劳动者在休丧假和路程假期间，用人单位均应当照常发放劳动者的工资。劳动者在途中的车船费等，由劳动者本人自理。

7.2.7 产假

产假是指在职妇女产期前后的休假待遇，一般从分娩前半个月至产后两个半月，女劳动者生育享受不少于九十八天的产假。职业女性在休产假期间，用人单位不得降低其工资、辞退或者以其他形式解除劳动合同。

2012年4月18日，国务院颁布了《女职工劳动保护特别规定》。其中第7条规定，女职工生育享受98天产假，其中产前可以休假15天；难产的，增加产假15天；生育多胞胎的，每多生育1个婴儿，增加产假15天。女职工怀孕未满4个月流产的，享受15天产假；怀孕满4个月流产的，享受42天产假。

7.2.8 探亲假

探亲假，是指劳动者享有保留工作岗位和工资，依法探望与自己不住在一起，又不能在公休假日团聚的配偶或父母的带薪假期。

（1）适用范围

劳动者享受探亲假需要满足三个条件：第一，主体条件。只有在国家机关、人民团体和全民所有制用人单位工作的劳动者才能享受探亲假；第二，时间条件。需要劳动者连续在用人单位工作满一年；第三，距离条件。与配偶、父母距离远，不住在一起且不能在公休假期团聚。

确认劳动者是否能享受探亲假时要注意：第一，“不能在公休假日团聚”是指不能利用公休假日在家居住一夜和休息半个白天；第二，劳动者与父亲或与母亲一方能够在公休假日团聚的，不能享受探望父母的待遇；第三，对非国有企事业单位的劳动者是否有探亲假国家无规定，但用人单位可以根据本单位的实际情况，决定是否参考国务院有关规定制定本单位探亲假的规章制度。

（2）探亲假天数

劳动者探望配偶的，每年给予一方探亲假一次，假期为 30 天。

未婚劳动者探望父母，原则上每年给假一次，假期为 20 天。如果因为工作需要本单位当年不能给予假期或者劳动者自愿两年探亲一次，可以两年给假一次，假期为 45 天。

已婚劳动者探望父母的，每 4 年给假一次，假期为 20 天。

探亲假期是指劳动者与配偶、父母团聚的时间，不包括在途时间。用人单位应当根据实际需要给予路程假。上述假期均包括公休假日和法定节日在内。

（3）探亲假待遇

劳动者在规定的探亲假期和路程假期内，按照本人的标准工资发给工资。劳动者探望配偶和未婚劳动者探望父母的往返路费由所在单位负担，已婚劳动者探望父母的往返路费，在本人月标准工资 30% 以内的，由本人自理，超过部分由所在单位负担。

7.2.9 参加法定社会活动假期

参加法定社会活动假期是指根据《工资支付暂行规定》第10条规定，劳动者在法定工作时间内依法参加社会活动期间，用人单位应视同其提供了正常劳动而支付工资的假期。

法定的社会活动包括：依法行使选举权或被选举权；当选代表出席乡（镇）、区以上政府、党派、工会、青年团、妇女联合会等组织召开的会议；出任人民法庭证明人；出席劳动模范、先进工作者大会；《工会法》规定的不脱产工会基层委员会委员因工作活动占用的生产或工作时间；其他依法参加的社会活动。

7.2.10 事假

事假是指劳动者因为个人原因向用人单位请假并经用人单位批准的假期。事假与上述假期有所不同：一方面事假不是我国法律规定劳动者应当享受的假期，用人单位可以根据自身生产情况以及劳动者请假原因综合考虑在决定是否批准；另一方面用人单位可以不支付事假工资。

第八章　劳动报酬

8.1 劳动报酬的概述

劳动报酬是劳动者付出体力或脑力劳动所得的对价，是劳动者从事生产活动所获得的全部报酬，体现了劳动者创造的社会价值。

8.1.1 劳动报酬的种类

劳动者获得的劳动报酬是多种多样，大致包括以下三部分：

一是货币工资，用人单位以货币形式直接支付给劳动者的各种工资、奖金、津贴、补贴等；

二是实物报酬，即用人单位以免费或低于成本价提供给劳动者的各种物品和服务等；

三是社会保险，指用人单位为劳动者直接向政府和保险部门支付的失业、养老、人身、医疗、家庭财产等保险金。

本章节主要讨论货币工资和实物报酬两部分，社会保险部分内容参见本书第十二章社会保险。

8.1.2 劳动报酬的确认

劳动报酬的确认指的是对劳动报酬的具体金额、支付方式、支付时间等事项进行明确的过程，根据《劳动合同法》相关规定，劳动报酬确认的按照以下三个层次进行：

① 按照劳动者与用人单位之间签订的劳动合同中约定的劳动报酬的具体事项确认；

② 未签订劳动合同或劳动合同中对劳动报酬未进行明确约定或未约定的，可以按照集体合同规定的标准进行确认；

③ 没有集体合同或者集体合同未作规定的，用人单位应当对劳动者实行同工同酬。

8.2 工资

工资是指雇主或者法定用人单位依据法律规定、行业规定或根据与员工之间的约定，以货币形式对员工的劳动所支付的报酬。工资可以以时薪、月薪、年薪等不同形式计算。工资是劳动报酬的一种主要形式。

8.2.1 工资的组成

根据《国家统计局关于工资总额组成的规定》，工资由以下部分组成：

① 计时工资，即按计时工资标准（包括地区生活费补贴）和工作时间支付给个人的劳动报酬。包括：对已做工作按计时工资标准支付的工资；实行结构工资制的单位支付给职工的基础工资和职务（岗位）工资；新参加工作职工的见习工资（学徒的生活费）；运动员体育津贴。

② 计件工资，即指对已做工作按计件单价支付的劳动报酬。包括：实行超额累计计件、直接无限计件、限额计件、超定额计件等工资制；按劳动部门或主管部门批准的定额和计件单价支付给个人的工资；按工作任务包干方法支付给个人的工资；按营业额提成或利润提成办法支付给个人的工资。

③ 奖金，即支付给职工的超额劳动报酬和增收节支的劳动报酬。包括：生产奖、节约奖、劳动竞赛奖、机关、事业单位的奖励工资以及其他奖金。

④ 津贴，即为了补偿职工特殊或额外的劳动消耗和因其他特殊原因支付给职工的津贴。包括：补偿职工特殊或额外劳动消耗的津贴、保健性津贴、技术性津贴、年功性津贴及其他津贴；用人单位需要注意《防暑降温措施管理办法》将高温津贴纳入到工资总额之中，高温津贴也属于工资组成中津贴的一种。

⑤ 补贴，即为了保证职工工资水平不受物价上涨或变动影响而支付的各种补贴。包括：肉类补贴、蛋类补贴、住房补贴等。

⑥ 加班加点工资，即按规定支付的加班工资和加点工资。包括：平时加班工资、休息日加班工资、法定节假日加班工资。

⑦ 特殊情况下支付的工资，包括：根据国家法律、法规和政策规定，因病、工伤、产假、计划生育假、婚丧假、事假、探亲假、定期休假、停工学习、执行国家或社会义务等原因按计时工资标准或计时工资标准的一定比例支付的工资、附加工资以及保留工资。

⑧ 纳入工资管理的福利费，2009 年财政部发布了《关于企业加强职工福利费财务管理的通知》进一步扩大了工资的组成范围：用人单位为职工提供的交通、住房、通讯待遇，已经实行货币化改革的，按月为标准发放或支付的住房补贴、交通补贴或者车改补贴、通讯补贴，应当纳入职工工资总额，不再纳入职工福利费管理。用人单位给职工发放的节日补助、未统一供餐而按月发放的午餐费补贴，应当纳入工资总额管理。

8.2.2 工资支付形式

在我国用人单位支付给员工的工资必须以法定货币形式支付，不得以实物、有价证券等形式替代，不得规定劳动者在指定地点、场合消费，也不得规定劳动者的消费方式，《劳动法》第 50 条以及《工资支付暂行规定》第 5 条都进行了明确规定。

8.2.3 工资支付周期

《劳动合同法》规定，全日制用工的工资应当至少每月支付一次；非全日制用工劳动报酬结算支付周期最长不超过 15 日。《劳动法》第 50 条规定："工资应当以货币形式按月支付给劳动者本人。"1994 年劳动部发布的《工资支付暂行规定》中规定："工资至少每月支付一次，实行周、日、小时工资制的可按周、日、小时支付工资。"故用人单位应当每月至少支付一次工资。支付工资的具体日期由用人单位与劳动者约定，如遇法定休假节日或休息日，通过银行发放工资的不得推迟支付工资，直接发放工资的应提前支付工资。对实行年薪制或按考核周期兑现工资的劳动者，用人单位应当每月按不低于最低工资的标准预付工资，年终或考核周期期满时在一并结算。

法律规定工资按月支付主要是基于两方面因素：一是我国用人单位基本上实行月薪制，工资标准是以月为单位确定的；二是劳动者的生活安排也以月为传统习惯，考虑到我国目前大多数用人单位现行的工资制度和劳动者的生活习惯，所以法律规定工资按月支付。

需要注意的是，实行小时工资制、日工资制、周工资制的用人单位，工资也可以按月或按周发放。但是用人单位至少要每月支付劳动者一次工资，这对维护劳动者合法权益、保障其生活需要都是十分必要的。

8.2.4　工资的计算方式

实践中劳动者每月获得的工资应当按照实际提供劳动的天数和小时数进行计算，公式如下：

月计薪天数 =（365 天 -104 天）/12 个月 =21.75 天

当月工资 = 月薪 / 月计薪天数 × 当月出勤天数

日工资 = 月薪 / 月计薪天数

小时工资 = 月薪 / 月计薪天数 /8 小时

例如：小明月工资 2000 元，当月出勤 18 天，则小明当月工资 =2000/21.75×18=1655.2 元，小明日工资 =2000/21.75=91.6 元，小明小时工资 =11.5 元（小数点后保留一位）。

8.2.5　最低工资标准

最低工资标准是指劳动者在法定工作时间或依法签订的劳动合同约定的工作时间内提供了正常劳动的前提下，用人单位依法应支付的最低劳动报酬。

最低工资标准制度是政府对工资分配的一种行政化干预。在劳动报酬市场化调节的机制下，特别是劳动力相对过剩的情况下，用人单位出于成本控制考虑会尽量压低人工成本，而过低的工资水平会使低收入劳动者的基本生活难以保障。因此在劳动报酬市场化调节的同时，多数国家也推行了最低工资标准制度，即由政府来确定工资的底线。我国于1993年颁布了《企业最低工资规定》，开始在全国建立最低工资标准制度，其后各地区随之建立起了最低工资保障制度法规体系。

（1）最低工资形式及标准

根据《最低工资规定》的规定，最低工资标准一般采取月最低工资标准和小时最低工资标准两种形式，其中全日制劳动者适用月最低工资标准、非全日制劳动者适用小时最低工资标准。

最低工资标准的确定和调整方案由省、自治区、直辖市人民政府劳动保障行政部门会同同级工会、用人单位联合会/用人单位家协会研究拟订，并将拟订的方案报送劳动保障部。

实践中各地的最低工资标准各有不同且经常调整，本书将主要城市2017年度最低工资标准整理如下：

城市	标准实行日期	月最低工资	小时最低工资	非全日制小时最低工资
北京	2017.7.10	2000元	11.49元	22元
上海	2017.3.31	2300元	13.21元	20元
广州	2015.2.17	1895元	10.89元	18.3元
深圳	2017.3.31	2130元	12.24元	19.5元

值得注意的是，最低工资标准适用于各种工资形式，实行计件工资或提成工资等工资形式的用人单位，在科学合理的劳动定额基础上，其支付劳动者的工资不得低于相应的最低工资标准。

（2）最低工资的组成

根据《最低工资规定》的规定，最低工资的组成与工资的组成不同，最低工资中不包括：延长工作时间工资；中班、夜班、高温、低温、井下、有毒有害等特殊工作环境、条件下的津贴。

另外，各地关于社会保险和住房公积金是否纳入最低工资组成规定不尽相同。其中北京、上海市的最低工资组成中不包含社会保险及住房公积金；成都、河北、云南等省最低工资组成中包含社会保险及住房公积金，用人单位可以在最低工资标准的基础上扣除为劳动者代缴的社会保险及住房公积金部分；江苏省最低工资组成包含社会保险但不包含住房公积金。故用人单位在确定最低工资标准时要查询用工所在地的最低工资规定，以免出现争议。

（3）最低工资的实务操作

用人单位在进行最低工资的实务操作时要注意以下几个方面：

① 对劳动者执行最低工资标准的前提是劳动者提供了正常劳动

如果劳动者没有在“法定工作时间”内提供“正常劳动”，就可以不执行最低工资标准。《最低工资规定》对此也有明确约定：劳动者由于本人原因造成在法定工作时间内或依法签订的劳动合同约定的工作时间内未提供正常劳动的，不适用于本条规定。在日常工作中最常见的情况包括：员工新入职当月未出满勤、员工离职当月未出满勤、员工个人原因请事假、员工患病或非因工负伤且在医疗期内请病假、员工旷工等。除员工病假外，其他的情况是可以不执行最低工资标准的。需要强调的是，员工在休息日、法定休假日和年休假内休息是不影响“正常劳动”的。

② 绩效提成工资要执行最低工资标准

有些用人单位明确在劳动合同或绩效协议中约定完不成任务的扣罚工资，甚至约定可以全额扣罚。有些用人单位管理者认为虽然员工工作了，但未达到约定的工作结果，自然不能拿工资，但是此类约定在法律上是违法无效的，只要劳动者提供了正常劳动，不管业绩如何都应当发放最低工资。

③ 除用人单位与劳动者事先约定且用人单位注册地最低工资标准高，最低工资标准应当按照劳动履行地的规定执行。

根据《中华人民共和国劳动合同法实施条例》第14条的规定：“劳动合同履行地与用人单位注册地不一致的，有关劳动者的最低工资标准、劳动保护、劳动条件、职业危害防护和本地区上年度职工月平均工资标准等事项，按照劳动合同履行地的有关规定执行；用人单位注册地的有关标准高于劳动合同履行地的有关标准，且用人单位与劳动者约定按照用人单位注册地的有关规定执行的，从其约定。”所以，原则上应按照员工工资发放地的标准执行，除非是劳动合同签署地的标准高且与员工约定适用劳动合同签署地，才能适用劳动合同签署地的最低工资标准。

④ 下岗待业人员的工资可适当低于最低工资标准

根据《工资支付暂行规定》，非因劳动者原因造成单位停工、停产在一个工资支付周期内的，用人单位应按劳动合同规定的标准支付劳动者工资。超过一个工资支付周期的，若劳动者提供了正常劳动则支付给劳动者的劳动报酬不得低于当地的最低工资标准；若劳动者没有提供正常劳动应按国家有关规定办理。因此超过一个月待岗的劳动者，用人单位可以低于最低工资标准支付工资。关于待岗劳动者工资支付标准，各地规定均不相同，其中北京市依据《北京市工资支付规定》的规定，用人单位应当按照不低于本市最低工资标准的70%支付劳动者基本生活费。

8.2.6 扣除工资的法定情形

根据《工资支付暂行规定》，在某些法定情形下，用人单位可以代为扣除劳动者一部分工资：

（1）用人单位代为扣缴劳动者个人所得税。2011 年 9 月 1 日起，国家对劳动者扣除五险一金后的工资收取个人所得税，其征收额度为 3500 元。计算公式为：应纳税额 =（工资薪金所得 －“五险一金”－扣除数）× 适用税率－速算扣除数，计算表格如下：

级数	全月应纳税所得额（含税级距）	全月应纳税所得额（不含税级距）	税率 (%)	速算扣除数
1	不超过 1,500 元	不超过 1,455 元的	3	0
2	超过 1,500 元至 4,500 元的部分	超过 1,455 元至 4,155 元的部分	10	105
3	超过 4,500 元至 9,000 元的部分	超过 4,155 元至 7,755 元的部分	20	555
4	超过 9,000 元至 35,000 元的部分	超过 7,755 元至 27,255 元的部分	25	1,005
5	超过 35,000 元至 55,000 元的部分	超过 27,255 元至 41,255 元的部分	30	2,755
6	超过 55,000 元至 80,000 元的部分	超过 41,255 元至 57,505 元的部分	35	5,505
7	超过 80,000 元的部分	超过 57,505 元的部分	45	13,505

（2）用人单位代扣代缴的应由劳动者个人负担的各项社会保险费用。社会保险费用中，养老保险，基本医疗保险存在劳动者个人缴费部分，按照我国《社会保险法》的规定此部分缴费由用人单位在劳动者工资中代为扣缴。

（3）法院判决的要求代扣的抚养费、赡养费。

（4）劳动者造成用人单位损失，用人单位可以每月扣除一部分工资进行赔偿。因劳动者本人原因给用人单位造成经济损失的，用人单位可按照劳动合同的约定要求其赔偿经济损失。经济损失的赔偿，可从劳动者本人的工资中扣除但每月扣除的部分不得超过劳动者当月工资的20%，若扣除后的剩余工资部分低于当地月最低工资标准，则按最低工资标准支付。需要注意的是，用人单位扣除劳动者工资时要满足下述两个条件，一是扣除部分不得超过劳动者当月工资的20%；二是扣除后的剩余部分不得低于当地最低工资标准。

（5）法律、法规规定可以从劳动者工资中扣除的其他费用。

8.2.7 不依法支付工资的法律后果

在劳动关系中，劳动者付出劳动有权利获取相应工资，用人单位如不依法支付劳动者工资将面临如下法律后果：

（1）限期支付并赔偿

根据《劳动合同法》第85条规定，用人单位未按照劳动合同的约定或者国家规定及时足额支付劳动者劳动报酬、低于当地最低工资标准支付劳动者工资或安排加班不支付加班费的情形，由劳动行政部门责令限期支付劳动报酬、加班费或者经济补偿；劳动报酬低于当地最低工资标准的，应当支付其差额部分；逾期不支付的，责令用人单位按应付金额百分之五十以上百分之一百以下的标准向劳动者加付赔偿金。

（2）劳动者解除合同并索要经济补偿

根据《劳动合同法》第38条的规定，用人单位未及时足额支付劳动报酬的，劳动者可以单方解除劳动合同并且可以依据《劳动合同法》第

46条规定要求用人单位支付经济补偿金。

（3）追究刑事责任

2011年2月25日，十一届全国人大常委会第十九次会议表决通过的《刑法修正案（八）》，出于加强民生保护目的加大了对一些严重损害劳动者利益的行为惩处力度，将部分拒不支付劳动报酬的行为纳入了刑法规制范围：用人单位或用人单位主管人员以转移财产、逃匿等方法逃避支付劳动者的劳动报酬或者有能力支付而不支付劳动者的劳动报酬数额较大，经政府有关部门责令支付仍不支付的，处三年以下有期徒刑或者拘役并处或者单处罚金；造成严重后果的，处三年以上七年以下有期徒刑，并处罚金。

8.3 福利

在劳动法律关系中福利又称“职工福利”或“员工福利”，是指用人单位根据国家法律规定及自身情况，通过建立各种补贴制度、举办集体福利事业，解决劳动者个人生活困难，方便、改善劳动者生活，保证劳动者身体健康的制度。

8.3.1 福利的种类

福利一般可划分为劳动者集体福利和劳动者个人福利。

劳动者个人福利一般包括：安家费、取暖补贴、物业补贴、话费补贴、路途补贴等；

劳动者集体福利一般包括：用人单位年金、补充医疗保险、各种商业保险、团建旅游、节假日水果、生日礼物等；

8.3.2 福利与工资的区别

工资与福利同属于劳动者薪酬范围，且有一部分的福利也是以货币的形式向劳动者进行发放，实践中很多用人单位将工资与福利进行混淆，引发了许多劳动争议。

用人单位应掌握福利与工资的区别：

（1）工资与福利发放依据不同

工资与劳动者岗位、付出劳动的质量、数量、强度等条件相挂钩，工资的发放依据是劳动者付出了相匹配的劳动；福利一般是用人单位为了吸引劳动者前来就业而自愿承诺给予劳动者的一些优待，与工作岗位、劳动强度、质量、数量关系不大，福利的发放依据是劳动者在职的事实以及用人单位针对福利作出的承诺。

（2）工资与福利支付形式不同

根据我国法律规定工资只能采用货币形式支付，不得以实物、代金券等形式支付；福利的支付形式则不仅限于货币形式而是多种多样的，不仅包括代金券、实物，还可以包括行为，比如集体聚餐、集体出游等。

（3）工资与福利支付的周期不同

用人单位一般需要按月向职工支付工资，福利则支付更为灵活，可以按照月、年、季度甚至跨年支付。

8.4 年终奖

年终奖是指每年度末用人单位给予员工不封顶的奖励，是对劳动者一年来的工作业绩的肯定。劳动法中对年终奖没有明确规定，仅明确了年终奖是奖金的一部分，属于工资总额的组成条目之一。

8.4.1 年终奖的发放形式和计算标准

年终奖奖金对于员工来说是一种物质奖励。如果员工的绩效优良，工作成绩突出为用人单位的发展做出了贡献，就应该给予奖励，一来是对员工努力的认可，二来激励员工继续努力工作，实现更佳的工作表现。年终奖在不同的单位有不同的发放形式，除了一般意义上的“红包”外，还有股票分红、年底多薪、提成、奖金等形式。

发放年终奖是用人单位的一种自主行为，目前的法律、法规并无要求用人单位发放年终奖的具体规定。一般来说，年终奖的计算应根据劳动合同的约定或者用人单位的规章制度，如劳动合同或用人单位的规章制度中有明确规定，则用人单位必须按照约定或规章制度发放；如劳动合同或用人单位的规章制度中均没有规定，用人单位可以不发，也可以根据本年度的综合经营状况以及劳动者个人年度工作表现决定是否发放年终奖。

8.4.2 年终奖实务操作

用人单位在发放年终奖时，要注意以下问题：

（1）入职未满一年劳动者享受年终奖待遇

《劳动法》第46条规定："工资分配应当遵循按劳分配原则，实行同工同酬。"即只要劳动合同中约定了"年终奖"或是用人单位已制定发放年终奖的具体办法，且新进入未满一年的劳动者确已付出相应劳动，用人单位就必须按约定或比例向其发放"年终奖"。实践中用人单位对新入职员工发放年终奖的比例为入职月数/12个月。例如，用人单位约定年终奖12万，劳动者小明入职1个月，则小明应得到年终奖的十二分之一，即1万元。

（2）年终奖不得扣除法定假期

年休假、探亲假、婚丧假、产假等均属于法定假，根据《劳动法》《劳动合同法》《妇女权益保护法》《用人单位职工带薪年休假实施办法》《女职工劳动保护规定》等的规定，劳动者在休法定假期间应视为正常出勤并支付报酬，用人单位自然也就必须全额支付"年终奖"而不得扣除。

（3）年终奖必须以货币形式发放

年终奖是奖金的一种，依据《关于工资总额组成的规定》奖金属于工资的一种。又依据《工资支付暂行规定》第 5 条规定："工资应当以法定货币支付，不得以实物及有价证券代替货币支付。"故"年终奖"

属于工资，用人单位只能以法定货币（即人民币）的形式发放。

（4）离职员工享受年终奖待遇

年终奖是对劳动者一年以来工作的肯定与褒奖，并不因劳动者离职而消失，故离职员工同在职员工一样享受年终奖待遇。劳动合同或用人单位的规章制度中有确定的年终奖数额，那么离职劳动者也应得到相应的年终奖。如果劳动合同和用人单位的规章制度都未规定年终奖，但事实上发放了年终奖，用人单位也必须向离职劳动者发放。从司法实践上看，劳动争议仲裁机构或法院同样会支持此类离职劳动者按照在岗时间，得到一定比例的年终奖，比例的计算方式为当年在职月数 /12 个月。

【案例】

夏某等 50 名员工原是上海某用人单位职工，与用人单位签订无固定期限劳动合同。2016 年该用人单位改制，厂区由市区搬往郊区，夏某等人因上班路途太远而在 10 月、11 月两个月期间先后选择了与用人单位协商解除了劳动合同。用人单位在支付了经济补偿后为他们办理了离职手续。2017 年元旦后，夏某得知用人单位发放了 2016 年年终奖，在职员工都已经拿到，夏某前往用人单位领取，但用人单位明确表示没有他的年终奖，因为已经办理了离职，双方经济账目已经结清，另外年终奖是用人单位自主决定事项，用人单位已经决定只发给在职员工。

夏某不服起诉至仲裁委，要求用人单位补发 2016 年年终奖。

【裁决】

仲裁庭认为夏某 2016 年 1-11 月一直在用人单位工作，达标并完成绩效，应当享受年终奖，裁决用人单位支付夏某 2016 年 1-11 月年终奖。

【解析】

仲裁庭的裁决是正确的。虽然夏某与用人单位于 2016 年 11 月已经解除劳动合同，但不能否认夏某在 2016 年 1 月至 11 月在用人单位工作的事实。年终奖是对一年工作的一个考核，并不是对某一时间点的考核，因此用人单位应当按照该年劳动者在职的时间除以全年劳动时间按照比例支付年终奖。

（5）年终奖必须按时发放

劳动合同或用人单位的规章制度中有明确规定发放年终奖的，则用人单位必须按照约定或规章制度发放。就性质而言年终奖属于工资的一部分，依据国家统计局《关于工资总额组成的规定》第 4 条规定：工资总额由下列六个部分组成：1. 计时工资；2. 计件工资；3. 奖金；4. 津贴和补贴；5. 加班加点工资；6. 特殊情况下支付的工资。年终奖作为奖金归入工资的组成部分，用人单位必须发放，推迟年终奖的发放无异于欠薪。《劳动法》《劳动合同法》均已明确规定，工资应当按月支付给劳动者本人，不得克扣或者无故拖欠劳动者的工资，否则将承担相应的法律后果。

8.5　加班加点工资

加班加点工资是指按规定支付的加班工资和加点工资。劳动者加班加点后，用人单位对劳动者标准上班时间外的工作支付劳动报酬的一种工资形式。实行标准工时制劳动者，加班是指休息日和法定节假日上班时间，加点是指每天超过 8 小时之外的上班时间。

8.5.1　计时工作制加班工资的计算

标准工时制：劳动者每天工作的最长工时为 8 小时，每周最长工时为 40 小时，用人单位每周应保证劳动者每周至少休息 1 日，因生产经营需要经与工会和劳动者协商后一般每天延长工作时间不得超过 1 小时，特殊原因每天延长工作时间不得超过 3 小时，每月延长工作时间不得超过 36 小时。按照相关法律规定，安排劳动者延长工作时间的，支付不低于工资的百分之 150% 的工资报酬；休息日安排劳动者工作又不能安排补休的，支付不低于工资的 200% 的工资报酬；法定休假日安排劳动者工作的，支付不低于工资 300% 的工资报酬。

综合计算工时制：实行这种工时制度的用人单位，计算工作时间的周期不再是以天为单位，而是以周、月、季、年为单位。这就意味着在一个综合计算周期内某一具体日（或周）的实际工作时间超过 8 小时（或 40 小时），但是综合计算周期内的总实际工作时间不超过总法定标准工作时间的，不算加班。只有在该周期内的工作总时间超过核定的标准时间才属于加班，支付不低于工资 150% 的工资报酬；法定节假日工作的属于加班，支付不低于工资 300% 的工资报酬。

不定时工作制：在这种工作制下劳动者每一个工作日没有固定的上下班时间限制。经批准实行不定时工作制的劳动者延长工作时间，不受《劳动法》第 41 条规定的日延长工作时间标准和月延长工作时间标准的限制。实行不定时工作制的劳动者，一般情况下除法定节假日工作外，其他时间工作不存在加班。法定节假日工作的，按照地方法定规定处理，如地方规定要支付加班工资的，则支付不低于工资 300% 的工资报酬。

8.5.2 计件工资制度下加班工资计算

根据《工资支付暂行规定》的规定，实行计件工资的劳动者在完成计件定额任务后，由用人单位安排延长工作时间的，应分别按照不低于其本人法定工作时间计件单价的 150%、200%、300% 支付其工资。故计件工资制度下的劳动者加班的，用人单位应当支付加班费。

判定计件工资劳动者是否加班的关键在于定额任务标准。实行计件工资的用人单位要对劳动者单件产品完成时间进行科学合理的测量，确定合理的效率系数，进而得出劳动者的加班工资，计算方法如下：

日工资标准 = 月工资标准 ÷21.75 天

日额定工作时间 =8 小时 × 效率系数（效率系数小于或等于 1）

日产量指标 = 日额定工作时间 / 单件产品完成时间

计件单价 = 日工资标准 / 日产量指标

加班费 = 周一至周五延迟加班工作时间产量 × 计件单件 ×50%+

休息日加班产量 × 计件单价 ×100%+ 法定节假日加班产量 × 计件单件 ×200%

例如：小明是计件工，月薪 2175 元，单件完成时间核定为 288 秒，工作效率系数为 1，周一完成 130 件，周二到周五完成 110 件，清明节三天共完成 300 件，其中清明节完成 100 件，则小明这周的加班费为：

小明日工资标准 =2175 元 ÷21.75 天 =100（元）

小明额定工作时间 =8 小时 ×1=8（小时）

小明日产量指标 =8 小时 /288 秒 =100（件）

计件单价 =100 元 /100 件 =1（元 / 件）

小明本周加班费 =（30+10×4）×1×50%+200×1×100%+100×1×200%= 435 元。

8.5.3 加班费实务操作技巧

加班费由于持续时间长、不易计算、证据不易采集等原因往往会导致用人单位与劳动者之间发生纠纷进而引发劳动争议，为了控制加班费的成本、定纷止争，用人单位应当掌握下列实务操作的技巧：

（1）加班需审批，未经批准不视为加班

用人单位应当在规章制度、员工手册、集体合同或劳动者的劳动合同中明确约定劳动者加班前应当向有审批权限的人员提出申请，批准通过方可加班。未经批准劳动者自行工作超过标准时间的，不视为加班。这样就可以避免劳动者为了赚取加班费在工作已经完成的情况下留岗或劳动者因个人原因未完成工作任务而加班，用人单位支付不必要加班费用的情形增加用工成本的情形。

（2）规范管理考勤，记录最少保留两年

用人单位要对考勤记录进行规范管理，确保考勤记录真实、客观的反映加班情况，避免劳动者虚构考勤数据而承担根本不存在的加班费用。加班费属于工资的一部分，根据《中华人民共和国劳动争议调解仲裁法》的规定，因拖欠劳动报酬发生的争议不受仲裁时效限制，因此考勤记录应尽量长时间保存。实践中，一些用人单位不具备长时间保存考勤记录的条件，也需依据《工资支付暂行规定》至少保留两年。

（3）灵活工作，利用调休规避加班费

根据我国《劳动法》的规定，如果劳动者在休息日进行加班，用人单位可以安排其他日期进行调休，进行了调休的劳动者不享受加班工资。需要注意的是，法定节假日因为有特殊意义，劳动者在法定节假日进行工作的，不得安排调休抵扣加班费。

（4）适用不定时工作制免除加班费

用人单位中一些岗位比如高管，其工作时间相对灵活，没有明显的上下班时间，符合我国法律规定的不定时工作制条件的，用人单位应当申请适用不定时工作制，以免除上述岗位的加班费。

第九章　保密协议与竞业限制

商业秘密是当今时代下用人单位生存与发展的关键，其不同于一般的知识产权，不具备对抗第三人获取的效力。用人单位内部的劳动者在工作过程当中会接触到商业秘密，或者利用业务关系逐渐掌握了用人单位的商业秘密，一旦时机成熟将有可能自立门户，成为用人单位有力的竞争对手。

为了维护正常的营商秩序，促进劳动关系和谐，劳动法特规定了保密协议和竞业限制来保护商业秘密不受侵犯。

9.1 商业秘密

9.1.1 商业秘密的定义

商业秘密是指不为公众所知悉，能为所有人带来经济利益具有实用性并由所有人予以保密的技术信息和经营信息。商业秘密是用人单位的财产权利，它关乎用人单位的竞争力，对用人单位的发展至关重要，甚至直接影响到用人单位的生存。

9.1.2 商业秘密的特性

由商业秘密的定义可知，一条信息构成商业秘密必须满足以下特性：

（1）秘密性

秘密性是商业秘密与专利技术、公知技术相区别的最显著特征，也是商业秘密维系其经济价值和法律保护的前提条件。一项为公众所知、可以轻易取得的信息，无法借此享有优势，法律亦无需给予保护；一项已经公开的秘密，会使其拥有人失去在竞争中的优势，同样也就不再需要法律保护。

（2）价值性

商业秘密可以为用人单位带来经济利益，这也是法律保护商业秘密的目的所在。对经济利益的追求是权利人取得商业秘密并努力维护所享有的商业秘密权的内在动力。首先，商业秘密能给权利人带来的经济利益往往体现为因竞争优势所带来的经济利益；其次，该经济利益不但包括应用商业秘密带来的经济利益，而且也包括虽未应用但一旦应用必然取得的良好成果。商业秘密的价值性包括“现实的或者潜在的经济利益或者竞争优势”，不以现实的价值为限。

（3）保密性

商业秘密的保密性是指商业秘密经权利人采取了一定的保密措施，从而使一般人不易从公开渠道直接获取，该特性强调的权利人的保密行为，而不是保密的结果。之所以有此规定，盖因法律鼓励为权利而斗争者，不应保护权利上之睡眠者。保密性的客观存在，使得竞争对手在正常情况下通过公开渠道难以直接获悉该信息。

以上三个特性是构成商业秘密的条件，缺少任一条件均不构成商业秘密。例如行业内通识的商业信息或商业技巧，虽然具有价值性能够带来商业利益，但其不具备秘密性，被大众所熟知故不属于商业秘密。

9.2 商业秘密的范围

根据《中华人民共和国反不正当竞争法》的规定，商业秘密可以分为技术信息和经营信息两大类，其中技术信息主要包括：技术设计、技术样品、质量控制、应用试验、工艺流程、工业配方、化学配方、制作工艺、制作方法、计算机程序等；经营信息主要包括：发展规划、竞争方案、管理诀窍、客户名单、货源、产销策略、财务状况、投融资计划、标书标底、谈判方案等。

【延伸】客户名单是否属于商业秘密？

客户名单要作为商业秘密保护，按照法律规定应当符合商业秘密的构成要件，即应具有秘密性、价值性和保密性。从审判实务来看，一般对客户名单是否具有价值性的争议不大，法院也容易作出认定，但客户名单是否具有秘密性和保密性，往往是当事人争议的焦点。

根据《反不正当竞争法》及《最高人民法院关于审理不正当竞争民事案件应用法律若干问题的解释》的有关规定，秘密性是指相关信息不为其所属领域的相关人员普遍知悉和容易获得，保密性是指权利人为防止信息泄露所采取的与其商业价值等具体情况相适应的合理保护措施。在审判实践中，可以从以下几点把握客户名单的秘密性和保密性：

1. 是否为开发客户付出了相当的劳动和努力。同专利技术秘密相比，客户名单受到保护的基础不在于其本身是否具有创造性，而是因为权利人为此付出了相当的人力、物力、财力，或者说客户名单是通过辛勤劳动和努力换来的。如果某个信息既不复杂、也不困难，还不需要花费太多的时间就能轻易获得，就没有必要作为商业秘密予以保护。这就是说，审查获取客户名单是否付出了特别的努力有助于判断客户名单究竟是公知信息还是商业秘密。

2. 是否与公知信息有一定限度的区别。相对而言，客户名单秘密性较低，大部分客户名单属于公知信息和特别信息的结合体，其中的地址、联系电话和一般需求往往是公开的，而所需产品的型号、数量多少、质量高低、交付方式、结算习惯甚至相关联系人的个性、爱好、习惯等则往往是难以获得的信息。作为商业秘密保护的客户名单是指作为一个整体的信息，而不是其中一部分。依据部分信息公知而抗辩整体信息公知是缺乏法律依据的。从这个角度讲，客户名单的公知信息和特别信息的关系类似专利权，如果拆开来看，每一项专利技术特征可能均是公知的，但特殊的排列组合产生了特殊的功能用途，该技术也能构成专利技术，获得专利权的发明创造在内行人看来应当不具有显而易见性，不是现有技术的拼合，而商业秘密不适用拼合标准，现有信息显而易见的组合如果获得了新的重要意义，可获得商业秘密保护。因此，只要客户名单与公知信息有一定限度的区别即可作为商业秘密予以保护。当然，如何判定这种区别的限度，更多地依赖法官的自由裁量。

3. 是否采取了合理的保密措施。在大量的商业秘密案件中，常常遇到的情形是保密条款或保密制度没有涉及具体保密内容和范围，仅仅是泛泛而谈的概括性规定，此时能否认定采取了合理的保密措施是存在争议的。有的认为，由于没有具体指向保密对象，不足以认定用人单位员工已经清楚知悉了商业秘密的范围，不能认定采取了保密措施；有的认为，虽然保密条款和保密规章内容如果不明确，但只要能证明相关约定和规章的存在，作为员工应当知晓相关规定，就可以认为采取了合理的保密措施。应当说，如果仅从证据本身分析，第一种观点无疑更适当，但审判实务中个案情况往往较为复杂，如果能够证明保密规定或约定虽然笼统，但有其他证据能够推定证明员工知悉保密对象，也可以认定采取了保密措施。毕竟，许多用人单位保护商业秘密的意识和水平较低，往往习惯于口头要求而非纸面上的约定。因此，保密措施的认定要合理、适当。

9.3 商业秘密的保密措施

商业秘密要得到保护，必须采取保密措施。不采取保密措施，一旦所谓秘密被泄露或被窃取，难以得到法律的保护。本节将详细讲解如何保护商业秘密：

9.3.1 严把入门关

加强门卫制度，门卫设防。对来访者验明身份、问清来访事由，禁止无关人员特别是竞争对手随便进出公司。建立登记制度，对携带的包、袋类物品采取寄存方式，并严禁来访者进入保密区域。

9.3.2 涉密区域重点防护

加强保密区域的管理建立内部监控设施防盗系统，禁止无关人员随便进出诸如技术部、产品开发部、资料室等高度涉密区域。把涉密劳动者控制在相对的区域内，严禁劳动者在公司内部串岗游岗。

9.3.3 实体载体管控

对商业秘密的实体载体加强管控，如对储存资料、电脑盘片，建立管理制度，专人保管资料，借用、复制必须登记批准；重要资料的借用、复制必须经专人批准；对公司内部的电脑设立分级操作口令，对上网电脑严格控制，防止信息通过互联网传输失窃。

9.3.4 建立内部保密制度

建立内部保密制度，把公司的保密制度写入《员工手册》。在员工进入公司时就向其灌输保密观念，了解公司保护商业秘密的职责，了解公司各类信息资料的保密等级，避免劳动者在日常工作中无意泄密。

9.3.5 设立保密津贴

用人单位可以在员工工资中，特别是在涉密员工的工资中增加一项保密津贴，让员工了解公司保护商业秘密花费的代价。一旦有员工发生窃密事件，更容易依法追究其法律责任、赔偿经济损失及追索其每月所得的保密津贴费。

9.3.6 对生产设备、原材料、生产过程进行物理隔离

用人单位内部设立特定保密区域，将涉及商业秘密的生产设备、原材料、生产过程安排在特定保密区域内进行。对设备及其保密部分可以采用箱体密封的方式或特定代码命名进行隔离。

9.3.7 签订保密协议与竞业限制协议

用人单位保护商业秘密时应对内部劳动者做区分，针对涉密人员用人单位应与其直接订立保密协议，拟定保密协议时注意把脱密期、竞业限止期等条款直接写入保密协议中，依法明确双方的权利和义务。有关

保密协议与竞业限制协议的拟定以及操作问题，参见下文章节内容。

9.4 保密协议

保密协议是指协议当事人之间就一方告知另一方的书面或口头信息，约定不得向任何第三方披露该等信息的协议。负有保密义务的当事人违反协议约定，将保密信息披露给第三方，将要承担民事责任甚至刑事责任。

9.4.1 保密协议的签订

用人单位在与劳动者签订保密协议时，应注意以下几个方面：

（1）签订主体上，保密协议签订主体范围与劳动合同签订主体范围一致，适格的用人单位及劳动者协商一致后即可签订。实践中，用人单位应当对劳动者是否涉密进行甄别，根据劳动者岗位性质及工作性质来决定是否签订保密协议。

（2）内容拟定上，保密协议一般应包括保密内容、责任主体、保密期限、保密义务及违约责任等条款，上述条款都必须明确清晰，避免遗漏条款或者约定不明，防止发生争议。

9.4.2 保密协议范本

公司商业秘密保密协议书

甲方：

乙方：

由于乙方在公司关键部门工作，因工作需要接触到甲方的商业和管理上秘密，为明确乙方在任职期间和离职后一段合理期限内有关的保密事项，双方就下列条款达成一致：

第一条 商业秘密的内容

本协议提及的商业秘密包括技术秘密和经营秘密，其中技术秘密包括但不限于工作进度、技术方案、配方、工艺流程、技术指标、数据库、研究开发记录、技术报告、检测报告、实验数据、试验结果、图纸、样品、技术文档、相关的函电等；经营秘密包括但不限于客户名单、行销计划、采购资料、定价政策、财务资料、进货渠道、法律事务信息、人力资源信息等等。

第二条 职务成果

双方确认，乙方在任职期间，因履行职务或者主要是利用甲方的物质技术条件、业务信息等产生的发明创造、作品、非专利技术成果等，其知识产权归甲方所有；甲方有权使用或转让上述知识产权。乙方应当积极提供一切必要的信息资料、研究材料和采取一切必要的行动，协助甲方取得和行使有关的知识产权。乙方对上述知识产权享有作为发明人、创作人或设计人的署名权（依照法律规定应由甲方署名的除外）；并且，乙方有权获得相应的物质奖励和报酬。

甲方给乙方的相应的物质奖励和报酬有如下规定：

1）

2）

第三条 保密规章和制度

乙方在任职期间必须遵守甲方的保密规章、制度，履行与其工作岗位相应的保密职责。

遇到甲方保密规章、制度中未规定或者规定不明确的方面时，乙方应本着谨慎、负责的态度，采取必要、合理的措施，保守其于任职期间知悉或者持有的任何属于甲方或者虽属于第三方但甲方承诺有保密义务的商业秘密。

第四条 保密责任

除履行职务需要之外，未经甲方事先书面同意，乙方不得泄漏、传播、公布、发表、传授、转让、交换或者以其他任何方式使任何第三方（包括无权知悉该项秘密的甲方职员）知悉属于甲方或者属于第三方但甲方承诺有保密义务的商业秘密，也不得在履行职务之外使用这些秘密信息。

第五条 保密期限

甲乙双方确认，乙方的保密义务自甲方对本协议第一条所述的商业秘密采取适当的保密措施并告知乙方时开始，到该商业秘密由甲方公开时止。

无论乙方因何种原因离职，乙方离职之后（自离职之日起）仍应当保守在甲方任职期间接触、知悉的属于甲方或者虽属于第三方但甲方承诺有保密义务的商业秘密，承担同在甲方任职期间一样的保密义务。乙方自离职之日起二年内不得从事相同职业的工作。

第六条 从事第二职业的限制

乙方承诺在甲方任职期间，不从事第二职业。特别是未经甲方书面同意，不得在与甲方生产、经营同类产品或提供同类服务的其他用人单位内任职，包括但不限于合伙人、董事、监事、股东、经理、职员、代理人、顾问等；不得间接为上述用人单位提供服务。

第七条 秘密信息的载体

乙方因职务上的需要所持有或保管的一切记录有甲方秘密信息的文件、资料、图表、笔记、报告、信件、传真、磁带、磁盘、仪器以及其他任何形式的载体均归甲方所有，无论这些秘密信息有无商业上的价值。

乙方应当于离职时，或者于甲方提出要求时，返还属于甲方的全部财物和载有甲方秘密信息的一切载体，不得将这些载体及其复制件擅自保留或交给其他任何单位或个人。

第八条 任职期间

本协议中所称的任职期间，是指乙方从甲方领取工资到甲方终止向乙方发放工资或乙方不再从甲方领取工资为止的期间。

本协议中所称的离职，是指任何乙方明确表示解除聘用关系并将此种意愿付诸事实的行为，包括辞职、辞退等正常离职和非正常离职。

第九条 侵权责任

如果乙方不履行本协议所规定的保密义务，应当承担违约责任，任职期间接受甲方的罚款、降薪或辞退等处罚；如已离职，一次性向甲方支付违约金______人民币元；

如果因为乙方前款所称的违约行为造成甲方的损失，乙方应当承担违约责任，并承担赔偿甲方损失的责任。

前款所述损失赔偿按照如下方式计算：

① 损失赔偿额为甲方因乙方的违约行为所受到的实际经济损失；

② 如果甲方的损失依照①款所述的计算方法难以计算的，损失赔偿额为乙方因违约行为所获得的全部利润；或者以不低于甲方商业秘密许可使用费的合理数额作为损失赔偿额；

③ 甲方因调查乙方的违约行为而支付的合理费用，应当包含在损失赔偿额之内；

因乙方的违约行为侵犯了甲方的商业秘密权利的，甲方可以选择根据本协议要求乙方承担违约责任，或者根据国家有关法律、法规通过司法的方式要求乙方承担侵权法律责任，直至追究刑事责任。

第十条 争议解决

因本协议而引起的任何纠纷由双方协商解决；如果协商不成，任何一方均可以通过劳动仲裁机构裁决。

上述约定不影响甲方请求知识产权管理部门对侵权行为进行行政处理。

第十一条 其它事项

本协议如与双方以前的任何口头或书面协议有抵触，以本协议的规定为准。

本协议的修改必须采用书面形式。

本协议正本一式二份，甲乙双方各执一份。

第十二条 生效

本协议自双方签字盖章之日起生效。

甲方： 乙方签字：

代表：身份证号：________________________

日期：______年__月__日 日期：______年__月__日

9.4.3 劳动者泄密的处理

如果劳动者向外界泄露了用人单位的商业秘密，给用人单位造成了损失，用人单位既可以以劳动者违反保密协议约定为由按劳动争议程序予以解决，也可以直接以民事侵权为由将劳动者诉至法院。

根据《违反＜劳动法＞有关劳动合同规定赔偿办法》第 5 条的规定："劳动者违反劳动合同中约定的保密事项，对用人单位造成经济损失的，按《反不正当竞争法》第 20 条规定支付用人单位赔偿费用。"《反不正当竞争法》第 20 条规定了两种损失或者赔偿额的计算方法，一是按照实际损失计算；二是实际损失难以计算的，赔偿额为侵权人在侵权期间因侵权所获得的利润。作为补充，还规定侵权人应当承担被侵害人因调查该不正当竞争行为所支付的合理的费用。

侵犯他人商业秘密实质上属于民事侵权行为，按照《民法通则》《民事诉讼法》等规定，被侵害人可以直接提起诉讼追究其民事责任。根据《最高人民法院关于审理劳动争议案件适用法律若干问题的意见》中规定，"用人单位招用尚未解除劳动合同的劳动者，原用人单位与劳动者发生劳动争议，可以列新用人单位为第三人。原用人单位以新用人单位侵权为由向人民法院起诉的，可以列劳动者为第三人。原用人单位以新用人单位和劳动者共同侵权为由向人民法院起诉的，新的用人单位和劳动者列为共同被告。"对于这类官司究竟采用哪种途径，公司应当考虑胜诉的难易程度、投入的成本及相关救济的力度再作决定。

不论是用人单位以劳动者违反保密协议约定还是侵犯商业秘密为由进行起诉，用人单位应当搜集如下证据：

（1）劳动者违反保密协议规定泄露商业秘密的事实。包括何种方式、何时、何地、向何人、泄露内容以及造成后果的证据。

（2）用人单位对商业秘密拥有使用权和所有权的证据。包括泄漏内容确实属于商业秘密、具有商业秘密私密性、价值性、保密性的证据。

（3）如劳动者与其他用人单位形成劳动关系泄密，用人单位还可以收集建立其他劳动关系、其他用人单位利用商业秘密给自身造成损害的证据。

另外除了民事责任，如果劳动者泄露商业秘密情节恶劣，还可能承担刑事责任。根据《刑法》第219条规定，有下列侵犯商业秘密行为之一，给商业秘密的权利人造成重大损失的，处三年以下有期徒刑或者拘役，并处或者单处罚金；造成特别严重后果的，处三年以上七年以下有期徒刑，并处罚金：

(一)以盗窃、利诱、胁迫或者其他不正当手段获取权利人们商业秘密的；

(二)披露、使用或者允许他人使用以前项手段获取的权利人的商业秘密的；

(三)违反约定或者违反权利人有关保守商业秘密的要求，披露、使用或者允许他人使用其所掌握的商业秘密的。明知或者应知前款所列行为，获取、使用或者披露他人的商业秘密的，以侵犯商业秘密罪论处。

9.5 竞业限制

用人单位部分员工常常对用人单位的经营和技术情况了如指掌，员工在跳槽后也往往选择与其以前形成的业务特长相同或者近似的业务。一旦在跳槽后从事这些职业，不但容易成为原就职用人单位强劲的竞争对手，而且由于自身的便利和业务的需要，往往会情不自禁地使用原用人单位的商业秘密。为防止出现这种情形，用人单位应采取与员工订立竞业限制协议的办法以保护用人单位的竞争利益和商业秘密。

竞业限制是指用人单位和知悉本单位商业秘密或者其他对本单位经营有重大影响的劳动者在终止或解除劳动合同后的，一定期限内不得在生产同类产品、经营同类业务或有其他竞争关系的用人单位任职，也不得自己生产与原单位有竞争关系的同类产品或经营同类业务。

9.5.1 竞业限制签约主体

竞业限制签订主体双方是用人单位和劳动者，法律对用人单位并未做过多限制，但规定劳动者的主体范围。根据《劳动合同法》第 24 条的规定，竞业限制的人员限于用人单位的：

（1）高级管理人员

根据我国《公司法》的规定，所谓的高级管理人员是指公司经理、副经理、财务负责人、上市公司董事会秘书和公司章程规定的其他人员。

（2）高级技术人员

高级研究开发人员、技术人员、关键岗位的技术工人等容易接触到商业秘密的人员。

（3）其他负有保密义务的人员

其他可能知悉用人单位商业秘密的人员，如市场销售人员、财会人员、法务人员、秘书等。

9.5.2 竞业限制的期限

根据《劳动合同法》第 24 条的规定，用人单位与劳动者针对竞业限制的期限可自行约定，但最长期限不得超过两年。

9.5.3 竞业限制的补偿费

对负有竞业限制责任的劳动者，用人单位应在解除或者终止劳动合同后，在竞业限制期限内按月给予劳动者经济补偿。

我国《劳动合同法》对竞业限制补偿费的支付方式和支付标准没有做明确规定，各地区对其规定不一。

《上海高院关于适用＜劳动合同法＞若干问题的意见》（沪高法〔2009〕73 号）第 13 条规定，劳动合同当事人仅约定劳动者应当履行竞业限制义务，但未约定是否向劳动者支付补偿金，或者虽约定向劳动者支付补偿金但未明确约定具体支付标准的，基于当事人就竞业限制有一致的意思表示，可以认为竞业限制条款对双方仍有约束力。补偿金数额不明的，双方可以继续就补偿金的标准进行协商；协商不能达成一致的，用人单位应当按照劳动者此前正常工资的 20% ～ 50% 支付。

《北京市高级人民法院关于劳动争议案件法律适用问题研讨会会议纪要》第 39 条规定，用人单位与劳动者在劳动合同或保密协议中约定了竞业限制条款，但未就补偿费的给付或具体给付标准进行约定，不应据此认定竞业限制条款无效，双方可以通过协商予以补救，经协商不能达成一致的，可按照双方劳动关系终止前最后一个年度劳动者工资的 20% ～ 60% 支付补偿费。

《深圳经济特区用人单位技术秘密保护条例》第 24 条规定，竞业限制协议约定的补偿费，按月计算不得少于该员工离开用人单位前最后十二个月月平均工资的二分之一。约定补偿费少于上述标准或者没有约定补偿费的，补偿费按照该员工离开用人单位前最后十二个月月平均工资的二分之一计算。

另外，《最高人民法院关于审理劳动争议案件适用法律若干问题的解释（四）》也间接规定了补偿费的支付标准：当事人在劳动合同或者保密协议中约定了竞业限制，但未约定解除或者终止劳动合同后给予劳动者经济补偿，劳动者履行了竞业限制义务，要求用人单位按照劳动者在劳动合同解除或者终止前十二个月平均工资的 30% 按月支付经济补偿的，人民法院应予支持。

综上可知，我国对竞业限制补偿费支付标准没有统一，用人单位应查询其劳动合同履行地的相关规定及时调整与劳动者约定的支付标准，防止与法律规定冲突引发争议。

实践中用人单位在向劳动者发放补偿费的方式主要有两种，一种是在劳动者离职时一次性发放，另一种是离职后按月发放。虽然按月发放相比与一次性发放占用更大的人力管理资源，但一次性发放无法对劳动者履行竞业限制义务进行有效监督。如劳动者违约，用人单位难以追回已经支付的补偿费用，在此建议用人单位在劳动者离职后按月发放竞业限制的补偿费用。

9.5.4 竞业限制协议的违约与解除

竞业限制协议签订后，用人单位与劳动者双方应当履行各自义务。用人单位需要按月支付劳动者竞业限制补偿金，劳动者在竞业限制期限内不能从事与用人单位有竞争性的同类工作或类似的工作。

竞业限制协议的解除有劳动者申请解除和用人单位申请解除两种，其中用人单位申请解除不需要其他条件，直接申请即可解除，但用人单位需要额外支付劳动者三个月的竞业限制补偿金；劳动者申请解除竞业限制协议需要满足一定条件，即因用人单位的原因三个月未支付竞业限制补偿金后，劳动者才具有申请解除竞业限制协议的解除权。

用人单位与劳动者签订竞业限制协议时可以约定违约金。一旦劳动者违约，用人单位可以要求劳动者按照约定的违约金进行赔偿。虽然我国《劳动合同法》对竞业限制违约金的支付没有统一的标准，用人单位在约定竞业限制违约金时要秉承公平合理的原则，不能过高约定违约金，否则可能会被法院认定无效或进行酌减。

【案例】

刘某原为光明公司员工，在职期间，双方签订了《劳动合同书》及《保密协议书》，约定合同期限为 2013 年 4 月 1 日至 2015 年 8 月 12 日；岗位为销售经理；刘某在离职后两年内，未经公司事先书面同意，不得在与公司生产、经营同类产品或提供同类服务的相关机构担任任何职务；竞业限制补偿金为在竞业限制期内每月支付刘某离职当月基本工资的 10%；如刘某违反保密、知识产权以及竞业限制等规定，应支付违约金，违约金的数相当于刘某在光明公司工作期间年薪的 10 倍。2015 年 8 月 12 日，刘某离职，并于次月入职与光明公司有竞争关系的闪亮公司担任销售经理。光明公司通过诉讼程序，要求刘某支付竞业限制违约金 150 万元。

【裁决】

案件审理过程中，刘某主张其离职前12个月工资总额为151 640.77元，而保密协议书中约定公司仅每月向其支付1450元的竞业限制补偿金，却要求其向公司支付高达150万元的违约金，违约金数额明显过高。

法院经审理后认为，刘某与光明公司签订的《保密协议书》合法有效，双方均应当遵守相关竞业限制条款的约定。现光明公司提供的相关证据能够证明刘某存在违反竞业限制的事实，刘某应当承担相应的违约责任，故对光明公司要求刘某继续履行《保密协议书》中约定的竞业限制义务并支付竞业限制违约金，法院予以支持。关于违约金的数额，结合保密协议书中约定的公司向刘某支付竞业限制补偿金数额、刘某的工资标准、任职期间等综合考虑，法院判令刘某向光明公司支付违约金69 600元。

【解析】

基于公平合理的原则，劳动者与用人单位均在竞业限制协议中约定了补偿金与违约金的情况下，当约定的劳动者违反竞业限制违约金与劳动者所得的竞业限制补偿金数额悬殊，且用人单位未能举证证明违约行为造成的经济损失时，法院可以根据劳动者的申请，综合考虑劳动者的违约情况、收入状况、在职时间及所在地区经济水平等因素，酌减违约金的数额。

第十章　服务期

用人单位为劳动者提供专项培训费用对其进行专业技术培训的，可以与该劳动者订立协议，约定服务期。劳动者违反前述协议约定的，应当按照约定向用人单位支付违约金。

实践中，国内大多数用人单位很少开展专项培训活动，仅进行一些类似岗前培训、轮岗培训的无需支付费用的培训。一方面是出于控制成本的考虑，另一方面是日益增多的员工接受培训后违约跳槽的现象挫伤了用人单位的培训热情。我国《劳动法》《劳动合同法》为解决这一困境规定了服务期条款，通过签订《培训协议》合同，约定服务期限来约束劳动者。

10.1　约定服务期的条件

根据《劳动合同法》第22条规定，用人单位与劳动者约定服务期要满足下列条件：

1. 用人单位为劳动者提供专项培训费用

用人单位必须按照本单位工资总额的一定比例提取培训费用，用于对劳动者的职业培训。同时这笔专项培训费用的数额应当到达一定额度，这个数额到底多高《劳动合同法》没有规定，主要是考虑各地区、各用人单位之间情况不一样，很难划出一个统一的尺度，发生争议时由审判人员行使自由裁量权进行确认。

2. 用人单位要对劳动者进行专业技术培训

用人单位为劳动者提供的是专业技术培训，包括对专业知识、职业技能的培训，一般由第三方提供包括但不限于：委托院校、科研院所、培训中心、职业学校代为培训学历教育、专项技能培训等。一般的义务性培训包括岗前培训、岗位培训等不符合约定服务期的要求，不能约定服务期。

3. 培训不强制脱产

《劳动法》对专业技术培训的培训形式没有规定，因此不管是否脱产，只要用人单位在国家规定提取的职工培训费用以外，专门花费较高的费用送劳动者去进行定向专业培训的，就可以与该劳动者订立协议，约定服务期。

10.2 服务期的期限

《劳动合同法》未对劳动者的服务期的年限作出具体规定。服务期的长短可以由劳动合同双方当事人协议确定，但是用人单位在与劳动者协议确定服务期年限时要遵守两点：第一，要体现公平合理的原则不得滥用权利。例如用人单位为劳动者提供了 2000 元进行专业技术培训，但约定劳动者需为用人单位服务 10 年，这种约定显失公平。第二，用人单位与劳动者约定的服务期较长的，用人单位应当按照工资调整机制提高劳动者在服务期间的劳动报酬。在服务期期限内，除非有《劳动合同法》第 38 条规定的情况发生，否则劳动者不得解除劳动合同，劳动者解除劳动合同的应当按照约定支付违约金或承担赔偿责任。

【案例】

何小姐从上海某大学毕业后，与上海某公司签订了为期 3 年的劳动合同。由于何小姐积极肯学、工作努力，1 年后，用人单位选送何小姐前往外国的投资公司进行培训。出国培训前，用人单位与何小姐签订了一份培训协议，双方约定：公司出资对何小姐进行 1 年的专业培训，何小姐在培训结束后为用人单位服务 10 年，否则赔偿培训费 80 万元。何小姐如期去外国培训了 1 年，培训费 10 万元。结束培训后即回用人单位工作。又 1 年后，双方签订的 3 年期劳动合同期限届满，此时，用人单位要求何小姐按服务期约定续签劳动合同，何小姐则不愿再与用人单位续约而要求终止劳动合同。用人单位将何小姐诉至仲裁委，要求何小姐赔偿违约金80万元。

【裁决】

仲裁委支持了用人单位的请求，但认为违约金过高，判决何小姐向用人单位支付8万元赔偿培训费用。

【解析】

本案中吴小姐的劳动合同先于培训协议到期，公司要求吴小姐继续履行服务期是成立的。不过，本案中双方虽然订立服务期协议，但是应当接受合理性审查。公司出资对吴小姐进行1年的培训，即要求吴小姐履行10年服务期且违约金约定为80万元显然不公平，仲裁委员会或法院可以作出调整。依据《劳动部办公厅关于试用期内解除劳动合同处理依据问题的复函》规定，按照5年服务期等分赔偿金额，以劳动者已履行的服务期递减支付，何小姐培训后已经工作了1年，还有4年未履行，仲裁委判决何小姐向用人单位支付8万元的培训费用是恰当的。

服务期是用人单位给予一定培训费用为代价，要求接受培训对价的劳动者为用人单位提供相应服务的约定。签订服务期协议后，员工为公司服务的期限就不仅仅受劳动合同期限约束，也受到服务期协议期限的约束。如果劳动合同期限届满但用人单位与劳动者约定的服务期尚未届满，劳动合同应当顺延至服务期限届满。

需要注意的是，如劳动合同期限届满服务期未满，用人单位可以解除劳动合同。《上海市高级人民法院关于适用劳动合同法若干问题的意见》第6条规定："用人单位依约支付相应对价后，即已完全履行自己的合同义务，是否要求劳动者履行服务则成为用人单位的权利。基于民事权利都可以放弃的原则，在劳动合同期满后用人单位放弃对剩余服务期要求的，应当准许。此时劳动合同可以终止，但用人单位不得向劳动者追索服务期的赔偿责任；用人单位继续提供工作岗位并要求劳动者履行服务期约定的，双方当事人应当继续履行。继续履行合同期间，用人单位不提供工作岗位的，视为其放弃对剩余服务期的要求，劳动合同终止。”

10.3 服务期违约后果

根据《劳动合同法》的规定，劳动者违反服务期约定应当向用人单位支付违约金，并且劳动者违反服务期约定也相当于劳动者违法解除了劳动合同，用人单位可以向劳动者追偿损失。

10.3.1 支付违约金

劳动者违反服务期约定的，在服务期内解除劳动合同，应当按照服务期协议向用人单位支付违约金。违约金的数额不得超过用人单位提供的培训费用。用人单位要求劳动者支付的违约金不得超过服务期尚未履行部分所应分摊的培训费用。

10.3.2 承担损失赔偿责任

对于劳动者违反劳动合同的违约行为，《劳动法》及劳动部相关行政法规的态度是非常明确的，要求劳动者按照法律规定和双方约定的赔偿办法承担相应的责任。《劳动法》第102条规定：“劳动者违反本法规定的条件解除劳动合同或者违反劳动合同中约定的保密事项，对用人单位造成经济损失的，应当依法承担赔偿责任。”为了进一步明确劳动者违约赔偿责任的范围，《劳动和社会保障部》1994年颁布的《违反和解除劳动合同的经济补偿办法》第4条对此作了具体规定，劳动者违反规定或劳动合同的约定解除劳动合同，对用人单位造成损失的，应赔偿用人单位下列损失：（1）用人单位招收录用劳动者所支付的费用；（2）用人单位为劳动者支付的培训费用，双方另有约定的按约定办理；

（3）劳动者违约对生产、经营和工作造成的直接经济损失；（4）劳动合同约定的其他赔偿费用。

10.4 服务期操作技巧

10.4.1 培训协议条款设计

（1）培训人员和培训时间条款设计

培训应当针对的是特定人员，不能是一般员工或者是全体员工。如培训含金量较高，建议用人单位内部对培训人员的选拔制定相应的规章制度。

培训时间最好是劳动者正式入职且试用期满后。根据《劳动部办公厅关于试用期内解除劳动合同处理依据问题的复函》（劳办发〔1995〕16号）中规定："用人单位出资对职工进行各类技术培训，职工提出与单位解除劳动关系的，如果在试用期内，则用人单位不得要求劳动者支付该项培训费用。"为了避免出现用工风险，建议用人单位仅针对试用期满的员工进行培训。

（2）培训目的条款设计

从大众对专业技术培训的认知考虑，用人单位花费大笔费用让劳动者进行脱产培训肯定是基于一定的目的，而且接受培训的劳动者在结束培训时会以考试或者是其他方式进行考核，确认是否完成培训的目的。因此针对培训目的要具体写明为了使员工能胜任更高层次或更加专业的工作（注意需区别转岗培训），属于专门针对特定主体而设置的特定项目。同时在员工结束培训，且通过考试或考核合格后，对员工的工作岗位或薪资进行相应的提升。这样做一方面有利于留住核心员工，另一方面也使培训区别于岗前、转岗等一般培训。

（3）培训费用条款设计

许多用人单位与劳动者签订的培训协议中对于培训费用并未作出具

体的约定，仅是约定了一个预算总额，但预算总额并不能直接证明用人单位因培训实际支出的培训费用，且往往对该等培训费用的明细亦未作出具体约定，一旦劳动者违约，用人单位不能提供培训费用的具体数额而遭受损失。为了避免损失的发生，笔者建议用人单位在培训协议中列明培训的项目和对应的费用。同时该培训项目及所需费用需与培训机构签订的有关培训协议或技术使用协议中的所约定的相关培训费用相对应，并将该等协议作为培训协议的附件，以备发生争议时的有力证据。

10.4.2 培训与服务期实务操作

（1）严格汇报制度

要求劳动者在接受培训的过程中，每月通过工作邮件或者是书面形式向直接上司和人事部门负责人提交学习内容和心得，并在培训结束后提交总结报告。

（2）培训证据备案

培训所发生的相关费用（如交通费、住宿费、津贴、讲课费等）用人单位应保留支付凭证，并在培训中或培训结束后要求员工签字确认。培训若包含专业测试的，用人单位应要求第三方机构留存员工参加专业测试的试卷；如有培训认证证明的，应要求员工提供一份复印件交由人事部门留存。

（3）培训费用单独列支

用人单位的专项培训费用应单独列支。用人单位依法计提的职工教育经费只能用于员工后续执业教育和职业培训，不得用于专项技术培训。财务人员做账时应当尤其注意严格区分。

第十一章　股权激励

人才作为用人单位的核心资源，对用人单位的发展起到了关键性的作用。用人单位招聘到合适的人才后，如何进行有效的激励，提高劳动者的满意度和工作效率几乎成为所有管理者关心的问题。随着社会主义资本市场的日益成熟，相比于承包、租赁、奖金等着眼于短期激励的制度，股权激励因拥有能够规避传统薪酬分配形式的不足，将管理者的利益与投资者的利益捆绑一起等优势而备受重视。

11.1 股权激励的概述

股权激励，也称为期权激励，是用人单位为了激励和留住核心人才而推行的一种长期激励机制，是目前最常用的激励员工的方法之一。股权激励主要是通过一定条件给予员工部分股东权益，使其具有主人翁意识，从而与用人单位形成利益共同体，促进用人单位与员工共同成长，帮助用人单位实现稳定发展的长期目标。

11.1.1 股权激励的价值

股权激励是完善公司治理，降低代理成本的一种积极有效的治理措施，其具有以下四点价值：

（1）建立用人单位与劳动者之间的利益共同体

一般来说，用人单位与劳动者之间的利益是不完全一致的。用人单位注重自身的长远发展和投资收益，而劳动者受雇于用人单位，其更关心的是在职期间的工作业绩和个人收益。二者价值取向的不同必然导致双方在用人单位运营管理中行为方式的不同，且往往会发生劳动者为个人利益而损害用人单位整体利益的行为。实施股权激励的价值是使用人单位中的管理者和关键技术人员成为用人单位的股东，其个人利益与公司利益趋于一致，有效弱化了二者之间的矛盾，从而形成利益的共同体。

（2）提高劳动者积极性，激励业绩

实施股权激励后用人单位的管理人员和技术人员成为公司股东，具有分享用人单位利润的权力。劳动者会因为自己工作的好坏而获得奖励或惩罚，这种预期的收益或损失具有一种导向作用，它会大大提高管理人员、技术人员的积极性、主动性和创造性。劳动者成为公司股东后，能够分享高风险经营带来的高收益，有利于刺激其潜力的发挥，会促使劳动者大胆进行技术创新和管理创新，采用各种新技术降低成本，从而提高用人单位的经营业绩和核心竞争能力。

（3）弱化短期化行为，提高用人单位长远竞争力

传统的激励方式，如年度奖金等，对劳动者的考核主要集中在短期财务数据，而短期财务数据无法反映长期投资的收益，故这些激励方式客观上刺激了劳动者的短期行为，不利于用人单位长期稳定的发展。引入股权激励后对公司业绩的考核不但关注本年度的财务数据，而且会更关注公司将来的价值创造能力。此外，作为一种长期激励机制，股权激励不仅能使经营者在任期内得到适当的奖励，并且部分奖励是在卸任后延期实现的，这就要求劳动者不仅关心如何在任期内提高业绩，而且还必须关注用人单位的长远发展，以保证获得自己的延期收入，由此可以进一步弱化劳动者的短期化行为，更有利于提高用人单位在未来创造价值的能力和长远竞争能力。

（4）吸引留住人才，解决人才流失问题

实施股权激励机制，一方面可以让劳动者分享用人单位成长所带来的收益，增强劳动者的归属感和认同感，激发劳动者的积极性和创造性。另一方面，当劳动者离开用人单位或有不利于用人单位的行为时，将会失去这部分的收益，这就提高了劳动者离职成本。故实施股权激励计划有利于用人单位留住人才、稳定人才。

11.1.2 股权激励的模式

股权激励分为多种模式，从对用人单位股权影响来分，可以分为虚拟股份激励模式、实际股份激励模式以及虚实结合的股份激励模式。所谓虚拟股份激励模式是指用于激励的股权只有分红权，不涉及用人单位

股权结构的实质性变化；所谓实际股份激励模式是指用于激励的股权是实际的股权，会引起用人单位股权结构的变化，改变用人单位的治理结构；所谓虚实结合的股份激励模式，是指在一定期限内实施虚拟股份激励模式，到期时在按照实际股份激励模式的具体做法收购。上述三种模式目前演变出了十二种主要的股权激励模式，本节将对其模式及优缺点分别进行阐述。

（1）股票期权

股票期权模式是指股份公司赋予激励对象(如经理人员)购买本公司股票的选择权，具有这种选择权的人，可以在规定的时期内以事先确定的价格(行权价)购买公司一定数量的股票(此过程称为行权)，也可以放弃购买股票的权利，但股票期权本身不可转让。激励对象行权购买股票并非通过二级市场购买，而是直接向用人单位购买未发行在外的流通股。

此种模式的优点在于：①将激励对象与用人单位长期利益绑定在一起，实现利益高度一致；②锁定风险，激励对象不行权也没有任何额外损失；（3）股票期权是用人单位赋予经营者的一种选择权，是在不确定的市场中实现的预期收入，用人单位没有任何现金支出，有利于用人单位降低激励成本。

此种模式的缺点在于：①影响用人单位的总资本和股份结构，激励对象一旦行权，会影响现有股东权益进而引发纠纷。②激励对象的行权利益受股票市场影响大，股票市场的价格波动和不确定性，持续的牛市会产生“收入差距过大”的问题。另外激励对象行权但尚未售出购入的股票时，股价下跌至行权价以下，激励对象将同时承担行权后纳税和股票跌破行权价的双重损失的风险。③激励对象因为短期利益损害用人单位利益，股票期权的收益取决于行权之日市场上的股票价格高于行权价格，因而会促使公司的经营者片面追求股价提升的短期行为，而放弃对公司发展的重要投资从而降低了股票期权与经营业绩的相关性。

（2）虚拟股票

虚拟股票模式是指公司授予激励对象一种“虚拟”的股票，激励对象可以据此享受一定数量的分红权和股价升值收益。虚拟股票的激励对象没有所有权和表决权，不能转让和出售，在离开公司时自动失效。激励对象实现既定目标条件下公司支付给持有人收益时，既可以支付现金、等值的股票，也可以支付等值的股票和现金相结合。虚拟股票是通过其持有者分享用人单位剩余索取权，将他们的长期收益与用人单位效益挂钩。

此种模式的优点在于：①虚拟股票实质上是激励对象享有的分红权凭证，不影响用人单位的总股本及结构，不享有其他权利；②虚拟股票可以避免因股票市场不可确定因素造成公司股票价格异常下跌对虚拟股票持有人收益的影响；③虚拟股票对激励对象具有一定的约束作用，获得分红收益的前提是实现公司的业绩目标，并且收益是在未来实现的且激励对象离开公司自动失效。

此种模式的缺点在于：①激励对象可能因考虑分红而减少甚至于不实行用人单位资本公积金的积累，过分地关注用人单位的短期利益；②虚拟股票的激励对象分红意愿强烈导致用人单位现金支付压力巨大；③虚拟股票实质上不涉及股票的所有权授予，只是奖金的延期支付，长期激励效果并不明显。

（3）股票增值权

股票增值权是指公司授予激励对象的一种权利，如果公司股价上升，激励对象可通过行权获得相应数量的股价升值收益，激励对象不用为行权付出现金，行权后获得现金或等值的公司股票。股票期权实质上是一种选择权，即被授予者享有的在未来规定的若干年内（行权期）按授予时（授予期）规定的价格（行权价）和数量（额度）自由购买公司股票（行权）的权利，这个权利被授予者可以使用，也可以放弃。享有股票增值权的激励对象不实际拥有股票，也不拥有股东表决权、配股权、分红权。股票增值权不能转让和用于担保、偿还债务等。每一份股票增值权与一股股票挂钩，股票增值权的收益 = 股票市价 - 授予价格。

此种模式的优点在于：①程序简便，无需解决股票来源问题；②简单易于操作，股票增值权持有人在行权时，直接对股票升值部分兑现；③激励对象不会亏损，可以根据股票价格选择是否行权。

此种模式的缺点在于：①激励效果较差，激励对象并不能获得真正意义上的股票；②我国市场股票价格与用人单位业绩关联不大，起不到股权激励应有的长期激励作用，还可能引致公司高管层与庄家合谋操纵公司股价等问题；③用人单位现金支付压力较大，股票增值权的收益来源是用人单位提取的奖励基金。

（4）业绩股票

业绩股票是股权激励的一种典型模式，是指在年初确定一个较为合理的业绩目标， 如果激励对象到年末时达到预定的目标，则公司授予其一定数量的股票或提取一定的奖励基金购买公司股票，业绩股票的流通变现通常有时间和数量限制。激励对象在若干年内经业绩考核通过后可以获准兑现规定比例的业绩股票，如果未能通过业绩考核或出现有损公司的行为、非正常离任等情况，则其未兑现部分的业绩股票将被取消。

此种模式的优点在于：①促进激励对象完成业绩目标。为了获得股票形式的激励收益，激励对象会努力地去完成公司预定的业绩目标。②对激励对象有较强的约束作用。激励对象获得奖励的前提是实现一定的业绩目标并且收入是在将来逐步兑现；如果激励对象未通过年度考核，出现有损公司行为、非正常调离等，激励对象将受风险抵押金的惩罚或被取消激励股票，退出成本较大。③对激励对象形成滚动激励的效果，激励效果明显。

此种模式的缺点在于：（1）激励对象为了获得利益，容易对业绩进行造假；（2）激励成本高，用人单位压力大。

（5）延期支付计划

延期支付计划也称延期支付，是指公司将管理层的部分薪酬，特别是年度奖金、股权激励收入等按当日公司股票市场价格折算成股票数量，存入公司为管理层人员单独设立的延期支付账户。在既定的期限后或在该高级管理人员退休以后，再以公司的股票形式或根据期满时的股票市场价格以现金方式支付给激励对象。激励对象通过延期支付计划获得的收入来自于既定期限内公司股票的市场价格上升，即计划执行时与激励对象行权时的股票价差收入。如果折算后存入延期支付账户的股票市价在行权时上升，则激励对象就可以获得收益；如果该市价不升反跌，激励对象的利益就会遭受损失。

此种模式的优点在于：①长时间锁定激励对象的薪酬，增加退出成本，避免激励对象短期行为，有利于长期激励；②奖金转换为股票，用人单位可以合理避税。

此种模式的缺点在于：①激励力度低，激励人员普遍持有公司股票数量较少；②激励对象不能及时变现，受股票二级市场影响大。

（6）管理层收购

管理层收购又称经理层融资收购，是指用人单位的管理层或经理层购买本公司股份从而改变公司股权结构、资产结构、治理结构，进而达到持股经营和重组公司的目的，并获得预期收益的一种股权激励模式。管理层收购主体一般是本公司的高层管理人员，收购资金来源分为两个部分，一是内部资金，即经理层本身提供的资金，二是外部资金，即通过债权融资或股权融资。收购主体在收购完成后成为公司的股东，从而直接或间接地成为公司的控股股东，达到经营权和控制权的高度统一。

此种模式的优点在于：①有利于公司与激励对象的利益统一，实现追求公司利益最大化，降低用人成本；②激励对象获得大量股权利益，长期激励效果明显。

此种模式的缺点在于：①收购成本巨大，收购不当会付出巨大代价；②收购后如不及时调整治理结构，有可能形成内部操纵，损害公司利益。

（7）储蓄参与股票计划

储蓄参与股票计划激励模式是指用人单位允许激励对象预先将一定比例的工资（一般规定的比例是税前工资额的 2% ～ 10%）存入专门为激励对象开设的储蓄账户，并将此资金按期初和期末股票市场价格的较低价位的一定折扣折算成一定数量的股票，在期末按照当时的股票市场价格计算此部分股票的价值，用人单位将补贴购买价和市场价之间的差额。

此种模式的优点在于：①激励对象收益稳定，无论股价上涨还是下跌都有收益；②模式灵活多变，激励范围广泛，可以吸引和留住不同层次的人才。

此种模式的缺点在于：由于激励范围广泛，储蓄参与股票计划激励模式更接近于福利，激励作用较小。

（8）限制性股票

限制性股票是指用人单位按照预先确定的条件授予激励对象一定数量的本公司股票，激励对象只有在工作年限或业绩目标符合股权激励计划规定条件的，才可出售限制性股票并从中获益。

此种模式的优点在于：①激励时效长，更有利于用人单位长期战略目标的实现；②存在限制期，可以保证激励对象的稳定性。

此种模式的缺点在于：①激励效果受市场影响较大，容易影响激励对象的积极性；②预期目标实现要素难以全面掌握，容易产生权责不对等而失去激励作用。

（9）限制性股权

限制性股权与限制性股票的定义及优缺点相类似，不再赘述。该种激励模式主要应用于非上市公司。

（10）股权期权

股权期权与股票期权的定义及优缺点相类似，不再赘述。该种激励模式主要应用于非上市公司。

（11）业绩股权

业绩股权与业绩股票的定义及优缺点类似，不再赘述。这种激励模式主要应用于非上市公司。

（12）股权增值权

股权增值权与股票增值权的定义及优缺点类似，不再赘述。这种激励模式主要应用于非上市公司。

11.2 股权激励方案的“八定原则”

股权激励方案是用人单位建立激励制度的设计图，对用人单位能否建立高效的人才激励机制起着至关重要的作用。能否在兼顾分配公平、行为约束和操作规范的基础上设计出一套适合用人单位自身发展的股权激励方案，取决于用人单位在设计方案过程中对“八定原则”的把控。

11.2.1 定目的

不同的性质、不同规模、不同发展阶段的用人单位实施股权激励计划的目的是不同的，明确实施激励计划的目的是用人单位制定股权激励模式的前提。

11.2.2 定模式

股权激励的模式有很多，其中本书介绍了 12 种基础模式。每种股权激励模式都有自身的优缺点以及适用用人单位的类型，用人单位应当结合自身情况以及激励目的来确定股权激励的模式。例如上市公司和上市公司控股用人单位需要长期激励的可以运用股票期权的激励模式；现金流比较充裕的非上市公司或上市公司为了避免股权结构发生变化可以运用虚拟股票的激励模式；业绩稳定的上市公司及其集团公司、子公司可以运用延期支付计划的激励模式增强长期激励效果。

11.2.3 定时间

股权激励中包含多个重要时间节点，用人单位应该根据法律规定、对激励的约束及管理的需要制定相应的时间表并严格执行。股权激励中主要的时间节点如下：

有效期	股权激励存续期限，一般与公司战略目标完成所需要的时限基本一致。股权激励的有效期应当不超过激励对象与公司签署的劳动合同中约定的有效期，否则应提前签署补充合同以延续劳动关系
授权日	又称授予日，即公司向激励对象授予股权激励的日期。上市公司的授权日有严格法律限制，参见《上市公司股权激励管理办法》相关内容
等待期	等待期为授权日到首次可以行权日之间的间隔，在等待期内激励对象不可行权
窗口期	公司与激励对象办理股权授予、红利核算与发放、转让激励股权等相关事宜的特定时期，一般情况下非窗口期内不办理相关手续

11.2.4 定来源

股权激励涉及股票奖励或资金奖励，股票、股权来源和资金来源是股权激励时必须考虑的基础问题。

（1）股票、股权来源

我国上市公司符合法律规定的股票、股权来源方式主要有：①公司回购股票；②增发；③股东转让；④以第三方名义回购；⑤上述方式组合。

我国非上市公司股权来源多种多样，原则上只要原股东同意即可，主要有：①原有股东转让；②募集资本预留；③增资扩股预留；④转增股本预留。

（2）资金来源

股权激励的资金来源主要有：①激励对象自筹资金；②大股东或公司贷款；③年终奖的部分作为行权资金；④预先设计各类激励资金；⑤信托；⑥通过资管计划实施。

11.2.5 定对象

定对象是指确定股权激励的授予对象。我国法律对股权激励的对象界定的范围很广，只要是用人单位认为应当激励的都可以确定为股权激励的对象（独立董事除外）。实践中，用人单位股权激励的对象可以分为核心层、骨干层和操作层三个层面，根据用人单位实际营商状况进行确定。

11.2.6 定价格

如用人单位采用实际股份激励模式对激励对象进行激励的，需要确定激励股份的行权价格。上市公司股权激励计划的行权价格有相应的股票价格进行参照，而非上市公司在制定股权激励计划时，因为没有相应的股票价格做参照，一般需要进行专业的评估，以用人单位每股的内在价值在确定行权价格。

11.2.7 定数量

定数量就是指确定股权激励的总量以及个量。用人单位定数量时要兼顾控制权与激励力度的平衡，一方面要保障原有股东对用人单位的控制权，另一方面还要考虑对激励对象的激励力度。

11.2.8 定进入、运行及退出机制

股权激励计划需要制定完整的进入、运行及退出机制。所谓进入机制是指激励对象获取激励标的的条件，一方面实行股权激励的用人单位必须符合要求，即必须符合股权激励相关法律法规的要求；另一方面，激励对象的资格必须符合要求，即满足相应业绩，满足考核条件。所谓运行机制，是指股权激励计划要有完整的管理方式以及调整模式，例如上市公司中，管理层面，股权激励决策者是股东大会，日常领导及管理是由董事会下属的薪酬委员会或董事会直接负责。调整层面上，股权激励计划至少要包含正常股价变动调整以及公司重大行为调整的调整机制。所谓退出机制，是指股权激励的终止或对象退出的机制，股权激励的约束作用正是通过退出机制来实现的。导致股权激励终止或对象退出的原因有很多，主要包括业绩因素、岗位因素和公司经营因素三方面。业绩因素方面，员工业绩考核不达标，可能退出激励计划；岗位因素方面，员工晋升、降职可能要适用新的激励机制，原有机制退出，离职，辞退则原激励机制终止；经营因素方面，用人单位的股权机构发生变化，可能会导致激励计划的终止或调整。

第十二章　社会保险制度

社会保险权是人类进入工业社会后随着社会保险制度的建立而产生的一项公民基本权利。1883 年-1889 年德国通过了有关疾病保险、意外事故保险、老年与残疾保险的三项立法，建立了世界上最早的社会保险制度。

在我国，社会保险是社会保障体系的重要组成部分，其在整个社会保障体系中居于核心地位，是一种为丧失劳动能力、暂时失去劳动岗位或因健康原因造成损失的劳动者提供收入或补偿的一种社会经济制度。我国社会保险的主要项目包括养老保险、医疗保险、失业保险、工伤保险和生育保险。

12.1 社会保险的特性

社会保险是国家根据宪法所制定的基本社会政策，社会保险具有法定性、保障性、互济性、福利性、普遍性。

法定性。社会保险由国家立法强制实施，具有法定性享受待遇的劳动者及其所在单位都必须按照规定参加并缴纳社会保险基金，不得约定免除义务。

保障性。社会保险保障劳动者的基本生活，当劳动者遇到年老、患病、负伤、残疾、生育、死亡或者失业等风险时，以社会保险的方式给予劳动者本人或其家属一定的物质帮助，保障其基本生活需要。

互济性。社会保险是按照社会共担风险原则进行组织的，社会保险费用由社会统筹，建立社会保险基金。社会保险机构要用互助互济的办法统一调剂基金，支付保险金和提供服务，实行收入再分配，使参加社会保险的劳动者生活得到保障。

福利性。社会保险不同于一般商业保险，不以营利为目的，保费与保障不对等，劳动者只需缴纳很少的费用就能得到高额度保障。

普遍性。社会保险实施范围广，一般在所有职工及其供养的直系亲属中实行。

12.2 社会保险与商业保险的区别

社会保险与商业保险在诸多方面存在差异，有着本质的区别：

性质不同。社会保险是由国家立法强制实施，属于政府行为，是一种福利事业，具有非营利性质。商业保险是一种商业行为，保险人与被保险人之间完全是一种自愿的契约关系，具有以营利为目的的性质；

目的不同。社会保险不是以营利为目的，其出发点是为了确保劳动者的基本生活、维护社会稳定、促进经济发展。商业保险的根本目的则是获取利润，在此前提下给投保者以经济补偿；

资金来源不同。社会保险是由国家、用人单位和个人三者承担。商业保险完全是由投保个人负担；

待遇水平不同。社会保险从稳定社会出发，着眼于长期性基本生活的保障，还要随着物价上升进行调整、逐步提高。商业保险着眼于一次性经济补偿。

责任不同。社会保险是公民享有的一项基本权利，政府对社会承担最终的兜底责任。商业保险则受市场竞争机制制约，政府主要依法对商业保险进行监管，以保护投资人的利益；

法律基础不同。社会保险由劳动法及相关配套法规来立法规制，商业保险则由经济法、商业保险法及相关配套法律来立法规制。

12.3 用人单位缴纳社会保险流程

用人单位有义务为本单位内劳动者缴纳劳动保险，根据《社会保险费征缴暂行条例》用人单位为劳动者缴纳社会保险分以下几个环节：

用人单位开设社保账户。用人单位需要在成立之日起三十日内，持营业执照或者登记证书等有关证件，到当地社会保险经办机构申请办理社会保险登记。社会保险经办机构审核后，发给社会保险登记证件。

用人单位开设社保账户所需要的材料和时限各地均不相同，本书仅以北京地区为例进行说明，如下图：（来源：北京市人力资源与社会保障局）

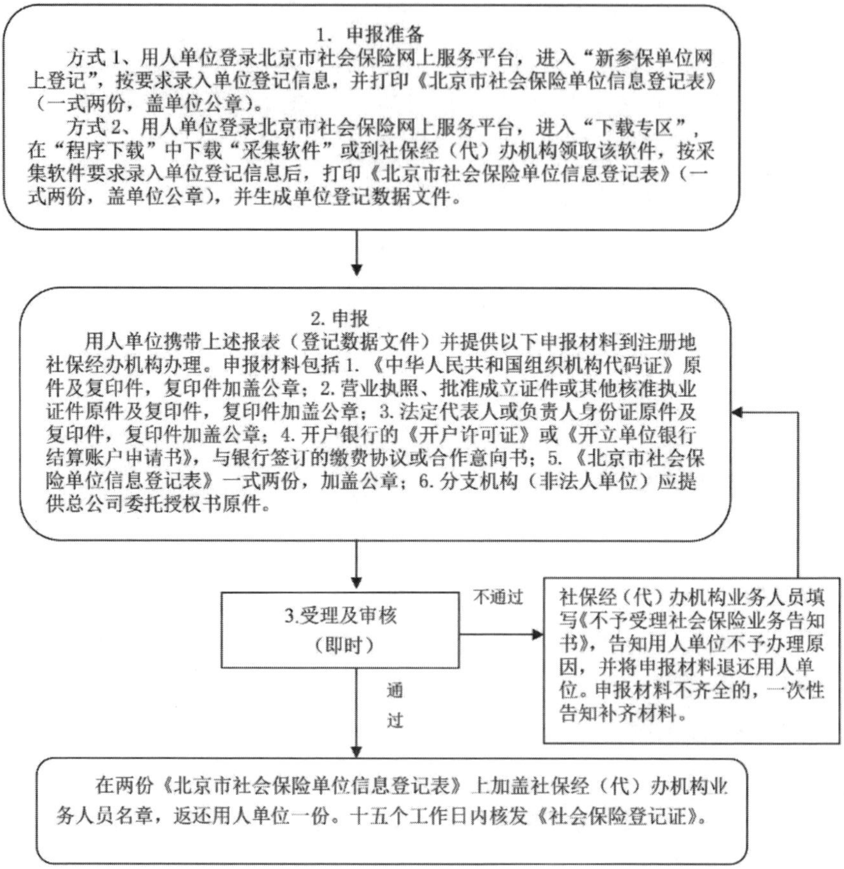

确认缴费人数。用人单位每月都必须把新增的员工添加进单位的社保账户中，并把已经离职的员工从账户中删除以确定每月缴费人数。社保账户是一个独立的账户，增减员工的操作必须要在账户中进行。北京地区办理增减员流程如下图：（来源：北京市人力资源与社会保障局）：

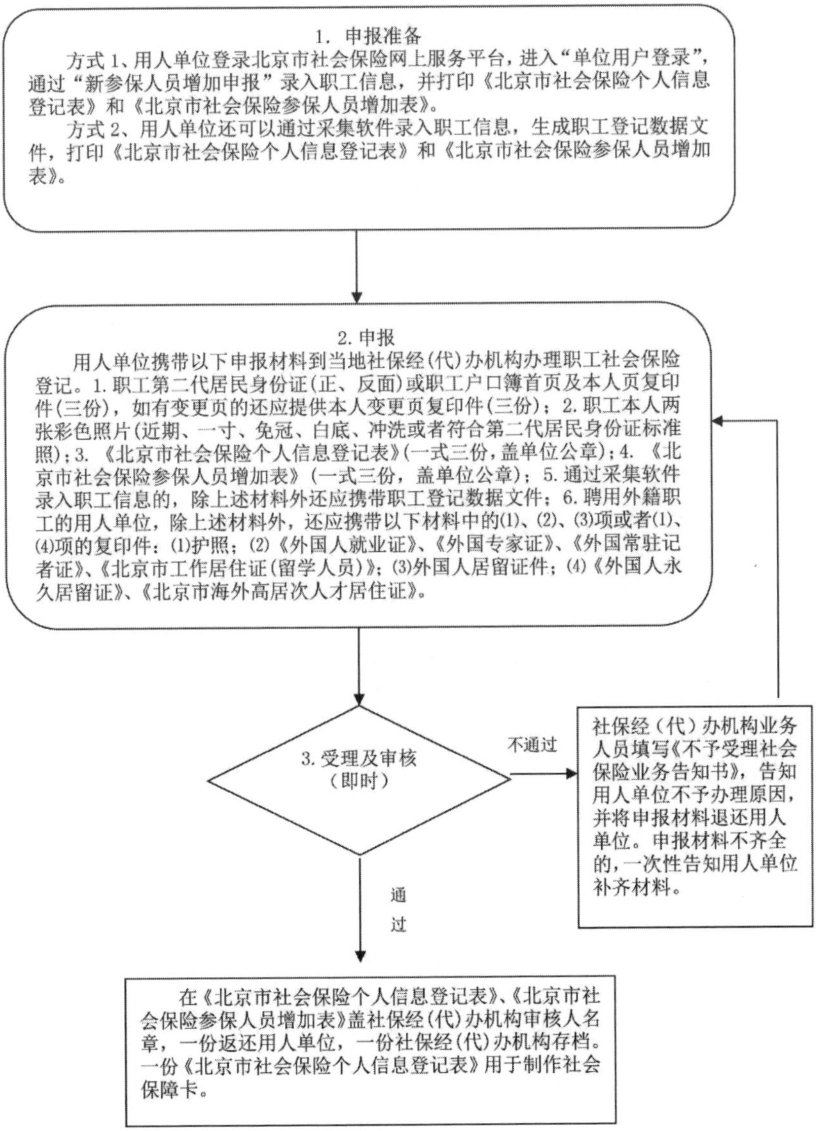

确认缴费基数及缴费。用人单位每月需要为员工申报正确的社保缴费基数，经社会保险经办机构核定后，以货币的形式足额缴纳社会保险费。社保的缴费基数以员工上年度平均工资或入职首月工资为准。一般情况下，社会保险缴费基数一个缴费年度调整一次，需要用人单位在集中申报期（每年 7 月）集中申报，具体流程如下图：（来源：北京市人力资源与社会保障局）：

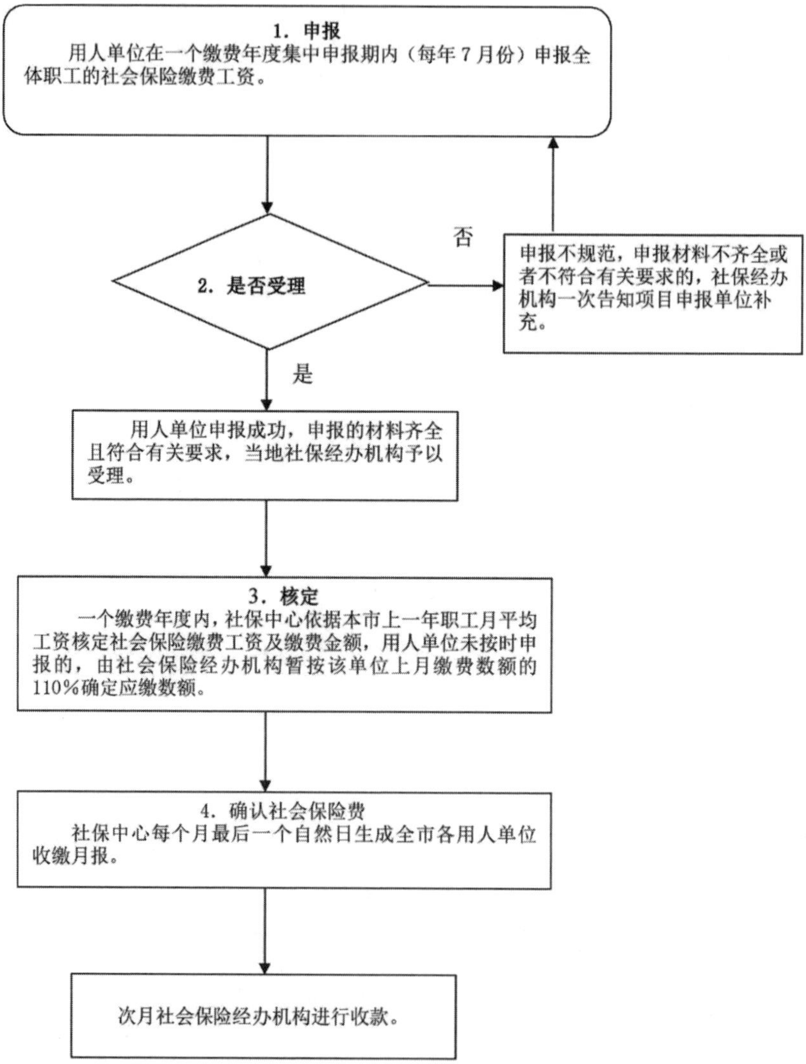

用人单位注销社保账户。用人单位注销、关闭、破产的应凭单位的工商注销证明或地税、国税完税证明，到社会保险经办机构办理社会保险关系的注销手续，并将社会保险登记证交回。

12.4 用人单位不缴纳社会保险的法律风险

自《社会保险法》颁布实施以来，用人单位积极缴纳社会保险费用已成为社会常态，但仍存在部分用人单位为减少经营成本通过各种方式拖延、逃避缴纳社会保险费用的现象。用人单位不缴纳社会保险将面临以下法律风险：

1. 限期补缴，支付滞纳金及罚款

根据《社会保险法》的规定，用人单位未按时足额缴纳社会保险费的由社会保险费征收机构责令限期缴纳或者补足，并自欠缴之日起，按日加收万分之五的滞纳金；逾期仍不缴纳的，由有关行政部门处欠缴数额一倍以上三倍以下的罚款。《社会保险费征缴暂行条例》规定缴费单位未按照规定办理社会保险登记、变更登记或者注销登记，或者未按照规定申报应缴纳的社会保险费数额的，由劳动保障行政部门责令限期改正；情节严重的，对直接负责的主管人员和其他直接责任人员可以处 1 000 元以上 5 000 元以下的罚款；情节特别严重的，对直接负责的主管人员和其他直接责任人员可以处 5 000 元以上 10 000 元以下的罚款。

2. 劳动者随时解除劳动合同，用人单位支付经济补偿

根据《劳动合同法》《劳动合同法实施条例》的规定，用人单位未依法为劳动者缴纳社会保险费的，劳动者可以随时解除劳动合同且用人单位应当向劳动者支付经济补偿。如用人单位拒绝支付经济补偿，员工有权请求劳动行政部门责令支付，逾期不支付的，用人单位还应按应付金额百分之五十以上百分之一百以下的标准向员工加付赔偿金。

3. 用人单位赔偿损失

根据《关于审理劳动争议案件适用法律若干问题的解释（三）》的规定，若用人单位没有为劳动者缴纳社会保险，导致劳动者医疗、工伤、

生育、养老保险等方面损失，用人单位应承担劳动者的损失并依法进行赔偿。

12.5 劳动者拒绝缴纳社会保险的处理

实践中部分劳动者以开销太大、已经有新农合、外地就业不愿意转社保等原因拒绝用人单位为其缴纳社会保险费用，希望公司把买社保的费用直接发给他们，用人单位为了免除责任要求劳动者写承诺书，承诺因自身原因不购买社保，保证以后不会因社保的问题找公司的麻烦，未买社保的责任由员工自行承担，与公司无关。

上文中的用人单位错误的认为其已经支付了社会保险费用不会有什么问题，便同意了他们的请求，实际上这种做法是错误的，存在法律风险。社会保险是国家强制保险，为职工办理社会保险是用人单位的法定义务即使劳动者主动提出要求也不能免除用人单位为职工参加社会保险的法定义务。劳动者虽主动要求用人单位不为其参加社会保险并作出书面承诺，但最终会被认定无效。

缴纳社会保险不仅是用人单位的责任，劳动者也是责任的主体。权利是可以放弃的，法律不会干涉。既然是说劳动者的权利，劳动者可以放弃，但是对于义务，就必须履行，无权放弃。实践中不管是劳动合同特殊约定还是劳动者书面承诺书，双方虽然在自愿、协商一致的基础上约定，但由于有关社会保险的内容违反了国家现行法律、行政法规的强制性规定，从而导致双方合同中约定的条款或书面承诺书时无效。

面对这种情况，用人单位可以将“员工不同意缴纳社会保险费用”作为不符合录用条件不予招录的情形。遇到上述情况，用人单位应当明确向劳动者说明，劝阻其配合办理社会保险相关手续，如仍不配合则应要求其出具拒绝缴纳社会保险的书面说明，并以此为依据，以劳动者不符合录用条件为由依法与其解除劳动合同。

【案例】

张某于2016年9月入职某公司，从事维修工作。双方签订劳动合同，劳动合同的期限为2016年9月21日起至2017年9月20日止，张某入职后，曾书面要求公司不用为其购买社会保险，将缴纳的保险费用以现金的形式每月支付。公司同意了张某的要求，一直没有为阿伟办理社会保险。2017年1月7日张某在上班途中发生交通事故受伤，送至医院治疗，医疗费花费2万余元。后当地人力资源和社会保障局作出《工伤认定决定书》，认定张某此次受到的人身伤害为工伤，按规定享受工伤待遇，后当地劳动能力鉴定委员会作出鉴定结论，鉴定张某构成九级伤残。张某将公司诉至仲裁委要求公司赔偿其工伤损失。

【裁决】

仲裁委支持了张某的请求，判决公司一次性支付张某停薪留职期工资、一次性伤残补助、一次性工伤医疗补助、一次性伤残补助、医疗费等各项费用8万余元。公司不服诉至法院，认为张某自愿放弃社会保险，公司已将保险费用以现金的形式发放张某手中，不存在过错，不应承担张某的工伤赔偿费用。一审法院认为张某与公司的约定违反国家强制性法律法规应属无效，不能免除公司为张某缴纳社保的义务，维持仲裁委的裁决。

【解析】

仲裁委和法院的裁决是正确的。社会保险是国家强制保险，为职工办理社会保险是用人单位的法定义务，即使劳动者主动提出要求也不能免除用人单位为职工参加社会保险的法定义务。劳动者虽主动要求用人单位不为其参加社会保险，并作出书面承诺，但最终会被认定为无效。依据《工伤保险条例》的规定，应当参加工伤保险而未参加工伤保险的用人单位职工发生工伤的，由该用人单位按照本条例规定的工伤保险待遇项目和标准支付费用。

本案中，无论公司与张某是否对不缴纳社会保险达成一致，均不能免除用人单位为张某缴纳社会保险的义务，张某应当参加工伤保险而未参加工伤保险，公司应当按照工伤保险待遇项目和标准向张某支付费用。

【延伸】劳动者要求用人单位不缴纳社会保险，后又以用人单位未缴纳社会保险为由提出解除劳动合同并主张经济补偿的，是否支持？

针对员工自己不要求缴纳社会保险，员工是否能以此解除劳动合同，要求经济补偿金的问题，目前实践中存在支持、不支持、有条件支持三种观点。

支持观点以北京地区为代表，北京市高级人民法院、北京市劳动人事争议仲裁委员会《关于审理劳动争议案件法律适用问题的解答》中认为：依法缴纳社会保险是《劳动法》规定的用人单位与劳动者的法定义务，即便是因劳动者要求用人单位不为其缴纳社会保险，劳动者按照《劳动合同法》第38条的规定主张经济补偿的，仍应予支持。

不支持观点以江苏、浙江为代表，江苏高院《关于审理劳动争议那件的指导意见》第16条：因劳动者自身不愿缴纳等不可归责于用人单位的原因，导致用人单位未为其缴纳或未足额缴纳社会保险费，或者未参加某项社会保险险种，劳动者请求解除劳动合同并主张用人单位支付经济补偿的，不予支持。浙江与江苏稍有不同，浙江高院认为此类情况可以支持解除劳动合同，但劳动者不应当得到经济补偿。浙江高院《关于审理劳动争议纠纷案件若干疑难问题的解答》第11条：劳动者不愿意缴纳社会保险费，并书面承诺放弃参加社会保险的，该书面承诺无效。劳动者可以此为由解除劳动合同，但要求用人单位支付经济补偿金的，不予支持。

有条件支持的观点以广东为代表，其认为应当给用人单位一定时间的改正机会，如用人单位在合理期限内不办理，就可以支持劳动者的诉求。广东高院《关于审理劳动人事争议案件若干问题的座谈会纪要》第25条：用人单位与劳动者约定无须办理社会保险手续或将社会保险费直接支付给劳动者，劳动者事后反悔并明确要求用人单位为其办理社会保险手续及缴纳社会保险费的，如用人单位在合理期限内拒不办理，劳动者以此为由解除劳动合同并请求用人单位支付经济补偿，应予支持。

12.6 基本养老保险

基本养老保险亦称国家基本养老保险，它是按国家统一政策规定强制实施的为保障广大离退休人员基本生活需要的一种养老保险制度。在这一制度下，用人单位和劳动者必须依法缴纳养老保险费，在劳动者达到国家规定的退休年龄或因其他原因而退出劳动岗位后，社会保险经办机构依法向其支付养老金等待遇。

12.6.1 基本养老保险征缴范围

根据《社会保险费征缴暂行条例》的规定，国有用人单位、城镇集体用人单位、外商投资用人单位、城镇私营用人单位和其他城镇用人单位及其职工，实行用人单位化管理的事业单位及其职工都属于基本养老保险的征缴范围。

12.6.2 基本养老保险缴费基数

根据《劳动和社会保障部关于职工基本养老保险个人账户管理暂行办法的通知》规定，基本养老保险缴费基数一般以职工本人上一年度本人月平均工资为标准。月平均工资按国家统计局规定列入工资总额统计的项目计算，包括工资、资金、津贴、补贴等收入。本人月平均工资低于当地职工平均工资 60% 的，按当地职工月平均工资的 60% 缴费；超过当地职工平均工资 300% 的，按当地职工月平均工资的 300% 缴费，超过部分不记入缴费工资基数，也不记入计发养老金的基数。

针对特殊劳动者，基本养老保险缴费基数规则略有不同。新招职工 (包括研究生、大学生、大中专毕业生等) 以起薪当月工资收入作为缴费工资基数；从第二年起，按上一年实发工资的月平均工资作为缴费工资基数。单位派出的长期脱产学习人员、经批准请长假的职工保留工资关系的，以脱产或请假的上年月平均工资作为缴费工资基数。单位派出境外、国外工作的职工，按本人出境(国)上年在本单位领取的月平均工资作为缴费工资的基数；次年的缴费工资基数按上年本单位平均工资增长率进行调整。失业后再就业的职工，以再就业起薪当月的工资收入作为缴费工资基数；从第二年起，按上一年实发工资的月平均工资作为缴费工资基数。

12.6.3 基本养老保险缴费比例

基本养老保险缴费由个人缴费和用人单位缴费两部分构成，其中个人缴费部分不收取个人所得税，由用人单位在发放工资时代扣代缴。基本养老保险缴费比例由各地区地方法规或规章进行规定。本书仅就我国几个主要城市进行说明：

（1）北京市（北京市基本养老保险规定）

北京市城镇职工和用人单位	用人单位缴费 20%
	个人缴费 8%，计入个人账户
灵活就业、个体工商户	按照 20% 比例缴纳，其中 8% 计入个人账户

（2）深圳市（深圳市基本养老保险暂行规定）

深圳市常住户口和蓝印户口的职工和用人单位 （每月按照职工工资总额 19% 缴纳比例缴费）	职工工资高于或等于本市上年度平均工资的，用人单位缴纳 14%（其中共济金账户 6%，个人账户 8%）个人缴纳 5%
	职工工资低于本市上年度平均工资的，用人单位缴纳 15%（其中共济金账户 6%，个人账户 9%）个人缴纳 4%
深圳市暂住户口的职工（每月按照本人月工资总额 10% 缴纳比例缴费）	共济金部分：用人单位按职工缴费月工资的 3% 缴纳，个人不缴纳。 个人账户部分：用人单位按职工缴费月工资的 7% 缴纳。其中：用人单位缴纳 4%，个人缴纳 3%

（3）上海市（上海市人民政府《关于调整本市城镇居民职工社会保险缴费比例的通知》）

上海市城镇职工和用人单位	用人单位缴费 21%	
	个人缴费 8%，计入个人账户	

（4）广州市（广州市人民政府转发广东省政府《关于贯彻国务院完善用人单位职工基本养老保险制度决定的通知》）

城镇职工和用人单位	一般：用人单位缴费 20%，个人缴费 8%
	私营用人单位、民办非用人单位、自然人注资总额超过资本总额 50% 以上的：用人单位缴费 12%，个人缴费 8%

12.6.4 基本养老保险待遇及领取条件

依据《社会保险法》的规定，基本养老保险待遇包括基本养老金、丧葬补助金、一次性抚恤金、病残津贴等。

因病或非因工死亡的劳动者，其家属可以领取丧葬补助金和抚恤金；未达到法定退休年龄时因病或非因工致残导致完全丧失劳动能力的，可以领取病残津贴。

参加基本养老保险的劳动者，在达到法定退休年龄（男职工年满 60 周岁，女职工 50 周岁，女干部 55 周岁，从事井下、高空、高温、特别繁重体力劳动或者其他有害身体健康的工作，退休年龄提前，男性年满 55 周岁、女性年满 45 周岁）时累计缴费满 15 年的，可以按月领取基本养老金。

12.7 基本医疗保险

12.7.1 基本医疗保险征缴范围

根据《社会保险费征缴暂行条例》的规定，基本医疗保险费的征缴范围是：国有用人单位、城镇集体用人单位、外商投资用人单位、城镇私营用人单位和其他城镇用人单位及其职工，国家机关及其工作人员，事业单位及其职工，民办非用人单位单位及其职工，社会团体及其专职人员。

12.7.2 基本医疗保险缴费基数及比例

依据《国务院关于建立城镇职工基本医疗保险制度的决定》，用人单位缴费率应控制在职工工资总额的6%左右，职工缴费率一般为本人工资收入的2%，各省、市可以结合当地情况，自行制定明确的标准。现将北京市、上海市、广州市的基本医疗保险缴费基数及比例进行简单介绍：

（1）北京市

北京市职工按本人上一年月平均工资的2%缴纳基本医疗保险费，用人单位按全部职工缴费工资基数之和的9%缴纳基本医疗保险费。职工本人上一年月平均工资低于上一年本市职工月平均工资60%的，以上一年本市职工月平均工资的60%为缴费工资基数，缴纳基本医疗保险费。职工本人上一年月平均工资高于上一年本市职工月平均工资300%以上的部分，不作为缴费工资基数，不缴纳基本医疗保险费。无法确定职工本人上一年月平均工资的，以上一年本市职工月平均工资为缴费工资基数，缴纳基本医疗保险费。

（2）上海市

上海市职工个人应当按照其缴费基数2%的比例，缴纳基本医疗保险费。退休人员个人不缴纳基本医疗保险费，用人单位应当按照其缴费基数9%的比例，缴纳基本医疗保险费，并按照其缴费基数2%的比例，缴纳地方附加医疗保险费。在职职工的缴费基数为本人上一年度月平均工资。本人上一年度月平均工资超过上一年度本市在职职工月平均工资300%的，超过部分不计入缴费基数；低于上一年度本市在职职工月平均工资60%的，以上一年度本市在职职工月平均工资的60%为缴费基数。

（3）广州市

广州市职工的缴费基数为本人上年度申报个人所得税工资、薪金收入的月平均数；单位新增职工的缴费基数为参加社会医疗保险当月本人申报个人所得税工资、薪金收入总额。个人所得税工资、薪金收入月平均数超过上年度本市在岗职工月平均工资300%的，超过部分不计入缴费基数；低于上年度本市在岗职工月平均工资60%的，以上年度本市在岗职工月平均工资的60%为缴费基数。

用人单位的缴费基数为本单位职工缴费基数之和。失业人员、灵活就业人员及退休延缴人员的缴费基数为上年度本市在岗职工月平均工资的60%。职工个人应当按其缴费基数的2%按月足额缴纳职工社会医疗保险费，用人单位应当按其缴费基数的8%按月足额缴纳职工社会医疗保险费，并代扣代缴职工个人应当缴纳的职工社会医疗保险费。失业人员应当由失业保险基金按其缴费基数的10%为其缴纳职工社会医疗保险费。灵活就业人员及退休延缴人员应当按其缴费基数的10%按月足额缴纳职工社会医疗保险费。

12.7.3 基本医疗保险待遇及条件

根据我国现行立法，医疗保险的待遇主要包括医疗期待遇、疾病津贴以及医疗待遇。

医疗期待遇是指劳动者因患病或非因工负伤需要停止工作接受治疗的，根据劳动者实际参加工作年限和在本单位工作年限给予3个月至24个月的医疗期。难以治愈的疾病，经医疗机构提出且本人申请，由劳动行政部门批准后可适当延长医疗期，但延长期限最多为6个月。（有关医疗期的具体规定参见本书第七章工作与休假）

疾病津贴又称病假工资，是指职工患病或非因工负伤停止工作满1个月以上的，停发工资由用人单位按其工龄长短给付相当于本人工资一定比例的疾病津贴，不得低于当地最低工资标准的80%的补助。

医疗待遇是指参与基本医疗保险的职工可选择在与社会保险经办机构签订医疗保险合同的定点医院就医。保险待遇项目主要有：规定范围内的药品费用、规定的检查费用和治疗费用、规定标准的住院费用，其中职工个人账户用于支付小额医疗费用，社会统筹基金用于支付大额医疗费用。此外职工供养亲属患病治疗时，一般仅就某些项目(如药费、手术费等)的医疗费用给予一定比例(一般为50%)的医疗补助。

享受上述基本医疗待遇需要满足一定条件：第一，用人单位以及职工需要正常参保，在缴费的次月开始享受基本医疗待遇，参保人员欠费时，足额补缴医疗保险欠款后方可继续享受基本医疗待遇，欠费期间发生的费用不能报销。第二，劳动者在到达法定退休年龄前，连续参加了基本医疗保险（一般为20年，不足20年的由用人单位一次性补齐），并由用人单位和劳动者共同缴纳基本医疗费。

12.8 失业保险

失业保险是指国家通过立法强制实施的，由用人单位、职工个人缴费及国家财政补贴等渠道筹集资金建立失业保险基金，对因失业而暂时中断生活来源的劳动者提供物质帮助以保障其基本生活，并通过专业训练、职业介绍等手段为其再就业创造条件的制度。

12.8.1 失业保险征缴范围

根据《社会保险费征缴暂行条例》的规定失业，保险费的征缴范围包括国有用人单位、城镇集体用人单位、外商投资用人单位、城镇私营用人单位和其他城镇用人单位及其职工，事业单位及其职工。省、自治区、直辖市人民政府根据当地实际情况，可以规定将城镇个体工商户纳入基本养老保险、基本医疗保险的范围，并可以规定将社会团体及其专职人员、民办非用人单位单位及其职工以及有雇工的城镇个体工商户及其雇工纳入失业保险的范围。

12.8.2 失业保险缴费基数及比例

根据《失业保险条例》的规定，城镇用人单位事业单位按照本单位工资总额的百分之二缴纳失业保险费；城镇用人单位事业单位职工按照本人工资的百分之一缴纳失业保险费；城镇用人单位事业单位招用的农民合同制工人本人不缴纳失业保险费。各省、市可以结合当地情况，自行制定明确的标准，下面以北京、上海、广州为例进行介绍：

北京市，用人单位和职工个人应当按月足额缴纳失业保险费。用人单位应缴纳的失业保险费由社会保险经办机构委托用人单位的开户银行按月代为扣缴，职工个人应缴纳的失业保险费，由用人单位代为扣缴。缴费基数和标准为：（1）国有用人单位、城镇集体用人单位、股份制用人单位及各类联营用人单位、私营用人单位和事业单位，按本单位上年职工月平均工资总额的 1.5% 缴纳失业保险费；（2）外商投资用人单位和港、澳、台商投资用人单位按本单位中方职工上年月平均工资总额的 1.5% 缴纳失业保险费；（3）职工个人按本人上年月平均工资的 0.5% 缴纳失业保险费。职工本人月平均工资高于上一年本市职工月平均工资 300% 以上的部分，不作为缴纳失业保险费的基数；（4）用人单位招用的农民合同制工人本人不缴纳失业保险费。

上海市，用人单位应当每月向社会保险经办机构缴纳失业保险费。在职职工缴纳的失业保险费，由其所在单位按月代为扣缴。单位按其当月应缴失业保险费基数的 2% 缴纳失业保险费，在职职工按其当月应缴失业保险费基数的 1% 缴纳失业保险费。单位招用的农民合同制工人本人，不缴纳失业保险费。应缴失业保险费基数按照养老保险费基数确定。

广州市，用人单位与职工一律按照工资总额的 3% 征缴失业保险基金，其中用人单位缴纳 2%，个人缴纳 1%。个人应缴纳的失业保险费由单位在工资中代扣缴。

12.8.3 失业保险领取期限、条件及待遇

我国《失业保险条例》实行差别期限制，根据缴费期限而实行不同的给付期限。失业人员失业前所在单位和本人按照规定累计缴费满 1 年不足 5 年的，领取失业保险金的期限最长为 12 个月；累计缴费时间满 5 年不足 10 年的，领取失业保险金的期限最长为 18 个月；累计缴费 10 年以上的，领取失业保险金的期限最长为 24 个月。

失业人员享受失业保险待遇需要满足以下三点：第一，失业前用人单位和员工本人已经缴纳失业保险满一年；第二，非失业人员本人意愿中断就业；第三，失业人员已经办理失业登记并有求职要求。

失业保险待遇包括：失业保险金、领取失业保险金期间的医疗补助金、领取失业保险期间死亡的失业人员的丧葬补助仅和其供养的配偶、直系亲属的抚恤金、领取失业保险金期间接受职业培训、执业介绍的补贴。

12.9 生育保险

生育保险是国家通过立法在怀孕和分娩的妇女劳动者暂时中断劳动时，由国家和社会提供医疗服务、生育津贴和产假的一种社会保险制度，国家或社会对生育的职工给予必要的经济补偿和医疗保健的社会保险制度。

12.9.1 生育保险的征缴范围

生育保险适用于所有城镇用人单位及职工。

12.9.2 生育保险缴费基数及比例

生育保险由用人单位按照其工资总额的一定比例向社会保险经办机

构缴纳生育保险费，建立生育保险基金。生育保险费的提取比例由当地人民政府根据计划内生育人数和生育津贴、生育医疗费等项费用确定，并可根据费用支出情况适时调整，但最高不得超过工资总额的百分之一。职工个人不缴纳生育保险费。生育保险缴费基数和比例各地区均有不同，其中：

北京生育保险缴费比例为：用人单位按照职工缴费基数的0.80%缴纳；

广州生育保险缴费比例为：用人单位按照职工缴费基数的0.85%缴纳；

上海生育保险缴费比例为：用人单位按照职工缴费基数的1%缴纳。

12.9.3 生育保险待遇及条件

根据《用人单位职工生育保险试行办法》及《女职工劳动保护特别规定》，我国剩余保险待遇主要有产假、生育津贴、生育医疗服务、生育期间的特殊劳动保护、职业保障等。

女职工生育按照法律、法规的规定享受产假（有关产假的具体规定参见第七章工作与休假）。产假期间的生育津贴按照本用人单位上年度职工月平均工资计发，由生育保险基金支付。女职工生育的检查费、接生费、手术费、住院费和药费由生育保险基金支付。超出规定的医疗服务费和药费（含自费药品和营养药品的药费）由职工个人负担。女职工生育出院后因生育引起疾病的医疗费，由生育保险基金支付；其他疾病的医疗费，按照医疗保险待遇的规定办理。女职工产假期满后因病需要休息治疗的，按照有关病假待遇和医疗保险待遇规定办理。女职工生育或流产后，由本人或所在用人单位持当地计划生育部门签发的计划生育证明，婴儿出生、死亡或流产证明，到当地社会保险经办机构办理手续领取生育津贴和报销生育医疗费。

12.10 工伤保险

工伤保险是指劳动者在工作中或在规定的特殊情况下，遭受意外伤害或患职业病导致暂时或永久丧失劳动能力以及死亡时，劳动者或其遗属从国家和社会获得物质帮助的一种社会保险制度。

12.10.1 工伤保险的征缴范围

根据《工伤保险条例》的规定，工伤保险征缴范围包括：中华人民共和国境内的用人单位、事业单位、社会团体、民办非用人单位单位、基金会、律师事务所、会计师事务所等组织和有雇工的个体工商户（以下称用人单位）应当为本单位全部职工缴纳工伤保险费。

12.10.2 工伤保险缴费基数及比例

工伤保险的缴费基数是用人单位职工工资总额。

根据《人力资源社会保障部、财政部关于调整工伤保险费率政策的通知》规定，用人单位应当按照所属行业的风险类别不同缴纳不同比例的工伤保险费用。

按照《国民经济行业分类》（GB/T 4754-2011）对行业的划分，根据不同行业的工伤风险程度由低到高，依次将行业工伤风险类别划分为一类至八类。不同工伤风险类别的行业执行不同的工伤保险行业基准费率，各行业工伤风险类别对应的全国工伤保险行业基准费率分为一类至八类，分别控制在该行业用人单位职工工资总额的 0.2%、0.4%、0.7%、0.9%、1.1%、1.3%、1.6%、1.9% 左右，通过费率浮动的办法确定每个行业内的费率档次。一类行业分为三个档次，即在基准费率的基础上，可向上浮动至 120%、150%，二类至八类行业分为五个档次，即在基准费率的基础上，可分别向上浮动至 120%、150% 或向下浮动至 80%、50%。

各地区可以合理确定本地区工伤保险行业基准费率的具体标准。

【延伸】工伤保险行业风险分类表

类别	行业名称
一类	软件和信息技术服务业，货币金融服务，资本市场服务，保险业，其他金融业，科技推广和应用服务业，社会工作，广播、电视、电影和影视录音制作业，中国共产党机关，国家机构，人民政协、民主党派，社会保障，群众团体、社会团体和其他成员组织，基层群众自治组织，国际组织
二类	批发业，零售业，仓储业，邮政业，住宿业，餐饮业，电信、广播电视和卫星传输服务，互联网和相关服务，房地产业，租赁业，商务服务业，研究和试验发展，专业技术服务业，居民服务业，其他服务业，教育，卫生，新闻和出版业，文化艺术业
三类	农副食品加工业，食品制造业，酒、饮料和精制茶制造业，烟草制品业，纺织业，木材加工和木、竹、藤、棕、草制品业，文教、工美、体育和娱乐用品制造业，计算机、通信和其他电子设备制造业，仪器仪表制造业，其他制造业，水的生产和供应业，机动车、电子产品和日用产品修理业，水利管理业，生态保护和环境治理业，公共设施管理业，娱乐业
四类	农业，畜牧业，农、林、牧、渔服务业，纺织服装、服饰业，皮革、毛皮、羽毛及其制品和制鞋业，印刷和记录媒介复制业，医药制造业，化学纤维制造业，橡胶和塑料制品业，金属制品业，通用设备制造业，专用设备制造业，汽车制造业，铁路、船舶、航空航天和其他运输设备制造业，电气机械和器材制造业，废弃资源综合利用业，金属制品、机械和设备修理业，电力、热力生产和供应业，燃气生产和供应业，铁路运输业，航空运输业，管道运输业，体育
五类	林业，开采辅助活动，家具制造业，造纸和纸制品业，建筑安装业，建筑装饰和其他建筑业，道路运输业，水上运输业，装卸搬运和运输代理业
六类	渔业，化学原料和化学制品制造业，非金属矿物制品业，黑色金属冶炼和压延加工业，有色金属冶炼和压延加工业，房屋建筑业，土木工程建筑业
七类	石油和天然气开采业，其他采矿业，石油加工、炼焦和核燃料加工业
八类	煤炭开采和洗选业，黑色金属矿采选业，有色金属矿采选业，非金属矿采选业

12.10.3 工伤保险领取条件及待遇

工伤保险领取条件是劳动者被认定为工伤或患有职业病。（有关工伤认定及相关内容，参见本书第十七章工伤）

参加工伤保险的用人单位职工发生工伤，经劳动保障行政部门认定工伤或作出劳动能力鉴定，享受以下工伤待遇：

（1）工伤医疗费：治疗工伤、职业病所发生的符合国家规定的相关目录或标准的全部费用；

（2）辅助器具配置费：工伤职工因日常生活或者就业需要，经劳动能力鉴定委员会确认，安装假肢、矫形器、假眼、假牙和配置轮椅等辅助器具，按照国家规定的标准从工伤保险基金中支付的费用；

（3）一次性伤残补助金；

（4）伤残津贴；

（5）评残后的生活护理费：生活护理费按照生活完全不能自理、生活大部分不能自理或者生活部分不能自理 3 个不同等级支付，其标准分别为统筹地区上年度职工月平均工资的 50%、40% 或者 30%；

（6）丧葬补助金：为 6 个月的统筹地区上年度职工月平均工资；

（7）供养亲属抚恤金：按照职工本人工资的一定比例发给由因工死亡职工生前提供主要生活来源、无劳动能力的亲属。标准为：配偶每月 40%，其他亲属每人每月 30%，孤寡老人或者孤儿每人每月在上述标准的基础上增加 10%，核定的各供养亲属的抚恤金之和不应高于因工死亡职工生前的工资，供养亲属的具体范围由国务院社会保险行政部门规定；

（8）一次性工亡补助金：标准为上一年度全国城镇居民人均可支配收入的 20 倍；

（9）康复性治疗费用；

（10）职工住院治疗工伤的伙食补助费，以及经医疗机构出具证明，报经办机构同意，工伤职工到统筹地区以外就医所需的交通、食宿费用从工伤保险基金支付，基金支付的具体标准由统筹地区人民政府规定；

（11）伤残等级为五至十级且与用人单位解除了劳动关系的工伤职工，由工伤保险基金以解除劳动关系时统筹地上年度职工月平均工资为基数，支付一次性工伤医疗补助金。具体标准由省、自治区、直辖市人民政府规定；

（12）劳动能力鉴定费。

第十三章　劳动合同变更

所谓劳动合同的变更是指劳动合同依法订立后，经用人单位和劳动者双方当事人协商同意或用人单位依据法律规定或约定，以书面形式对劳动合同内容作部分修改、补充或者删减的法律行为。劳动合同自订立之后就进入了履行阶段，在履行阶段中，用人单位以及劳动者双方会出现各种问题需要应对，例如劳动者患病、负伤、不能胜任工作；用人单位破产、裁员、重大情况变化等，从而产生了变更劳动合同的需要。

相对于劳动关系的其他法律规定，有关劳动合同的变更制度在《劳动合同法》中只有寥寥几个条文不足以应对现实中因劳动合同变更而引发的大量争议，使得劳动合同变更成为了劳动争议的重灾区。本章将围绕劳动合同变更产生的问题进行逐一讲解。

13.1　劳动合同变更的范围与原则

13.1.1　劳动合同变更的范围

从定义上来看，劳动合同变更的范围应当包括任何对劳动合同文本的改动，但在实践中，只有对劳动者切身劳动权益或利益产生影响的条款发生变更才可能会使用人单位和劳动者之间产生劳动争议。故本章所讨论的劳动合同变更的范围仅限于劳动合同中对劳动者劳动权益或利益具有实际影响的条款的变更，主要涉及工作岗位、工作地点、劳动报酬、工作时间及休息休假、劳动保护等。

13.1.2　劳动合同变更的原则

劳动合同变更的原则由《劳动合同法》第 17 条规定，即平等自愿原则、协商一致原则、不得违反法律、行政法规原则。

（1）平等自愿原则

所谓平等是指劳动合同实施变更的双方是劳动者和用人单位，在民法上二者具有相同的法律地位，变更劳动合同也是平等主体之间的法律行为，用人单位与劳动者之前不存在命令与服从的关系。

所谓自愿是指劳动合同的变更是劳动者和用人单位双方依照自己的意愿独立自主的决定，第三人不得强迫、强制命令，一方不得欺骗或采取其他诱导的方式使另一方违背自己的真实意愿而接受变更条件。

（2）协商一致原则

所谓协商一致原则，是指劳动合同的变更应当是对于劳动合同的内容在法律、行政法规允许的范围内由用人单位和劳动者协商一致后确定。就大多数情况而言，劳动者与用人单位双方若不能协商一致劳动合同是不能变更的。

（3）不得违反法律、行政法规原则

劳动合同变更不得违反法律、行政法规是劳动合同变更合法、有效并受国家法律保护的前提条件。实体方面，劳动合同变更的内容必须合法，劳动合同变更后产生的权利义务必须符合国家法律、法规的规定；程序方面，协商变更劳动合同的要经过平等自愿的协商程序，单方面变更劳动合同的要遵循法律规定的变更程序。

13.2 劳动合同变更的方式

13.2.1 协商变更劳动合同

协商变更劳动合同是劳动合同变更最常见的方式，其法律依据来源于《劳动合同法》第 35 条规定的规定：用人单位与劳动者协商一致，可以变更劳动合同约定的内容。变更劳动合同，应当采用书面形式。变更后的劳动合同文本由用人单位和劳动者各执一份。

对于劳动者与用人单位协商一致的程度要求在劳动合同变更原则中已经详述，此处不再赘述。在用人单位与劳动者达成一致后，对劳动合同的变更应当以书面的形式进行，这是我国劳动法对劳动合同变更的程序性要求，一般不得使用口头形式或其他形式。

另外《劳动合同法》在第 40 条规定了一种协商变更劳动合同的特殊情形，即劳动合同订立时所依据的客观情况发生重大变化，致使劳动合同无法履行，用人单位可以与劳动者协商，变更劳动合同内容；未就变更劳动合同内容协议的，用人单位提前三十日以书面形式通知劳动者本人或额外支付劳动者一个月工资后，可以解除劳动合同，并按规定支付经济补偿金。

许多用人单位为了防止劳动者不同意变更劳动合同出现僵局，在劳动者入职时劳动合同中增加“公司可根据需要对员工进行调岗”的规定，后期如出现调岗而劳动者不同意的情况，可以《劳动合同法》第 40 条的规定解除劳动合同。实践中，用人单位采取上述做法一般会被仲裁委认定为违法解除劳动合同。一方面，劳动合同订立时所依据的客观情况发生重大变化不是用人单位一方进行解释或者规定的，是有必须变更劳动合同的情形发生，且该情形是客观的，不是主观造成的；另一方面，仅约定因公司需要可以对员工进行调岗，过于笼统，没有明确具体情形，从一定程度上扩大了用人单位的权利，增加了劳动者的义务，这样的条款是无效的，不具备法律效力，用人单位不能依据该条款任意调整劳动者的工作岗位。

13.2.2 单方变更劳动合同

劳动合同变更以双方协议一致为原则，但法律也赋予了用人单位一定的用工自主权，规定了单方变更劳动合同的例外情形。

（1）劳动者不能胜任工作

《劳动合同法》第40条规定：用人单位提前三十日以书面形式通知劳动者本人或者额外支付劳动者一个月工资后，可以解除劳动合同：（二）劳动者不能胜任工作，经过培训或者调整工作岗位，仍不能胜任工作的。

剖析法条我们可以得知，劳动者“不能胜任工作”是用人单位单方面变更劳动合同，对劳动者进行调岗的必要条件。在调岗前，用人单位需要承担证明“劳动者不能胜任工作”的证明责任，否则用人单位将面临调岗失败承担赔偿责任的法律风险。劳动者不胜任工作一般是在客观上因能力、知识或技能等方面不能充分满足工作的需要，其不能胜任工作不能是用人单位管理人员的主观判断，必须与业绩目标、工作要求、业绩考核相联系，以求在客观证据上能证明劳动者确实不胜任工作。

实践中，用人单位要做到以下几点：第一，在用人单位规章制度和员工手册中对劳动者“无法胜任工作”的情形作出详细规定；第二，《岗位职责》或《岗位责任书》应当作为劳动合同的一部分向劳动者明示并要求签字，明确劳动者的工作内容与职责范围；第三，用人单位内部应当有工作岗位与绩效考核挂钩的制度，并持续推行。

【延伸】业绩目标与业绩考核

用人单位在利用《劳动合同法》第40条单方面调岗时，具有证明“劳动者不能胜任工作”的举证责任，只有具备完整的业绩目标与业绩考核才能客观的反映出“劳动者不胜任工作”的事实，在劳动争议中立于不败之地。

首先，用人单位在制定业绩目标时要以法律规定为准绳，并注意以下几点：第一，用人单位应当制定全面的岗位职责，并细化业绩目标为短期、中期、长期三种，全面概括并且量化对劳动者各方面的要求；第二，业绩目标应整理成册并交由劳动者阅读并签字，要求其知晓并同意；第三，业绩目标不要进行空泛的原则性的规定，而是要对业绩目标进行具体量化，列明具体任务以及数量、质量要求，方便用人单位考核时对是否达标进行甄别；第四，明确告知劳动者考核不达标的后果。

其次，用人单位应当定期对劳动者进行业绩考核，在考核中要注意以下几点：第一，考核要量化客观，对劳动者工作情况笼统的评价或上级对下级的评估一般不会被司法机关采纳；第二，用人单位在业绩考核的过程当中，应尽可能搜集可以证明劳动者“不胜任工作”的辅助性证明材料，如客户的投诉信函等。

最后，如劳动者确实“不能胜任工作”，则用人单位可以单方面进行调岗。用人单位需要注意调岗合理性，其调整的方式应当是针对劳动者不足作出的，安排的岗位也应当比原岗位业绩要求低。如用人单位对劳动者进行调岗后，劳动者业绩考核依然不合格，则用人单位可以按照法律规定，单方解除劳动合同，用人单位应当提前30日通知或额外支付一个月工资作为代通知金，同时支付经济补偿金后，方可解除劳动合同。

【案例】

2017年6月，某生物科技公司根据绩效考核制度对公司所有员工上年度的工作进行考评。操作工李某的考评表上表述其不足之处为“工作责任心不强，缺乏团队精神，不能有效配合生产部门开展工作。”考评表由车间主任签字确认。公司考评委员会根据考评表的内容任务李某不能胜任工作，准备予以调整工作岗位。随后人事部门告知李某因其不能胜任工作将其调整到后勤部门，限他2日内到新岗位报到。李某认为公司做出不能胜任工作的考核结果不合理，不同意公司调岗的决定，李某多次与公司协商恢复其原岗位工作，但公司一直没有给予答复，后公司以李某严重违反公司规章制度，连续3日未到公司上班构成旷工，通知其解除劳动合同。李某不服，向当地劳动仲裁委员会申请劳动仲裁。

【裁判】

当地劳动仲裁委员会认为某生物科技公司的绩效考核无明确任务指标，仅是对李某主观判断，不能证明其“不胜任工作”，裁决恢复李某的岗位工作。

【解析】

根据劳动部办公厅印发的《关于<劳动法>若干条文说明的通知》（劳办发〔1994〕289号）第26条规定可知，法律意义上的“不胜任工作”是指不能按照要求完成劳动合同中约定的任务或者同工种、同岗位人员的工作量。李某与公司签订的劳动合同中并没有约定岗位的任务标准，因此，考核员工是否胜任工作可以参照同工种或者同岗位人员的工作量作为标准。本案中，用人单位做出的考核结果并不是基于张某工作岗位的工作任务或者工作量，而“工作责任心不强、缺乏团队精神”均属于定性描述，主观性较大，且用人单位没有采用定量的考核指标，不能据此就认定其不能完成本职工作。因此该公司做出不能胜任工作的考核结果不合理，该公司无权对李某单方调整工作岗位，李某拒不同意到新岗位报到不构成旷工，用人单位不能据此解除与李某的劳动合同。

（2）医疗期满劳动者不能从事原工作

根据《劳动合同法》相关规定，员工患病或非因工负伤在规定的医疗期满后不能从事原工作的，用人单位可以单方合理调整其工作岗位。与劳动者不能胜任工作的判定方式一样，医疗期满后劳动者不能从事原工作既不能是劳动者自己认定，也不能是用人单位主观认定，而是以专业机构出具的劳动能力鉴定书来认定。

针对此类单方面变更劳动合同的情形，用人单位应当按照以下程序处理：

① 核定劳动者医疗期时限；

② 医疗期届满，书面通知劳动者销假上班并根据病情以及工作形式确认是否能从事原工作；

③ 能从事原工作的，继续从事原工作；不能从事原工作的，安排其他工作并由劳动者书面签字确认；不能从事原工作，也不能从事其他岗位工作的，用人单位应当对劳动者进行劳动能力鉴定；

④ 鉴定结果如为一至四级，应当为劳动者办理离职手续，用人单位与劳动者以书面形式进行工作交接；五至十级或不构成伤残的，用人单位可依法解除劳动合同；

⑤ 按照法律规定给予补偿；

⑥ 医疗期满后如劳动者继续请假但未提供合法假条，可按照旷工处理；如劳动者继续请假并提供合法假条，可默认属于不能从事原工作且不能另行安排岗位的情形，按照法律规定解除劳动合同。

（3）患职业病或工伤达到五至六级伤残

根据《工伤保险条例》第36条规定，劳动者患职业病或工伤并被确认丧失劳动能力，伤残鉴定为五、六级伤残的，应当保留劳动关系由用人单位安排适当工作。

【延伸】患职业病或工伤调岗是否可以降薪？

患职业病或工伤调岗与其他情形调岗有所不同，其调岗的原因是因劳动者患职业病或工伤致残所导致，不是劳动者的主观过错或个人原因所导致的，因此针对此类调岗是否可以降薪在理论界和实践当中均有争议。一种意见认为，职工因工负伤是为用人单位利益而导致的意外伤害，不仅身心受到严重损害，而且还会造成劳动能力和生活技能的下降。对工伤职工的工作岗位变动，不能简单地适用“随岗就薪”或“同工同酬”，而应根据其伤残程度和岗位要求，遵循合理性原则，安排工伤职工到力所能及的岗位，提供的工资福利待遇也不能使工伤职工降低原有的生活水平。另一种意见则认为，工伤职工已经因工伤获得了相应的权利，根据同工同酬的原则，在调岗后可以降低工资待遇。

本书同意第二种意见，理由如下：

其一，工伤或因工致残的职工已经因工伤获得了相应的补偿。用人单位对一次性伤残补助金的支付，在一定程度上已经适当弥补了工伤职工因工致残后的收入水平降低。

其二，因工致残的职工已经获得了不同于普通职工的“额外权利”。《劳动合同法》第42条规定，劳动者在本单位患职业病或者因工负伤并被确认丧失或者部分丧失劳动能力的，用人单位不得依照该法第40条、第41条的规定解除劳动合同。据此，因工致残的职工除存在《劳动合同法》第39条规定情形的，用人单位不得以其“不胜任工作”“医疗期期满”或单位“客观情况变化”“经济性裁员”等单方解除与因工致残职工的劳动合同关系。

其三，“易岗易薪”本身就是为了实现分配公平。在不同的岗位上，劳动者的付出以及对单位的贡献不同，因此根据岗位确定工资待遇标准是工资分配的基本原则。如果工伤职工调岗后，仍然享受高于新岗位工资水平的待遇，这对新岗位上的其他职工来说，也会构成另外意义上的“不公平”。

其四，现行有效的法律并未规定“因工致残的职工在调岗后不能降低工资待遇或者需要维持某一标准的待遇”。

13.2.3 劳动合同变更技巧

1. 对工作地点变更的技巧

工作地点约定变更的设计可以从三个方面考虑：

（1）工作地点的范围约定。工作地点的范围约定在实务中容易被误解，有的用人单位为了实现便利变动工作地点，将工作地点范围定的很大，例如经营范围仅限于陕西的地方性公司签订劳动合同时约定工作地点为全国，这种约定就明显不合理，最终法院或仲裁部门会以实际履行原则确定工作地点。工作地点的约定应根据员工的岗位性质、公司的经营范围核定，如甲为集团公司，小张为集团公司经理，经营范围覆盖全中国，那么其工作地点约定中国就是合理的。

（2）工作地点调整的合理性。工作地点严格来说是一个点而非一个面，但这个点也应当有一个合理的调整范围，用人单位在约定时可以规定在某个范围调整的自主权，如同一个楼层的调整、同一个商业区的调整均属于合理调整。

（3）不增加员工负担或补偿员工变动支出。如单位工作地点调整并约定对员工因工作调整造成的交通、住宿开支增加由单位负担，则单位的地点调整不会造成员工的损失具备了合理性的要件，构成合法调整。采用变动补贴方式也能在一定程度上化解员工对工作地点变动的对抗情绪，避免劳资双方纠纷的发生。

对于用人单位自主权范围内的工作地点变更，用人单位可以依据劳动合同、规章制度等文件的约定书面通知劳动者变更工作地点；对于用人单位自主权范围外的工作地点变更，用人单位应当先行与劳动者进行协商，达成一致书面意见后在变更劳动者的工作地点。

【案例】

邓女士等6人自2016年起先后来到位于涪陵区李渡新区中心地段的某平价超市上班。2017年7月26日，门面租赁期满，老板将超市搬到10公里外，并通知邓女士等人于次月1日到岗上班。当天6名员工都没有到岗，老板再次发出通知，要求第三天之前到超市报到，如不按时报到视为自动离职。邓女士等人仍不报到，还向仲裁机构提起了仲裁，要求解除劳动合同，并请求判决超市支付经济补偿金及未休年休假的报酬。超市老板认为，这6名员工不服从工作安排，单方面终止劳动合同，属自动离职不应该支付经济补偿金等。邓女士等人起诉至涪陵区法院。

【裁判】

涪陵区法院一审认为，劳动合同订立时的工作场所发生重大变化，致使合同无法履行，超市应与员工协商。没能就变更工作场所达成协议的，可以解除劳动合同，超市还应当向员工支付经济补偿金，同时按照员工当年应休未休的年休假天数支付相应的工资报酬。据此，法院一审判决老板支付6名员工经济补偿金、未休年休假报酬共计4.6万元。

【解析】

用人单位招用劳动者时，应当如实告知劳动者工作内容、工作条件、工作地点、职业危害、安全生产状况、劳动报酬，以及劳动者要求了解的其他情况。工作地点属劳动者与用人单位签订劳动合同时需要考虑的重要因素，应属劳动环境条件的重要内容。本案中，超市因租赁期满，需要搬迁到离原超市约10公里外继续经营，对员工日常上班有较大影响。此情形是6名员工订立劳动合同时无法预料的客观情况的重大变化。工作地点重大变化，不符合原劳动合同约定的劳动条件。因此，超市老板应与6名员工协商一致变更劳动合同履行地点。若双方不能达成一致，员工可根据劳动合同法第38条第（一）项“用人单位未按劳动合同约定提供劳动保护或者劳动条件的”解除劳动合同，而超市应依据该法第四十六条第(一)项“劳动者依照本法第三十八条规定解除劳动合同的”，支付经济补偿金。

2. 对工作岗位变更的技巧

工作岗位是劳动者最基本的工作属性，工作岗位的变更通常也会引起劳动者薪酬与工作地点的变更，是引发劳动争议重要原因之一，用人单位对变更劳动者工作岗位要慎之又慎，以免造成损失。为了避免损失，用人单位应尽可能提前约定调岗情形以及条件，当出现相对应情况时可直接按照约定进行调岗。

在劳动者入职签订劳动合同时，用人单位可利用主动地位对工作岗位做适当约定，太宽泛或太具体都不利于劳动合同的顺利履行，具体如何才能适当，则需要用人单位集合自身生产经营情况进行衡量。

用人单位可以在规章制度中对调岗的条件和情形直接作出规定。需要注意的是，规章制度中的规定不能违反法律规定、劳动合同约定以及合理性原则。例如规章制度可以规定员工连续若干个考核周期不达标的，可以调整其工作岗位或者要求劳动者在一定范围内实行轮岗，来间接缓解用人单位调岗的需求。

第十四章　劳动合同的解除

劳动合同的解除是指劳动合同订立后尚未全部履行以前，由于某种原因导致劳动合同一方或双方当事人提前消灭劳动关系的法律行为。劳动合同的解除分为协商解除、法定解除和约定解除三种。根据《劳动法》的规定，劳动合同既可以由单方依法解除，也可以双方协商解除；法定解除是指出现国家法律、法规或合同规定的可以解除劳动合同的情况时，不需双方当事人一致同意，合同效力可以自然或单方提前终止；约定解除是指合同双方当事人因某种原因，在完全自愿的情况下互相协商，在彼此达成一致的基础上提前终止劳动合同的效力。

14.1 协商解除劳动合同

我国劳动法赋予了用人单位与劳动者双方订立劳动合同建立劳动关系的权利，也赋予了双方协商一致解除劳动合同的权利。协商解除劳动合同相比于单方解除劳动合同而言，用人单位与劳动者之间平等自愿不存在争议，是最简单、最快捷、最灵活的解除劳动合同的方法。

14.1.1 协商解除的适用条件

劳动合同依法订立后，双方当事人必须履行合同义务，遵守合同的法律效力，任何一方不得因后悔或者难以履行而擅自解除劳动合同。为了保障用人单位的用人自主权和劳动者劳动权的实现，用人单位与劳动者协商一致可以解除劳动合同，但必须符合以下几个条件：

（1）被解除的劳动合同是依法成立的有效的劳动合同；

（2）解除劳动合同的行为必须是在被解除的劳动合同依法订立生效之后、尚未全部履行之前进行；

（3）用人单位与劳动者均有权提出解除劳动合同的请求；

（4）在双方自愿、平等协商的基础上达成一致意见，可以不受劳动合同中约定的终止条件的限制；

（5）用人单位与劳动者协商解除不得违法且不得违背国家利益和社会公共利益。

14.1.2 协商解除的程序

用人单位在协商解除劳动合同中要按照下列步骤进行：

（1）解除劳动合同的动议。用人单位和劳动者均有权利提出解除劳动合同的动议。

（2）双方协商并达成一致。双方就解除劳动合同事宜进行的平等自愿的协商并就解除劳动合同达成一致意见，再形成书面的协商一致解除劳动合同协议。

（3）通知工会。用人单位将解除劳动合同事先通知工会，由工会提出意见，在研究工会的意见后作出处理决定，并将处理结果通知工会。

（4）工作交接。用人单位与劳动者共同配合将劳动者岗位工作进行交接，确保顺利解除劳动合同。

（5）结算薪酬。用人单位在办理完工作交接之后，应当结算未付劳动者的报酬并支付。

（6）经济补偿。用人单位先提出解除劳动合同的，应当向劳动者支付经济补偿金。

（7）劳动合同正式解除。

（8）离职手续办理。劳动合同解除后由用人单位出具解除劳动合同的证明，并为劳动者办理档案和社会保险关系转移手续。

（9）劳动合同及相关材料备案。对有关劳动合同存续与解除中的各类书面材料及电子材料要存档至少两年。

14.1.3 协商解除劳动合同的经济补偿

协商解除劳动合同用人单位是否需要支付经济补偿在于是哪一方先提出的解除劳动合同的动议。《劳动合同法》第46条规定，用人单位依照本法第36条规定向劳动者提出解除劳动合同并与劳动者协商一致解除劳动合同的应当支付经济补偿。故如果劳动者先提出协商解除劳动合同的动议，用人单位无需支付劳动者经济补偿金。如果用人单位先提出协商解除劳动合同的动议，则用人单位需要按照法律规定向劳动者支付经济补偿金。

用人单位可以与劳动者约定补偿标准，但除非劳动者明示放弃权利，用人单位不得与劳动者约定低于法定补偿标准的补偿，否则劳动者可以要求用人单位补足差额。《北京市劳动和社会保障局北京市高级人民法院关于劳动争议案件法律适用问题研讨会会议纪要》第 30 条规定：用人单位与劳动者就经济补偿金的给付标准自行达成的协议，如约定的给付标准低于法定标准，劳动者领取后，又在仲裁时效内主张权利，要求用人单位补足差额部分，应予以支持。但如果用人单位在协议中已明确告知劳动者相关法律或政策规定的标准，劳动者明确表示放弃权利，对其主张则不应予以支持。

14.1.4 协商解除劳动关系协议的起草

用人单位与劳动者协商解除劳动合同，应当形成书面的协议并存档。在起草协商解除劳动关系协议时应注意以下细节的把控：

（1）明确是哪一方提出解除劳动合同的动议

谁先解除劳动合同关系着经济补偿金等一系列赔偿的支付，应当在协议中予以载明防止发生争议。

（2）明确劳动关系建立与解除时间

劳动关系的建立与解除时间关系着社会保险、薪酬支付等诸多劳动者权益的起止时间，在协议中明确该时间有助于用人单位与劳动者之间权利义务的理清。

（3）经济补偿金支付方式及数额

用人单位提出解除劳动关系动议，按照法律规定应当支付劳动者经济补偿金，如劳动者放弃其权利，用人单位一定要在协议中告知其经济补偿金相关法律支付标准，劳动者明示其放弃权利并签字，否则劳动者在一年的劳动仲裁期限内可以要求用人单位补足差额。

（4）工资、社保结算时间

工资和社保的结算时间并不一致，一般来说工资结算至劳动合同解除之日，社保结算至劳动合同解除当月或下月（以当地社保局缴纳社保时间为依据）。

（5）年休假、欠款、加班等事项处理

如劳动者存在未休年假、欠款或加班等事项未处理，建议用人单位与劳动者协商并明确在协议书中，以避免劳动者离职后存在争议进行仲裁。

（6）免责声明

协议书中要设定对劳动关系权利义务解除的兜底条款，例如，基于劳动关系的存续及解除而产生的权利义务，双方再无争议，权利义务终止，劳动者不得通过任何的方式及途径再向甲方及甲方关联公司主张任何的权利。

14.1.5 协商解除劳动关系协议模板

协商一致解除劳动合同协议书

甲方：（公司）

乙方：（劳动者）　　　　　身份证：

乙方于____年____月____日始服务于甲方：现甲乙双方根据《劳动合同法》第三十六条的规定，本着“平等自愿，协商一致”原则，现甲方与乙方协商解除劳动关系，协商解除双方于____年____月____日签订的劳动合同：

1. 双方的劳动关系于____年____月____日正式解除，乙方的工资、加班费等结算至该日。

2. 乙方的社会保险待遇截止____年____月底。

3. 乙方按规定于____年____月____日前办理完结工作交接及相关离职

手续，如乙方未在规定期限内办理相关手续则相关法律责任由其自行承担。

4. 甲方指派相关人员配合乙方的工作交接和手续的办理，并在乙方办理完结交接手续的当天出具相应的离职证明。

5. 双方同意甲方：

不支付协商解除劳动合同的经济补偿金 / 支付协商解除劳动合同的经济补偿金。 如有经济补偿金，则经济补偿金的基数为元，员工工作年限转化的月份数为月，经济补偿金计算方法为，经济补偿金数额共计：元。

6. 本协议自签订之日起即时生效，双方即时解除劳动关系，甲方与乙方不存在劳动关系存续期间其他争议和未结事宜，任何一方不得以任何形式（包括不限于仲裁、诉讼、索赔、申诉等形式）基于劳动关系提出其他请求。

7. 本协议一式两份，甲、乙双方各持一份，具有同等法律效力。

甲方（签字并盖章）： 乙方（签字）：

年 月 日 年 月 日

14.2 劳动者单方解除劳动合同

劳动者单方解除劳动合同即是俗称的“辞职”，劳动者的辞职权是劳动者享有的一项基本权利。相比于用人单位主动解除与劳动者的劳动关系，劳动者辞职程序简便几乎没有限制，用人单位应当谨慎应对。

劳动者单方解除劳动合同分为劳动者提前通知解除劳动合同和劳动者即时解除劳动合同两种。

14.2.1 劳动者提前通知解除劳动合同

劳动者提前通知解除劳动合同是劳动者单方解除劳动合同的常见形

式，此种形式下劳动者只要满足提前告知程序就可以以任何理由解除劳动关系。根据《劳动合同法》的规定，劳动者在试用期内需提前3日通知用人单位，非试用期内需要提前30日以书面形式通知用人单位。

根据《劳动部办公厅关于劳动者解除劳动合同有关问题的复函》（劳办发〔1995〕324号）的规定，劳动者提前三十日以书面形式通知用人单位，解除劳动合同，无需征得用人单位的同意。超过三十日，劳动者向用人单位提出办理解除劳动合同的手续，用人单位应予以办理。由于劳动者违反劳动合同有关约定而给用人单位造成经济损失的，应依据有关法律、法规、规章的规定和劳动合同的约定，由劳动者承担赔偿责任。劳动者违反提前三十日以书面形式通知用人单位的规定要求解除劳动合同，用人单位可以不予办理。劳动者违法解除劳动合同而给原用人单位造成经济损失，应当依据有关法律、法规、规章的规定和劳动合同的约定承担赔偿责任。

【延伸】劳动者不辞而别，用人单位应当如何处理？

劳动者不辞而别，是指拟离职劳动者未依据合同约定和法律规定履行提前通知义务，而擅自离开工作岗位的行为。

劳动者不辞而别并不意味着劳动关系的终结，劳动关系的终结需基于法定事由或一方（含双方）的意思表示，在劳动者没有明确作出终止劳动关系的意思表示，用人单位也没有做出解除或者终止劳动关系的意思表示的前提下，劳动关系并不当然终止，此时对于不辞而别应理解为职工擅自离开工作岗位。在实践当中，如用人单位不能正确的应对，不辞而别的员工一旦反悔，要求用人单位继续履行劳动合同或者要求缴纳期间的社会保险等，用人单位可能面临败诉的风险。

面对劳动者不辞而别的情形，用人单位应当积极履行通知解除劳动关系的程序并留存相应证据，以避免可能发生的争议和风险，具体步骤如下：

① 向劳动者发出《旷工通知书》。不辞而别的劳动者未在规定的时间内上班已经属于旷工，一般用人单位都会有规章制度规定旷工多少天

属于严重违纪，可以解除劳动合同的规定，用人单位可在劳动者旷工达到一定天数时，通过向劳动者预留的地址送达《旷工通知书》，要求其几日内返工，否则将解除劳动合同并备案存档，以证明劳动者旷工；

② 向劳动者发出《解除劳动合同通知书》，终结劳动关系。在发出《旷工通知书》后，劳动者在规定的时间内未返工的，用人单位可以依据规章制度认定该劳动者严重违反规章制度进而解除劳动合同，用人单位可向劳动者预留的地址送达《解除劳动合同通知书》并备案存档。

③ 足额支付未付工资。如不辞而别的劳动者存在未付工资，用人单位不得因劳动者不辞而别进行克扣，应当将工资及时汇入劳动者预留的工资卡中。如劳动者的工资存在支付障碍，用人单位可以暂缓工资的支付，待具备发放条件时及时发放。

④ 及时办理档案及社保关系转出。根据《劳动合同法》规定，用人单位应当在解除或者终止劳动合同时出具解除或者终止劳动合同的证明，并在十五日内为劳动者办理档案和社会保险关系转移手续。劳动者不辞而别，用人单位因通知障碍，导致后合同义务无法履行的，依法不承担损失赔偿责任。

⑤ 追究劳动者责任，赔偿用人单位损失。如劳动者不辞而别属于违法解除劳动合同给原用人单位造成经济损失，用人单位可依据有关法律、法规、规章的规定和劳动合同的约定承担赔偿责任。根据《违反<劳动法>有关劳动合同规定的赔偿办法》，劳动者应当赔偿的范围包括：1、用人单位招收录用其所支付的费用；2、用人单位为其支付的培训费，双方另有约定的按约定办理；3、对生产、经营和工作造成的直接经济损失；4、劳动合同约定的其他赔偿费用关于损失赔偿部分，如在劳动合同中有约定则按合同约定执行，如未约定的，则可通过仲裁等手段获得相应的赔偿。

14.2.2 劳动者即时解除劳动合同

劳动者即时解除劳动合同是指在特定情况下，劳动者无需履行提前

30日通知用人单位的义务，直接单方面解除劳动合同。

一般只有在用人单位存在过错的情况下，劳动者才能即时解除劳动合同，根据《劳动合同法》第38条的规定，用人单位具有下列过错，劳动者可直接单方解除劳动合同：

（1）用人单位未按照劳动合同约定提供劳动保护或者劳动条件

劳动保护和劳动条件是指在劳动合同中约定的用人单位对劳动者所从事的劳动必须提供的生产、工作条件和劳动安全卫生保护措施即用人单位保障劳动者完成劳动任务和劳动过程中安全健康保护的基本要求，包括劳动场所和设备、劳动安全卫生设施、劳动防护用品等。

保护劳动者在劳动过程中的生命健康安全等是用人单位的基本责任和义务，《劳动合同法》规定了劳动保护和劳动条件是劳动合同中的必备条款。如果用人单位未按照国家规定的标准或劳动合同的规定提供劳动条件，致使劳动安全、劳动卫生条件恶劣，严重危害职工的身体健康，经国家劳动部门、卫生部门确认劳动者可以与用人单位解除劳动合同。

【案例】

薛某某于2016年5月6日应聘天津某有限公司，5月10日双方签订了劳动合同，合同中约定劳动合同期限自2016年5月10日起至2016年5月9日止，工作岗位为市场经理岗位，负责公司在天津某区推广和销售，其工资由基本工资加绩效奖金组成。2017年5月15日，因经营不善，公司向其发出了一份《工作地点调整通知书》，通知其自5月15日起，岗位不变，工资待遇照常，但改为在家办公，并交还工作手机直至通知上班止。接到该通知书后，薛某某交还相应物品，其后没再到公司上班。

2017年6月20日，薛某某向公司寄送了一份解除劳动合同通知，通知中写明因公司未按照劳动合同约定为其提供劳动条件，致使其无法开展工作，在公司接到通知当日其与公司的劳动合同解除。6月27日，薛某某向市某仲裁委申请仲裁，请求判令该公司支付其解除劳动合同的经济补偿金。

【裁决】

仲裁委认为，天津某有限公司以通知书的方式要求薛某某在家办公，同时又要求薛某某交还公司为其配备手机等物品，直接导致薛某某实质上已经无法开展正常的工作，因此天津某有限公司的行为已构成未按照劳动合同约定提供劳动条件的情形，薛某某可以即时解除劳动合同，且根据《劳动合同法》46条的规定，天津某有限公司应当向薛某某支付经济补偿金。

【解析】

仲裁委的裁决是正确的。根据《劳动合同法》第38条的规定，用人单位未按照劳动合同约定提供劳动保护或者劳动条件的，劳动者可以随时解除劳动合同。本案中，天津某公司与薛某某在劳动合同中约定了在公司上班、配备工作手机的劳动条件后，天津某公司因单方面降低了劳动条件，收回工作手机、回家待业，属于未按照劳动合同约定提供劳动条件的情形，薛某某可以随时解除劳动合同，且应当按照《劳动合同法》第46的规定，支付经济补偿金。

实践中，有大量的用人单位为了逼迫劳动者自动离职，采用变更劳动条件和降低劳动保护标准的方式如变更办公位置、收回工作电脑、工作手机，关闭办公系统等方式针对劳动者，以为可以达到劳动者主动离职不支付经济补偿金的目的，殊不知，上述的做法已经违反了法律规定，劳动者可以随时解除劳动合同且需要支付经济补偿金，得不偿失。

（2）用人单位未及时足额支付劳动报酬

在劳动者已履行劳动义务的情况下，用人单位应按劳动合同约定或国家法律、法规规定的数额、日期及时足额支付劳动报酬，用人单位若未及时足额支付劳动报酬，劳动者可以及时解除劳动合同。

实践中，用人单位未及时足额支付劳动报酬主要分以下几种情形：①未及时发放工资；②违法克扣工资；③未支付加班费；④未支付高温津贴、带薪年假工资、病假工资、产假工资、停工留薪期间工资等特殊情况下支付的工资。

（3）用人单位未依法为劳动者缴纳社会保险费

根据我国《劳动法》第72条的规定：用人单位和劳动者必须依法参加社会保险，缴纳社会保险费。对于拒不依法缴纳或延迟缴纳保险费的用人单位，劳动行政部门可以责令其限期缴纳；逾期不缴的，可以加收滞纳金。

可以看出社会保险具有国家强制性，用人单位应当依照有关法律、法规的规定，负责缴纳各项社会保险费用并负有代扣、代缴本单位劳动者社会保险费的义务。拒绝为劳动者缴纳社会保险费用是对劳动者基本权利的侵害，如果用人单位未依法为劳动者缴纳上述社会保险费，劳动者可以与用人单位解除劳动合同。

实践中，部分地区对未依法为劳动者缴纳社会保险费的情形是否都能导致劳动者即时解除劳动合同做了区分。《北京市高级人民法院、北京市劳动争议仲裁委员会关于劳动争议案件法律适用问题研讨会会议纪要》第31条规定：用人单位未按本市规定的险种为劳动者建立社会保险关系，劳动者请求解除劳动合同并要求用人单位支付经济补偿金的，应予支持，但经济补偿金支付年限应从2008年1月1日起开始计算。劳动者以用人单位未足额缴纳或欠缴社会保险费为由请求解除劳动合同并要求用人单位支付经济补偿金的，不予支持。故北京地区，如果只是用人单位缴纳社保的缴费基数较低或欠缴，劳动者无权依据本条即时解除劳动合同。

（4）用人单位规章制度违反法律、法规的规定，损害劳动者权益

（5）用人单位以欺诈、胁迫的手段或乘人之危，使劳动者在违背真实意思的情况下订立或变更劳动合同，致使劳动合同无效

（6）用人单位免除自己的法定责任、排除劳动者权利

（7）用人单位违反法律、行政法规强制性规定

（8）用人单位以暴力、威胁或者非法限制人身自由的手段强迫劳动者劳动

（9）用人单位违章指挥、强令冒险作业危及劳动者人身安全

（10）法律、行政法规规定劳动者可以解除劳动合同的其他情形

上述10种情况，用人单位均可即时解除劳动合同，但第（1）至（7）项劳动者应当告知用人单位，第（8）、（9）两项情形，劳动者不需要事先告知用人单位。

14.3 用人单位单方解除劳动合同

在日常的人力资源管理和用工过程中，用人单位会因各种各样的原因，需要与已建立劳动关系的劳动者解除劳动合同。根据《劳动法》及《劳动合同法》的规定，用人单位单方解除劳动合同主要有两种情形，一种是因劳动者存在过错而单方面解除劳动合同（以下简称：过错性解除劳动合同），另一种是非因劳动者存在过错而单方面解除劳动合同（以下简称：非过错性解除劳动合同）。

14.3.1 过错性解除劳动合同

过错性解除劳动合同是指用人单位在劳动者存在一定过失的情况下，无须事先通知即可以单方解除劳动合同的行为。由于过错性解除不用事先预告，且用人单位不支付劳动者经济补偿金，对劳动者的影响极大，因此法律对过错性解除的规定也十分严格。

根据《劳动合同法》第39条的规定，劳动者有下列情形之一，用人单位可以解除劳动合同：

（1）在试用期间被证明不符合录用条件的

此条赋予了对试用期内劳动者的解除权，试用期内如果劳动者符合用人单位的录用条件，双方将继续履行劳动合同；如果劳动者不符合用人单位的录用条件，或者被证明不能胜任劳动合同中规定的工作岗位，用人单位就可以依据该条款单方解除劳动合同。

适用此项条款首先要注意以下几点：①要求用人单位所规定的试用期期间符合法律规定；②解除劳动者在试用期间；③劳动者确实不符合录用条件或不能胜任工作；④对于劳动者在试用期间不符合录用条件的，

用人单位必须提供有效的证明。

有关该条款具体适用内容参见本书第四章试用期相关内容。

（2）严重违反用人单位的规章制度

用人单位以劳动者严重违反规章制度解除劳动合同的，应当依次审查劳动者是否存在用人单位所称的违纪行为、劳动者的行为在规章制度中有无明确的规定、规章制度是否经过民主程序制定并告知劳动者、规章制度的处罚规定是否合法合理、劳动者的行为是否达到了严重程度（包括是否故意作为、多次作为、劝阻无效、严重影响用人单位的正常管理秩序，造成用人单位的重大损失）以及用人单位做出“开除”决定前有无给予劳动者申辩、纠正的机会。如劳动者均符合上述要件，则用人单位系合法解除与劳动者的劳动合同。

有关规章制度的制作，举证等内容参见本书第五章规章制度。

【案例】

2015 年 11 月，杨某入职甲公司，双方签订为期三年的劳动合同，合同约定杨某担任公司副总经理，并明确规定杨某在职期间未经甲公司书面同意，在具有竞争关系用人单位任职，担任经理、董事等，甲公司可解除双方劳动关系。

2017 年 2 月，杨某开始受聘担任乙公司总经理，任期三年。2017 年 5 月，甲公司向杨某送达了《解除劳动合同通知书》，以杨某在乙公司担任总经理一职严重违反甲公司关于禁止到竞争用人单位任职的规章制度，对其公司经营管理造成恶劣影响为由解除双方劳动关系。为证明乙公司与甲公司存在竞争关系，甲公司提交了公证书等证据予以佐证。公证书载明：“2017 年某市三维建模采购项目中标候选人公示”中，“第一中标候选人”为乙公司，“第二中标候选人”为甲公司。

杨某以要求甲公司支付违法解除劳动合同赔偿金等为由向仲裁委员会提出申请，后不服仲裁裁决起诉至法院。

【裁决】

经法院审理认为，杨某的行为严重违反了甲公司的规章制度，故甲公司与其解除劳动合同的行为合法有效。

【解析】

用人单位需就解除劳动关系的事实依据及程序合法性承担举证责任，即用人单位需要举证证明以下事项：劳动者存在违反用人单位规章制度的具体事实、用人单位向劳动者公示送达了依法制定的规章制度、规章制度中明确载有对劳动者违纪事实的相关规定、用人单位的解除处理决定依法向劳动者进行了送达。

本案中，杨某的行为是否构成严重违反用人单位规章制度是争议的焦点。首先，甲公司的规章制度已经依法向杨某送达；其次，规章制度中关于禁止劳动者在竞争用人单位担任职务，合乎法律规定，并无不当；再者，甲公司与乙公司共同竞标同一个采购项目，双方存在竞争关系。杨某同期担任乙公司总经理明显已经构成对甲公司规章制度的严重违反，故甲公司与杨某解除劳动合同合法有据，无需支付经济补偿金。

（3）严重失职，营私舞弊，给用人单位造成重大损害

劳动者严重失职、营私舞弊，给用人单位造成重大损害是指劳动者在履行劳动合同期间，没有按照岗位职责履行自己的义务，违反其忠于职守、维护和增进用人单位利益的义务，有未尽职责的严重过失行为或者利用职务之便谋取私利的故意行为，使用人单位有形财产、无形财产遭受重大损害，但不够刑罚处罚的程度（达到刑事处罚的依据其他条款可以解除劳动者的劳动合同）。

需要注意的是，劳动者严重失职、营私舞弊并不能当成被解除劳动合同的证据，还得具备造成“重大损害”的条件，未造成重大损害的，用人单位不得解除劳动合同。

我国法律对“重大损害”没有明确的界定，根据《关于<劳动法>若干条文的说明》的规定，用人单位类型各有不同，对重大损害的界定也千差万别，故不便对重大损害作统一解释，“重大损害”由用人单位

内部规章来规定，由此发生劳动争议可以通过劳动争议仲裁委员会对其规章规定的重大损害进行认定。

综上可知，量化“重大损害”对用人单位利用该条款解除劳动者劳动合同至关重要。建议用人单位在规章制度中直接将“重大损害”直接定义为一定数额的损失，避免因仲裁机关对“重大损害”自由裁量的不同理解导致法律风险，例如外贸公司规章制度规定，员工因严重失职，营私舞弊给公司造成人民币 50 000 元以上（含）的损失的，属于“重大损害”。

（4）劳动者同时与其他用人单位建立劳动关系，对完成本单位的工作任务造成严重影响，或者经用人单位提出拒不改正的

我国劳动法虽然没有明确禁止劳动者建立双重或多重劳动关系，但为了确保劳动用工的稳定，全日制劳动者一般只能与一个用人单位签订劳动合同。劳动者建立双重或多重劳动关系，严重影响工作任务或经用人单位发现拒不改正的，用人单位有权利解除劳动合同。

需要注意的是，对本单位工作造成严重影响与经用人单位发现拒不改正只需要满足其中一项，用人单位就可以解除劳动合同。实践中“严重影响”同“重大损害”一样，法律层面没有统一的规定，如无特殊约定由仲裁机构根据不同案件行使自由裁量权。建议用人单位在规章制度中规定“禁止员工与其他用人单位建立劳动关系或劳务关系”，并将“员工与其他用人单位建立劳动关系或劳务关系”作为“严重违反规章制度”的情形之一，以劳动者严重违反用人单位的规章制度为理由解除与劳动者的劳动关系。

（5）劳动者以欺诈、胁迫的手段或者乘人之危，使用人单位在违背其真实意思的情况下订立或者变更的劳动合同，致使劳动合同无效

用人单位与劳动者在订立劳动合同、拟定劳动合同条款时出于自愿，要遵守诚实信用原则。欺诈、胁迫手段或者乘人之危使劳动关系的一方违背了他们的真实意愿，劳动合同无效。

实践中，用人单位适用本项原因解除劳动合同大多因为劳动者冒用虚假身份信息、提交虚假学历、陈述虚假工作经历等原因。需要注意的

是，不是劳动者利用了欺诈手段用人单位就可以解除劳动合同，而需要达到用人单位因劳动者的欺诈手段而作出了订立劳动合同的意思表示，即对劳动合同的订立产生实质影响。关于“实质影响”的确定一般由仲裁机构自由裁量，一般认为与劳动合同直接相关的基本信息主要包括学历、工作经历、特殊岗位必备的资格证书或健康资料、原单位推荐函等，如果此类信息存在虚假，劳动者一般会被认定为存在过错并且对劳动合同签订造成了实际影响。另一方面，针对婚姻、生育、健康状况等通常对劳动合同的履行没有实质性影响的个人信息，则即使存在不实，仲裁机构和法院大多不会支持用人单位因此单方解除合同，该类信息对劳动合同履行不会产生实质性影响，且上述信息一般涉及个人隐私，员工有权不提供。

另外，劳动者虽然有如实提供入职信息的诚信义务，但用人单位对劳动者的入职信息亦有审查义务，故劳动者入职信息作假对劳动合同效力影响应有一个合理期限，不宜在劳动关系持续很长时间后仍作为劳动合同无效或者解除合同的事由。例如某劳动者为了应聘某用人单位中层领导，提交了虚假学历，入职后工作至今已经十多年时间，工作期间业绩突出，多次被评为优秀员工，这种情况下用人单位以劳动者十多年前提交了虚假学历解除劳动关系，一般不会得到支持。

【案例】

2017 年 7 月，李某与北京某商贸公司签订劳动合同，担任商务拓展专员。因担心其已婚状况影响求职，李某在应聘和入职阶段登记个人基本信息时均隐瞒了已婚事实。转正 1 个半月后，李某怀孕，公司遂以隐瞒婚姻状况为由将其解聘。李某不服向朝阳区劳动仲裁委员会提交仲裁申请，要求北京某商贸公司继续履行劳动合同并赔偿解聘期间的工资损失。

【裁决】

劳动仲裁委裁决北京某商贸公司与李某继续履行劳动合同，并支付其解聘后工资损失。该公司不认可仲裁结果，认为李某隐瞒婚姻状况的行为是对双方《劳动合同》和公司《员工手册》规定的违反，且李某从事的岗位职责决定其应当具有良好的诚信，而李某的行为有违诚实信用原则，故公司有权与其解除劳动合同。基于此种主张，该公司将张某起诉至法院。法院维持了劳动仲裁委的裁决。

【解析】

劳动仲裁委与法院的裁决并无不当。尽管双方签订的劳动合同和《员工手册》规定被告应提交真实的婚姻状况证明，但从商务拓展的岗位职责、工作内容以及公司与劳动者的陈述来看，求职者的婚姻状况并非其工作的实质要件，亦非公司正常经验的合理需要或该岗位应聘所需的基本职业资格。因此，该公司以李某隐瞒已婚事实为由解除劳动合同，缺乏法律依据，法院判决其继续履行与被告的劳动合同，并支付李某在解除劳动合同期间的工资损失并无不当。

（6）劳动者被依法追究刑事责任

根据《劳动法》和《劳动合同法》的规定，员工被依法追究刑事责任的，用人单位可以解除劳动合同。劳动者在被依法追究刑事责任的情况下，已经不能再从事用人单位的生产经营劳动，与用人单位签订的劳动合同也就丧失了存在的意义。

“被依法追究刑事责任”具体指以下几种情形：

① 被人民检察院免于起诉的；

② 被人民法院判处处罚的；（刑罚包括：主刑：管制、拘役、有期徒刑、无期徒刑、死刑；附加刑：罚金、剥夺政治权利、没收财产）

③ 被人民法院依据刑法第 32 条免于刑事处分的；（《刑法》第 32 条：对于犯罪情节轻微不需要判处刑罚的， 可以免予刑事处分， 但可以根据案件的不同情况，予以训诫或者责令其悔过、赔礼道歉、赔偿损失，或者由主管部门予以行政处分。）

用人单位在适用本条款解除劳动者劳动合同时需要注意下列两点：第一，用人单位刑事责任作为解聘理由，该刑事责任必须发生在劳动合同期限内。劳动合同签订之前已经被追究过刑事责任的，用人单位不能因此解除劳动合同；第二，劳动者涉嫌违法犯罪被有关机关拘留或逮捕的，用人单位在劳动者被限制人身自由期间不能解除劳动合同。因为拘留或者逮捕只是公安机关、检察机关调查案件的手段，此时员工尚未被追究刑事责任，解除劳动和于法无据。当员工被刑事拘留或逮捕，用人单位往往急于将该员工开除出公司，这种做法是不可取的。用人单位可以暂时停止履行劳动合同，一方面依法行事，另一方面塑造关怀员工的氛围。用人单位应等到确定员工被追究刑事责任之后，再决定是否开除员工。

14.3.2 非过错性解除劳动合同

用人单位非过错性解除劳动合同是指用人单位根据劳动合同履行中客观情况的变化而解除劳动合同。这里的“客观情况”既包括用人单位的也有劳动者自身的原因。前者可能是由于经营上的原因发生困难，亏损或业务紧缩；也可能因为市场条件、国际竞争、技术革新等造成工作条件的改变而导致使用劳动者数量下降。后者则是由于原本胜任的工作在用人单位采取自动化或新生产技术后不能胜任，或者是因为身体原因不能胜任。

根据《劳动合同法》第 40 条规定，用人单位提前三十日以书面形式通知劳动者本人或者额外支付劳动者一个月工资后，可以解除劳动合同：

（1）劳动者患病或者非因工负伤，在规定的医疗期满后不能从事原工作，也不能从事由用人单位另行安排的工作的

医疗期满后，劳动者有义务回归用人单位参加劳动，如不能从事原工作，也不能从事用人单位另行安排的工作，用人单位可以解除劳动合同。

本条款中“不能从事原工作”有两种情况：一种为劳动者还需要继续接受治疗，无法回到工作岗位；另一种是指虽然劳动者已经结束治疗，

但是身体状态已经不能适应原岗位的硬性要求，无法胜任现有工作。“不能从事用人单位另行安排的工作”有三种情况：第一种是劳动者主观上拒绝从事用人单位另行安排的新工作，第二种是劳动者身体状态无法胜任另行安排的岗位，第三种是从用人单位的实际情况来看无法为劳动者另行安排合适的劳动岗位。

根据原劳动部《关于贯彻执行<中华人民共和国劳动法>若干问题的意见》(劳部发〔1995〕309号)、《违反和解除劳动合同的经济补偿办法》的规定，用人单位依据本款解除劳动合同除了要证明医疗期满后劳动者对原工作以及新工作的均不胜任外，还要向劳动鉴定委员会参照工伤与职业病致残程度鉴定标准进行劳动能力鉴定，在鉴定出相应的劳动能力等级后方可解除劳动合同。故即使劳动者医疗期满仍未痊愈且已不能如期劳动的情形下，用人单位也不能单方解除劳动合同，贸然单方解除的属于违法解除劳动合同。

（2）劳动者不能胜任工作，经过培训或调整工作岗位仍不能胜任工作

劳动者没有具备从事某项工作的能力不能完成该岗位的工作任务，用人单位可以对其进行职业培训提高其职业技能或把其调换到能够胜任的工作岗位上，这是用人单位负有的协助劳动者适应岗位的义务。如用人单位对劳动者进行培训或调岗后劳动者仍然不能胜任工作，说明劳动者不具备职业能力，可以单方解除与该劳动者的劳动合同。

用人单位对劳动者进行调岗的，在调岗时应注意合理性。一方面，调整后的岗位应与劳动者的资质、经验和工作水平相匹配。用人单位不得将劳动者安排到比原岗位要求更高的岗位中，其不具有调岗合理性将被认定为无效。另一方面，用人单位对劳动者调岗的岗位种类应相近，不得跨度过大甚至带有侮辱或者歧视性，例如调派前办公室经理去门卫岗位即属于不合理的调岗，不具备有效性。

用人单位为劳动者安排培训的，应为劳动者提供能够真正帮助提高其技能和工作水平的职业培训。从举证的角度出发，用人单位应注意收集和保管所有和培训有关的材料，比如培训费的支付凭证、劳动者参加

培训的出勤记录以及经员工签署的培训小结等。

实践中很多用人单位实行“末位淘汰”制度，所谓“末位淘汰”是指工作单位根据自身总体目的和具体岗位目标，设定一定的考核指标体系，以此为标准对员工进行考核，根据考核结果先后次序淘汰位于末端的员工。“末位淘汰”制度虽然一定程度上具有提高用人单位竞争力，提高工作效率的作用，但危害更大。一方面，“末位淘汰”并不能真实地反映劳动者的业务能力，它只能衡量一名劳动者在一群人中的业务排名，而衡量不出劳动者真正的工作能力；另一方面，机械实行“末位淘汰”的用人单位，其效益并不理想，毕竟在一个人人自危的环境下，员工与员工之间只存在剑拔弩张的关系，很难形成有效合力，这就削弱了其团队协作能力，最终势必影响到用人单位自身的效益。故我国《第八次全国法院民事商事审判工作会议（民事部分）纪要》明确规定，用人单位不得通过“末位淘汰”形式单方解除劳动者的劳动合同，否则劳动者可以用人单位违法解除劳动合同为由，请求用人单位继续履行劳动合同或者支付赔偿金。

（3）劳动合同订立时客观情况发生重大变化，致使劳动合同无法履行，经用人单位与劳动者协商，未能就变更劳动合同内容达成协议

本项规定是情势变更原则在劳动合同中的体现。这里的“客观情况”是指履行原劳动合同所必要的客观条件，因不可抗力或出现致使劳动合同全部或部分条款无法履行的其他情况，如自然条件、用人单位迁移、被兼并、用人单位资产转移等。发生上述情况时，为了使劳动合同能够得到继续履行，必须根据变化后的客观情况，由双方当事人对合同进行变更的协商直到达成一致意见，如果劳动者不同意变更劳动合同，原劳动合同所确立的劳动关系也没有存续的必要，在这种情况下用人单位也只有解除劳动合同。

用人单位运用本条规定解除劳动合同时要注意与“经济性裁员”的区别。根据《关于〈劳动法〉若干条文的说明》第 26 条的规定，“客观情况”指：发生不可抗力或出现致使劳动合同全部或部分条款无法履行的其他情况，如用人单位迁移、被兼并、用人单位资产转移等，具体

来说“客观情况发生重大变化”应该在以下几个方面进行考量：第一，情况变化是客观存在的，是实质上的变化而非形式上的变化；第二，情况变化是订立合同时当事人不可预见的；第三，情况变化的出现不可归责于双方当事人，当事人对于变化的出现在主观上没有过错，如订立劳动合同所依据的法律法规已经修改或者废止，或者用人单位根据市场变化调整产品结构发生转产等；第四，该等客观情况变化已导致劳动合同全部或部分无法履行。如果是用人单位为了躲避风险或者降低亏损而自行决定的解除则不能适用本条规定解除而应当适用“经济性裁员”。

【案例】

毕某等 8 人自 1998 年至 2001 年分别陆续与 A 公司建立劳动关系至今，均与 A 公司签订了无固定期限劳动合同。该 A 公司主营业务为电子产品零件生产，其产能与营利大量依赖电子产品行业的客户订单。但 2016 年 A 公司的订单量大减，人员冗余日趋严重，营利能力大幅下降。在这种情况下，2016 年 6 月 26 日 A 公司召开了董事会会议并做出重要决议，决定为应对市场形势和经营状况的急剧变化，做出重大业务调整，与此同时，A 公司也将依法安置因业务调整而受到影响的员工。在与公司工会商议，并得到工会的书面认可后，A 公司试图与毕某等人协商解除劳动合同，但协商未果员工拒绝。8 月上旬，A 公司又与毕某等人进行换岗沟通，无果。2016 年 8 月 8 日，A 公司以《劳动合同法》第四十条第三项“客观情况发生重大变化”为由单方解除了与毕某等人的劳动合同，并支付了经济补偿金及一个月工资的代通知金。

毕某等 8 人认为其早年加入 A 公司，服务年限长且属于无固定期限劳动合同，他们在 A 公司工作期间表现良好，严格遵守 A 公司的各项规章制度，但 A 公司却于 2016 年 8 月 8 日通知毕某等人要求解除双方的劳动合同。毕某等 8 人认为 A 公司的解除理由不成立，且不符合法定程序，属于违法解除劳动合同。遂向劳动仲裁庭提交仲裁申请书，提出 A 公司支付违法解除劳动合同经济赔偿金等仲裁请求。

A 公司认为，自今年以来公司受国际大环境的影响，公司生产经营状况面临严峻挑战。虽经公司多方努力，但当前的经济萧条以及电子产品专业代工服务商行业的行业特点造成订单锐减，业务量持续下降，导致用人单位营利持续下降的局势，给公司的经营发展带来了很大的困难，客观上需要削减部分业务及岗位来维持经营，否则在将来至少半年的时间内A公司将会因生产力过剩、人工成本过高而直接出现大额亏损。在这种情况下，A公司的确因客观情况所迫，为勉强坚持用人单位运营而做出员工调整。本次调整涉及到200名员工，除此8名员工外的其他人均以协商解除的方式解除了劳动关系，唯此8人不同意协商解除也不愿调整岗位，公司只好在严格履行了法定程序后以客观情况发生重大变化，与员工协商变更劳动合同不成而单方解除了与员工的劳动合同。因此，公司的解除行为是完全有事实和法律依据的，是完全符合法律规定的。

【裁决】

仲裁庭认为，专业机构出具的专项审计报告肯定了A公司2016年8月至2017年2月利润预测表的合理性，认定了如果A公司目前不解除一部分剩余劳动力，将会导致将来数月的大额亏损。因此该份证据可以作为本案认定事实即生产经营存在严重困难，客观经济情况发生重大变化的依据。另外，根据A公司提交的董事会决议、与员工的沟通函、工会意见、单方解除通知书等证据，A公司依法履行了解除劳动合同的法定程序。因此，此次解除从程序和实体上均符合相关法律规定，从而仲裁庭驳回了毕某等人要求A公司支付违法解除劳动合同经济赔偿金的请求。

毕某等8人不服，起诉至法院。一审法院认为，A公司所遭遇的情形与法律所述的“客观情况发生重大变化”并不相符。法定的“客观情况”应是受非用人单位所能控制的情形，如因当地政策原因被政府强制要求迁址、因法律法规原因被要求终止某项业务等。A公司虽然是迫于经济萧条、订单下降而不得已做出的减员决定，但这种决定仍然是A公司的自主商业决定，并非受客观情况所限而导致的劳动合同无法继续履行。并且，一审法院另外指出，根据A公司提供的证据材料，法院同意认定

A公司的确正在面临经营困难的局面，如果A公司选择根据《劳动合同法》第41条的经济性裁员单方解除该批员工，该等解除则有可能被视为合法解除。但由于A公司的解除原因与法律要求的该原因项下的情形不符，故仍应视A公司为违法解除。

【解析】

仲裁委与法院的裁决不同，主要是对“客观情况是否发生重大变化”的理解不同。仲裁庭认为A公司迫于经济环境和订单骤减的情况而做出了减员的决定，且根据审计师的预测报告，如果不采取减员措施，A公司的确面临难以承受的亏损，这种情况可以视为是经济发生严重困难的客观情况；而法院认为A公司的减员决定是其为了缓解亏损压力而主观做出的商业决定，且A公司的状况也未达到无法继续与该8名员工履行劳动合同的程度，因此不属于客观情况发生重大变化。其实实践中，到底什么情况属于“客观情况发生重大变化”并无一个详细的法定标准，其是由仲裁庭或者法院根据案件的具体事实自由裁量决定的。

笔者认为，仲裁庭的观点在一定程度上较为宽泛的解释了“客观情况发生重大变化”，而一审法院的观点则较为谨慎妥当。因为在此案例中A公司减员的最根本原因的确是因订单减少而不愿承担更多的人工成本，而此原因并非受客观情况所迫、恰恰是由A公司的主观商业决定而导致的，因此不应适用客观情况发生重大变化。相比与利用“客观情况发生重大变化”解除劳动合同，A公司如利用“经济性裁员”可能效果更好。

14.3.3 用人单位单方解除劳动合同的适用范围

过错性解除劳动合同与非过错性解除劳动合同的适用范围不同，过错性解除劳动合同是因为劳动者自身过错导致，适用于所有劳动者，但非过错性解除劳动合同并不适用所有劳动者，依照《劳动合同法》的规定，具有下列情形的劳动者，用人单位不得适用非过错性解除劳动合同：

（1）从事接触职业病危害作业的劳动者未进行离岗前职业健康检查，或者疑似职业病病人在诊断或者医学观察期间的；

（2）在本单位患职业病或者因工负伤并被确认丧失或者部分丧失劳动能力的；

（3）患病或者非因工负伤，在规定的医疗期内的；

（4）女职工在孕期、产期、哺乳期的；

（5）在本单位连续工作满十五年，且距法定退休年龄不足五年的；

（6）法律、行政法规规定的其他情形。

14.3.4 用人单位单方解除劳动合同的程序

根据《劳动合同法》的规定，用人单位单方解除劳动合同应当履行下列程序：

（1）过错性解除劳动合同的解除程序

① 通知工会，听取意见。《劳动合同法》第 43 条规定：用人单位单方解除劳动合同，应当事先将理由通知工会。用人单位违反法律、行政法规规定或者劳动合同约定的，工会有权要求用人单位纠正。用人单位应当研究工会的意见，并将处理结果书面通知工会。

② 向劳动者书面送达解除通知书，并注明解除理由。过错性解除劳动合同用人单位无须提前通知劳动者即可解除，法律并未对解除的形式做强制性规定，但笔者建议用人单位采用书面送达的方式向劳动者送达解除劳动合同通知书，并留存送达副本以及签收材料，避免劳动者日后主张劳动关系未解除从而引发法律风险。

（2）非过错性解除劳动合同的解除程序

通知工会，听取意见。《劳动合同法》第 43 条规定，用人单位单方解除劳动合同，应当事先将理由通知工会。用人单位违反法律、行政法规规定或者劳动合同约定的，工会有权要求用人单位纠正。用人单位应当研究工会的意见，并将处理结果书面通知工会。

提前 30 日通知劳动者或支付“代通知金”，向劳动者书面送达解除通知书，并注明解除理由。因非过错性解除劳动合同并非因劳动者过错引发，故解除程序不同于过错性解除。出于对劳动者的保护，为劳动者寻找新的工作提供必要的时间保障，《劳动合同法》针对非过错性解除劳动合同的用人单位规定了提前30日通知劳动者或支付劳动者一个月工资的代通知金的义务。

向劳动者支付经济补偿金。用人单位非过错性解除劳动者劳动合同的，应当支付劳动者经济补偿金。经济补偿金的具体计算标准请参见本书第十八章经济补偿金、赔偿金、违约金。

14.3.5 经济性裁员

经济性裁员是指用人单位一次性辞退部分劳动者，以此作为改善生产经营状况的一种手段，其目的是保护自己在市场经济中的竞争和生存能力度过暂时的难关。经济性裁员属于非过错性解除劳动合同的一种，但经济性裁员属于劳动合同的批量解除涉及群体劳动者的利益，法律规定更为严格。

（1）经济性裁员的适用范围

根据《劳动合同法》的规定，具有下列情形的用人单位可以进行经济性裁员：

① 依照用人单位破产法规定进行重整的；

② 生产经营发生严重困难的；

③ 用人单位转产、重大技术革新或者经营方式调整，经变更劳动合同后仍需裁减人员的；

④ 其他因劳动合同订立时所依据的客观经济情况发生重大变化，致使劳动合同无法履行的。

（2）经济性裁员的数量限制

我国法律规定构成经济性裁员必须要一次性解除法定储量的劳动合同，即一次性裁减人员20人或者裁减不足20人但占用人单位职工总人数10%以上。这是经济性裁员的数量限制，少于这个数量的用人单位不能依据经济性裁员解除劳动者的劳动合同，而应当按照《劳动合同法》第36条、第39条、第40条的规定单个解除劳动合同。

（3）经济性裁员的范围限制

依据《劳动合同法》的规定，具有下列情形的劳动者，用人单位不得适用经济性裁员：

① 从事接触职业病危害作业的劳动者未进行离岗前职业健康检查，或者疑似职业病病人在诊断或者医学观察期间的；

② 在本单位患职业病或者因工负伤并被确认丧失或者部分丧失劳动能力的；

③ 患病或者非因工负伤，在规定的医疗期内的；

④ 女职工在孕期、产期、哺乳期的；

⑤ 在本单位连续工作满十五年，且距法定退休年龄不足五年的；

⑥ 法律、行政法规规定的其他情形。

（4）经济性裁员中优先留用的人员范围

劳动合同法规定经济性裁员中优先留用人员时，主要从劳动合同期限和保护社会弱势群体角度出发，规定了三类优先留用人员。

规定优先留用与本单位订立较长期限的固定期限劳动合同和订立无固定期限劳动合同的人员，主要是考虑劳动者对劳动合同有较长期限的预期，法律应对这种预期予以相应保护。规定优先留用家庭无其他就业人员，有需要抚养的老人或者未成年人的劳动者，主要是考虑这类劳动者对工作的依赖性非常强，一份工作关系一个家庭的基本生活，不能将其随意推向社会，对这类社会弱势群体法律应给予相应保护。三类优先留用的劳动者之间并没有谁优先的顺序，用人单位可以根据实际需要予以留用。

（5）被裁减人员的优先录用权

《劳动法》第27条规定：用人单位依据本条规定裁减人员，在六个月内录用人员的，应当优先录用被裁减的人员。劳动合同关于经济性裁员后，重新招用人员，被裁减人员具有优先就业权的规定主要是延续了《劳动法》第27条第2款的规定。之所以赋予被裁减人员优先就业权，主要出于三方面考虑：一是被裁减人员并不是因为个人有违法违纪违规的行为而被解除劳动合同的，而是用人单位经营出现严重困难等情况服从大局而被解除劳动合同并非劳动者过错。故在用人单位生产经营正常后重新招用人员时，应优先照顾被裁减的劳动者；二是被裁减人员对用人单位比较熟悉，技术也熟练，对用人单位而言并不完全是负担；三是可以有效防止用人单位以经济性裁员为借口，随意裁减劳动者。

（6）经济性裁员的程序

根据《劳动合同法》《用人单位经济性裁减人员规定》等规定，用人单位需裁减人员的，应按下列程序进行：

①提前三十日向工会或者全体职工说明情况，并提供有关生产经营状况的资料；

②提出裁减人员方案，内容包括被裁减人员名单，裁减时间及实施步骤，符合法律、法规规定和集体合同约定的被裁减人员经济补偿办法；

③将裁减人员方案征求工会或者全体职工的意见，并对方案进行修改和完善；

④向当地劳动行政部门报告裁减人员方案以及工会或者全体职工的意见，并听取劳动行政部门的意见；（这里的“报告”性质上属于事后告知，不是事前许可或者审批。有的用人单位出于各种考虑，自愿提前与劳动行政部门报告协商，法律并不禁止）。

⑤用人单位正式公布裁减人员方案并为被裁减人员办理解除劳动合同手续，按照有关规定向被裁减人员本人支付经济补偿金，出具裁减人员证明书。

如果没有工会，需征询全体职工意见，操作上可集中宣读、传阅告知、座谈会、设置意见箱、部门负责人收集意见等方式，但注意提示签字确认并做好会议记录。

14.4 违法解除劳动合同

违法解除劳动合同是指用人单位或者劳动者不遵守《劳动法》《劳动合同法》的规定，在不满足劳动合同解除的条件下强行解除劳动合同的情形，具体分为劳动者违法解除劳动合同和用人单位违法解除劳动合同两种。不论是劳动者还是用人单位，违法解除劳动合同均会面临相应的法律后果。

14.4.1 劳动者违法解除劳动合同的法律后果

劳动者违法解除劳动合同所需承担的法律责任主要表现为违约金和违约损害赔偿，但《劳动合同法》对违约金的约定和违约损害赔偿都有严格限定。

（1）劳动者未提前通知用人单位，违法解除劳动合同的法律责任

劳动者解除劳动合同未提前三十日（试用期三日）通知用人单位的，属于违反《劳动合同法》规定解除劳动合同。根据《劳动合同法》第90条的规定，如果用人单位因此造成经济损失的，劳动者应当承担赔偿责任。

（2）劳动者违反服务期约定，违法解除劳动合同的法律责任

根据《劳动合同法》规定劳动者违反服务期约定应当向用人单位支付违约金。需要注意的是，用人单位需与劳动者提前约定违约金且违约金的性质定位为补偿性，一般以不超过培训费用为限。有关服务期及服务期违约金的具体内容参见本书第十章服务期。

14.4.2 用人单位违法解除劳动合同的法律后果

根据《劳动合同法》第48条的规定：用人单位违反本法规定解除或者终止劳动合同劳动者要求继续履行劳动合同的，用人单位应当继续

履行；劳动者不要求继续履行劳动合同或者劳动合同已经不能继续履行的，用人单位应当依照本法第87条规定支付赔偿金。用人单位违反本法规定解除或者终止劳动合同后，法律首先要保护劳动者的合法劳动权益使劳动关系“恢复原状”，防止用人单位从违法行为中获益。如果劳动者权衡利弊后要求继续履行劳动合同，用人单位应当恢复劳动关系，继续履行劳动合同；如果劳动者认为继续履行劳动合同实际困难太大而不要求继续履行劳动合同的，劳动合同可以解除或者终止，同时用人单位应当依法支付赔偿金。关于赔偿金标准，《劳动合同法》第87条规定为经济补偿标准的二倍。若劳动合同客观上已经不能继续履行，即使劳动者想继续劳动合同也无法继续，用人单位可以在支付劳动者经济赔偿金后将劳动合同解除。

需要注意的是，被违法解除劳动合同的劳动者在恢复劳动关系后，用人单位需要支付违法解除期间的劳动报酬，各地区对此种情况下劳动报酬支付的具体方式及数额均有不同规定：

北京市根据《北京市高级人民法院、北京市劳动争议仲裁委员会关于劳动争议案件法律适用问题研讨会会议纪要》的规定，用人单位作出的与劳动者解除劳动合同的处理决定被劳动仲裁委或人民法院依法撤销后，劳动者主张用人单位给付上述处理决定作出后至仲裁或诉讼期间的工资，应按以下原则把握：①用人单位作出的处理决定仅因程序方面存在瑕疵而被依法撤销的，用人单位应按最低工资标准向劳动者支付上述期间的工资；②用人单位作出的处理决定因在实体方面存在问题而被依法撤销的，用人单位应按劳动者正常劳动时的工资标准向劳动者支付上述期间的工资。

上海市根据《上海市用人单位工资支付办法》的规定，用人单位解除劳动者的劳动合同，引起劳动争议，劳动人事争议仲裁部门或人民法院裁决撤销用人单位原决定并且双方恢复劳动关系的，用人单位应当支付劳动者在调解、仲裁、诉讼期间的工资。其标准为用人单位解除劳动合同前12个月劳动者本人的月平均工资乘以停发月数。双方都有责任的，根据责任大小各自承担相应的责任。

第十五章　劳动合同终止

劳动合同终止是指劳动合同的法律效力依法被消灭，即劳动关系由于一定法律事实的出现而终结，劳动者与用人单位之间原有的权利义务不再存在的法律行为。劳动合同的终止是由法定事由决定，如用人单位如不能严格按照法定事由及程序进行劳动合同终止，则会引发劳动争议并造成损失。

15.1 劳动合同终止的情形

劳动合同的终止事由是基于法定事实的出现，不涉及用人单位与劳动者之间的意思表示，用人单位与劳动者双方均不能约定劳动合同终止的条件，根据《劳动合同法》第 44 条、《劳动合同法实施条例》第 5 条、第 6 条、第 21 条的规定，劳动合同终止的情形有以下七点：

（1）劳动合同期满

除依法续订劳动合同的和依法应延期以外的劳动合同期满，劳动合同自然终止，双方权利义务结束。

（2）劳动者开始依法享受基本养老保险待遇

根据《社会保险法》的规定劳动者享受养老保险待遇的前提是退休。所谓退休是指根据国家有关规定，劳动者因年老或因工、因病致残，完全丧失劳动能力或部分丧失劳动能力而退出工作岗位。

劳动者退休即退出了工作岗位，劳动关系自然无法维系，故劳动合同终止（有关基本养老保险待遇的相关内容参见第十二章社会保险制度）。需要注意的是，劳动者退休并不必然导致劳动合同终止，如果劳动者达到了退休年龄但并没有依法享受基本养老保险待遇的，除国家另有规定的外，其劳动合同并不终止。

（3）劳动者死亡，或者被人民法院宣告死亡或宣告失踪

公民死亡、被人民法院宣告失踪或者宣告死亡的，劳动合同签订一方主体资格消灭，客观上丧失提供劳动的可能，劳动合同因为缺乏一方主体而归于消灭，属于劳动合同终止的情形之一。

《民法通则》第 9 条规定，公民从出生时起到死亡时止，具有民事权利能力，依法享有民事权利，承担民事义务。第 20 条规定，公民下落不明满 2 年的，利害关系人可以向人民法院申请宣告他为失踪人。第 23 条规定，公民有下列情形之一的，利害关系人可以向人民法院申请宣告其死亡：（1）下落不明满 4 年的；（2）因意外事故下落不明，从事故发生之日起满 2 年的。在民事领域中，公民死亡、被人民法院宣告失踪或者宣告死亡将丧失民事权利能力和民事行为能力。

（4）用人单位依法宣告破产

根据《企业破产法》的规定，用人单位一旦被依法宣告破产，就需要进入破产清算程序，用人单位的主体资格即将归于消灭。用人单位一旦进入被依法宣告破产的阶段，意味着劳动合同一方主体资格必然消灭，劳动合同归于终止。

《企业破产法》第 107 条规定，人民法院依照本法规定宣告债务人破产的，应当自裁定作出之日起 5 日内送达债务人和管理人，自裁定作出之日起 10 日内通知已知债权人，并予以公告。第 121 条规定，管理人应当自破产程序终结之日起10日内，持人民法院终结破产程序的裁定，向破产人的原登记机关办理注销登记。

（5）用人单位被吊销营业执照、责令关闭、撤销或者用人单位决定提前解散

用人单位被吊销营业执照、责令关闭、撤销或用人单位决定提前解散的，用人单位已经停止了生产，无法维持劳动关系聘用劳动者，劳动合同应当终止。

（6）劳动者拒绝签订书面劳动合同

用人单位与劳动者建立劳动关系应当即时签订书面的劳动合同，如劳动者不签书面劳动合同，用人单位应当在建立劳动关系之日起一个月内书面通知劳动者签订劳动合同。劳动者依然拒绝签订劳动合同的，根据《劳动合同法实施条例》第五条、第六条的规定用人单位应当书面通知劳动者终止劳动关系。

（7）劳动者达到法定退休年龄

（8）法律、行政法规规定的其他情形

根据《劳动合同法实施条例》第13条的规定，劳动合同终止的事由是法律规定的，劳动者与用人单位之间并不能约定劳动合同终止事由，劳动合同中关于约定终止劳动合同的条款无效。用人单位在和劳动者终结劳动关系时一定要分清是劳动合同的终止还是劳动合同的解除，避免因选择错误导致违法。

【案例】

原告周某与被告成都七中实验学校于2008年3月1日签订书面劳动合同，建立劳动关系，并于2009年2月27日、2012年6月14日、2013年9月10日、2014年6月、2015年6月26日、2016年6月29日依次签订了6次合同。工作期间，周某向学校方下了军令状，于2014年6月向被告出具《工作目标责任书》的基础上，在与被告于2014年7月8日签订的《劳务协议》上明确作出“三年内不能带领本校女排进入市前三名，则自动离职”的承诺。2017年6月29日，原告周某与被告成都七中实验学校的劳动合同期限届满，成都七中实验学校认为周某未将本校女排指导进入市前三名，已经自动离职，故不续签劳动合同且未支付经济补偿金。周某不服，向当地仲裁委提起仲裁，要求成都七中实验学校支付经济补偿金。

【裁决】

仲裁委支持了原告周某的请求，判令被告支付原告经济补偿金。被告不服，向一审法院起诉，一审法院维持了仲裁委的裁决。

【解析】

仲裁委及一审法院裁决是正确的。虽然被告辩称原告在2014年7月8日签订《劳务协议》时承诺：“三年内不能带领本校女排进入市前三名，则自动离职”，该承诺三年内有约束力，2014年7月8日原告在离职审批表上填写“合同期满不续签”是其履行承诺的行为，但根据《中华人民共和国劳动合同法实施条例》第 13 条的规定，用人单位与劳动者不得在劳动合同法第 44 条规定的劳动合同终止情形之外约定其他的劳动合同终止条件，故原告在 2013 年的《劳务协议》中的承诺对双方不具有约束力。

15.2 劳动合同期限届满终止劳动合同的例外情形

根据《劳动合同法》第 45 条规定，用人单位与劳动者劳动合同期限届满时，如果劳动者有《劳动合同法》第 42 条规定的情形之一的，劳动合同应当延续至相应的情形消失时终止，相关的劳动者例外情形及劳动合同期限顺延方法如下表：

劳动者例外情形	劳动合同顺延方法
1. 从事接触职业病危害作业的劳动者未进行离岗前职业健康检查的劳动者 2. 疑似职业病病人在诊断及医学观察期间的劳动者	劳动合同顺延至诊断或医学观察结束之日。（如造成工伤，则按照在本单位患职业病或者因工负伤并被确认丧失或者部分丧失劳动能力的劳动者情形处理）
3. 在本单位患职业病的劳动者 4. 因工负伤并被确认丧失或部分丧失劳动能力的劳动者	一至四级伤残，保留劳动关系，退出工作岗位，劳动合同期限顺延至法定退休年龄； 五六级伤残，保留劳动关系，适当安排工作，经劳动者提出可以终止劳动合同。 七至十级伤残，劳动合同可以终止。
5. 患病或者非因工负伤尚在规定的医疗期内的劳动者	劳动合同顺延至医疗期限届满之日。
6. 处于孕期、产期、哺乳期的女性劳动者	劳动合同顺延至哺乳期结束之日，流产的应当延续至流产假结束之日。
7. 在本单位连续工作满十五年，且距法定退休年龄不足五年的劳动者	劳动合同顺延至劳动者达到法定退休年年龄之日。
8. 法律、法规规定的其他情形	兜底条款。

15.3 劳动合同终止的后果

劳动合同如因用人单位的客观原因而导致终止（用人单位依法宣告

破产、用人单位被吊销营业执照、责令关闭、撤销或者用人单位决定提前解散、劳动合同期限届满用人单位决定不再续签)，按照《劳动合同法》第46条的规定用人单位应当向劳动者支付经济补偿金，有关经济补偿金的相关内容参见本书第十六章经济补偿金、赔偿金、违约金。

需要注意，部分地区规定劳动合同期限届满用人单位解除劳动合同需要提前30日通知劳动者，未通知的需要支付“赔偿金”。北京市《北京市劳动合同规定》中规定，劳动合同期限届满前用人单位应当提前30日将终止或者续订劳动合同意向以书面形式通知劳动者，经协商办理终止或者续订劳动合同手续，用人单位违反上述规定，未提前30日通知劳动者终止劳动合同的，以劳动者上月日平均工资为标准，每延迟1日支付劳动者1日工资的赔偿金。

15.4 劳动合同终止的程序

根据劳动法律的相关规定，劳动合同终止时用人单位应当履行下列程序。

15.4.1 劳动合同期限届满终止程序

（1）审查劳动者是否存在例外情形

劳动合同期限届满前，用人单位应当审查劳动者是否存在不能终止的例外情形，如存在例外情形则应当书面告知劳动者合同期限顺延具体日期。

（2）确定是否续签劳动合同

劳动者的劳动合同期限届满，且劳动者不存在不能终止的例外情形的，用人单位应当确定是否需要与劳动者延续劳动关系，续签劳动合同。需要续签的，用人单位需要在旧的劳动合同期限届满前及时与劳动者签订新的劳动合同，并且要注意劳动者是否已经具备签订无固定期限劳动合同的情形，除非劳动者明确表示不签订无固定期限劳动合同，否则用人单位应当为达到条件的劳动者签订无固定期限劳动合同。

【延伸】合同到期后应当及时终止，不终止视为订立了新的劳动合同

对于劳动合同期满后劳动者仍在原用人单位工作，原用人单位未表示异议也未办理终止或者续订劳动合同，该如何处理？

1996年劳动部《关于实行劳动合同制度若干问题的通知》（劳部发〔1996〕354号）中规定，有固定期限的劳动合同期满后，因用人单位方面的原因未办理终止或续订手续而形成事实劳动关系的视为续订劳动合同。用人单位应及时与劳动者协商合同期限，办理续订手续。由此给劳动者造成损失的，该用人单位应当依法承担赔偿责任。2001年，最高人民法院在《关于审理劳动争议案件适用法律若干问题的解释》中规定，劳动合同期满后，劳动者仍在原用人单位工作，原用人单位未表示异议的，视为双方同意以原条件继续履行劳动合同。一方提出终止劳动关系的，人民法院应当支持。2001年，劳动和社会保障部在《关于对事实劳动关系解除是否应该支付经济补偿金问题的复函》中规定，在上述情形下，“终止”是指劳动合同期满后，劳动者仍在原用人单位工作，用人单位未表示异议的，劳动者和用人单位之间存在的是一种事实的劳动关系，而不等于双方按照原劳动合同约定的期限续签了一个新的劳动合同。一方提出终止劳动关系的，应认定为终止事实上的劳动关系。

上述的规定和司法解释有其合理性，但对劳动者的保护显然弱了一些。劳动合同期满自然终止，原劳动合同消灭，如果劳动者仍在原用人单位工作，用人单位未表示异议应视为一个新劳动合同的开始。《劳动合同法》实施后，劳动者要增强劳动合同意识，主动提出续订劳动合同。考虑到用人单位续签劳动合同的实际情况以及在这种情形下劳动者也有一定责任，所以可依照《劳动合同法》第10条的规定在前一劳动合同终止之日后劳动者提供劳动的第1天起1个月内订立书面劳动合同，否则用人单位就要承担《劳动合同法》第14条第3款、第82条的法律责任，续订劳动合同的内容除了期限应视为与原劳动合同一致。

（3）向劳动者书面送达劳动合同终止通知书

劳动合同期限届满，用人单位决定不再续签劳动合同或用人单位以同等或高于原劳动条件及待遇续签劳动合同但劳动者不同意的，用人单位应当向劳动者书面送达劳动合同终止通知书，并留存相关送达手续及通知书原件留档备查。

（4）用人单位不再续签劳动合同的，应当向劳动者支付经济补偿金

用人单位不再续签劳动合同的应当向劳动者支付经济补偿金，经济补偿金的算法详见本书第十六章经济补偿金、赔偿金、违约金，支付经济补偿金后要留存劳动者已收到相关款项的证据。

15.4.2 劳动者开始依法享受基本养老保险待遇终止程序

劳动者因开始依法享受基本养老保险待遇而终止劳动合同的，用人单位有义务为劳动者办理退休手续。关于劳动者退休手续办理的规定各地区均有不同，本书仅以北京市为例。

（1）社保减员

用人单位应于参保职工生日当月在《采集软件》中先做四险减员业务，减员原因为“办理退休”，打印《北京市社会保险参保人员减少表》，做“医疗在职转退休”并打印《医疗在职转退休明细表》。

（2）中断预审

用人单位申报《北京市社会保险参保人员减少表》到登记科做退休人员中断预审，登记科负责打印《北京市基本养老保险个人缴费情况表》并下载数据到用人单位U盘上。

（3）计算退休金

用人单位将登记科下载的退休数据导入到本单位《用人单位版退休核准程序》计算退休人员的退休金，并打印6份《北京市基本养老保险待遇核准表》。

（4）核准退休金

用人单位携带《北京市基本养老保险待遇核准表》《北京市基本养老保险个人缴费情况表》、退休人员档案到养老保险科核准退休金。

（5）退休审核

用人单位携带《北京市基本养老保险待遇核准表》《北京市基本养老保险个人缴费情况表》到医疗保险科做医疗退休审核。

（6）社保同步

用人单位携带《北京市社会保险参保人员减少表》《医疗在职转退休明细表》《北京市基本养老保险待遇核准表》《北京市职工基本医疗保险视同缴费年限认定审批表》、退休人员社保卡回登记科办理四险二次减员、医疗在职转退休及社保卡同步手续。

（7）退休入库

登记科办理退休职工二次减员后，用人单位持《北京市基本养老保险待遇核准表》到支付科为其办理退休增加入库手续。

（8）备案登记

上述流程办理完毕之后，用人单位应当对退休人员做好备案登记，对相应材料进行存档保管。

15.4.3 劳动者死亡，或者被人民法院宣告死亡或者宣告失踪终止程序

（1）用人单位向劳动者的直系亲属出具劳动合同终止通知书并要求劳动者亲属提交死亡证明、宣告死亡或宣告失踪法律文书存档备查。

（2）因公死亡或因公被宣告死亡的，用人单位协助劳动者亲属向当地人力社保局工伤保险部门申请工伤认定及工伤赔偿。

（3）因公宣告失踪的劳动者，用人单位协助劳动者亲属向当地人力社保局工伤保险部门申请按月向劳动者供养的亲属支付供养亲属抚恤金，生活有困难的，可以预支一次性工亡补助金的50%。待劳动者被人民法院宣告死亡后，用人单位在按照上款协助劳动者亲属申请工亡待遇。

劳动者因工外出期间发生事故或者在抢险救灾中下落不明的，用人单位应从事故发生当月起3个月内照发工资，从第4个月起停发工资。

（4）非因工或患病死亡的劳动者，用人单位协助劳动者亲属向当地人力社保局基本养老保险部门申请丧葬补助金和抚恤金。

（5）非因工宣告失踪或死亡的劳动者，用人单位可以在宣告失踪或死亡前依据规章制度以连续旷工严重违反用人单位规章制度为理由解除与劳动者的劳动合同，将劳动合同解除通知书送达至与劳动者约定的送达地址并对送达手续及解除通知书原件进行存档保管。

15.4.4 用人单位依法宣告破产或用人单位被吊销营业执照、责令关闭、撤销或者用人单位决定提前解散的终止程序

（1）用人单位向劳动者出具书面的劳动合同终止通知书，对劳动合同终止通知书原件及送达手续进行存档备案。

（2）用人单位向劳动者支付经济补偿金。

15.4.5 劳动者拒绝签订书面劳动合同终止程序

（1）劳动者如拒绝签订书面劳动合同，用人单位应当在建立劳动关系之日起一个月内向劳动者送达书面的《签订劳动合同通知书》，通知劳动者在规定的时间内与用人单位签订劳动合同。《签订劳动合同通知书》原件及相关的送达手续进行存档保管。

（2）劳动者在规定时间内仍拒绝签订劳动合同，用人单位应当终止劳动关系并向劳动者出具书面的劳动合同终止通知书，对劳动合同终止通知书原件及送达手续进行存档备案。

15.5 劳动合同的续订

劳动合同的续订是指劳动合同期满后，当事人双方经协商达成协议

继续签订与原劳动合同内容相同或者不同的劳动合同的法律行为。用人单位在续订劳动合同时要注意续订劳动合同应遵循的规则以及续订劳动合同的时机。

15.5.1 用人单位续订劳动合同的规则

用人单位在续订劳动合同时，要遵循以下规则：

（1）用人单位续订劳动合同，劳动者的劳动条件及待遇不应降低

用人单位在劳动合同届满后与劳动者续签劳动合同不应降低劳动条件及劳动待遇。用人单位针对圆满完成工作岗位要求或业绩的劳动者，还可以在续订时适当提高劳动条件及待遇吸引劳动者续订劳动合同。

用人单位续签劳动合同应当提前告知劳动者，劳动者可以选择是否续签。劳动者不同意续签的，原劳动合同期限届满则劳动合同终止，劳动合同续签条件低于原劳动合同的，劳动合同终止后用人单位应当向劳动者支付经济补偿金。

（2）用人单位应主动为满足条件的劳动者签订无固定期限劳动合同

劳动者劳动合同期满并同意续订劳动合同的，用人单位应主动审查劳动者是否满足签订无固定期限劳动合同的条件。除非劳动者主动提出不签订无固定期限劳动合同，用人单位均应主动为满足无固定期限劳动合同签订条件的劳动者订立无固定期限劳动合同。

根据《劳动合同法》第 14 条，具有下列情形的劳动者视为满足订立无固定期限劳动合同的劳动者：

（1）劳动者在该用人单位连续工作满十年的；

（2）用人单位初次实行劳动合同制度或者国有用人单位改制重新订立劳动合同时，劳动者在该用人单位连续工作满十年且距法定退休年龄不足十年的；

（3）连续订立二次固定期限劳动合同，且劳动者没有本法第三十九条和第四十条第一项、第二项规定的情形，续订劳动合同的。

（4）用人单位自用工之日起满一年不与劳动者订立书面劳动合同的，视为用人单位与劳动者已订立无固定期限劳动合同。

15.5.2 用人单位续订劳动合同的技巧

用人单位在续订劳动合同时要把握告知劳动者的时间：过早告知劳动者续订事宜，劳动者会因劳动关系确定存续而懈怠，从而影响劳动生产；过晚告知，劳动者会认为劳动合同无法续签而跳槽其他用人单位，错失人才。

结合实践以及各地区劳动法律法规，笔者认为在劳动合同届满前一个月告知劳动者可以续签劳动合同为宜。用人单位应督促劳动者在一个月内应作出答复，如劳动者同意续订，则用人单位应当在劳动合同届满前签订新的劳动合同。

第十六章　经济补偿金、赔偿金、违约金

经济补偿金、赔偿金与违约金是企业人力资源管理中非常重要的概念，在实践中经常会涉及。他们之间既有联系又有区别，很容易被混淆。《劳动法》对其概念也没有明确界定，操作性规范制订的也不够详细，导致许多用人单位经常将三者的概念混淆无所适从，给日常的工作造成很大的困扰，做出错误的决策导致不必要的损失。本章将经济补偿金、赔偿金、违约金分别进行详细的介绍并比较，帮助用人单位能够正确适用，从而避免法律风险。

16.1　经济补偿金

经济补偿金有狭义和广义两种定义。

广义的经济补偿金是指用人单位在劳动合同解除或终止后或存在其他法定情形时，需依法向劳动者支付的一次性经济补偿。广义上的经济补偿金分为解除或终止劳动合同经济补偿金、竞业限制补偿金、未依法支付工资补偿金、未依法支付经济补偿金的额外经济补偿金四种。

狭义上的经济补偿金专指解除或终止劳动合同经济补偿金，是指用人单位在解除劳动合同或劳动合同终止后给予劳动者的经济补偿。

为了更加清晰的介绍经济补偿金，本书采纳广义经济补偿金定义，对经济补偿金的各种类型进行逐一介绍。

16.1.1　解除劳动合同经济补偿金

（1）需要支付解除劳动合同经济补偿金的情形

根据《劳动合同法》第26条、36条、38条、40条、41条、46条的规定，具有下列情形之一，用人单位应当支付劳动者解除劳动合同的经济补偿金：

员工主动解除的情形

① 用人单位未按照劳动合同约定提供劳动保护或劳动条件；

② 用人单位未及时足额支付劳动报酬的；

③ 用人单位未依法为劳动者缴纳社会保险费的；

④ 用人单位的规章制度违反法律、法规的规定，损害劳动者权益的；

⑤ 用人单位以暴力、威胁或者非法限制人身自由的手段强迫劳动者劳动的；

⑥ 用人单位违章指挥、强令冒险作业危及劳动者人身安全的；

⑦ 用人单位以欺诈、胁迫的手段或者乘人之危，使劳动者在违背真实意思的情况下订立或者变更劳动合同的，导致劳动合同无效，劳动者解除的；

⑧ 用人单位免除自己的法定责任、排除劳动者权利，导致劳动合同无效，劳动者解除的；

⑨ 用人单位违反法律、行政法规强制性规定，导致劳动合同无效，劳动者解除的；

⑩ 法律法规规定的其他情形。

用人单位主动解除的情形

① 用人单位提出解除劳动合同，经与劳动者协商一致解除的；

② 劳动者患病或者非因工负伤，在规定的医疗期满后不能从事原工作，也不能从事由用人单位另行安排的工作的；

③ 劳动者不能胜任工作，经过培训或者调整工作岗位，仍不能胜任工作的；

④ 劳动合同订立时所依据的客观情况发生重大变化，致使劳动合同无法履行，经用人单位与劳动者协商，未能就变更劳动合同内容达成协议的；

⑤ 用人单位依照用人单位破产法规定进行重整，进行经济性裁员的；

⑥ 用人单位生产经营发生严重困难，进行经济性裁员的；

⑦ 用人单位转产、重大技术革新或者经营方式调整，经变更劳动合同后，仍需裁减人员而进行经济性裁员的；

⑧ 用人单位因其他劳动合同订立时所依据的客观经济情况发生重大变化，致使劳动合同无法履行而进行经济性裁员的；

⑨ 法律法规规定的其他情形。

（2）无需支付解除劳动合同经济补偿金的情形：

根据《劳动合同法》第 26 条、第 39 条的规定具有下列情形之一，用人单位解除劳动合同无需支付经济补偿金：

① 劳动者向用人单位提出解除劳动合同并与用人单位协商一致解除劳动合同的；

② 用人单位无违法行为，劳动者提前 30 日（试用期提前 3 日）向用人单位提出主动辞职的；

③ 劳动者在试用期内被证明不符合录用条件，用人单位解除劳动合同的；

④ 劳动者严重违反用人单位的规章制度，用人单位解除劳动合同的；

⑤ 劳动者严重失职，营私舞弊给用人单位造成重大损害，用人单位解除劳动合同的；

⑥ 劳动者同时与其他用人单位建立劳动关系，对完成本单位的工作任务造成严重影响或者经用人单位提出，拒不改正，用人单位解除劳动合同的；

⑦ 劳动者以欺诈、胁迫的手段或者乘人之危，使用人单位在违背真实意思的情况下订立或者变更劳动合同，用人单位解除劳动合同的；

⑧ 劳动者被依法追究刑事责任，用人单位解除劳动合同的。

16.1.2 终止劳动合同的经济补偿金

（1）需要支付终止劳动合同经济补偿金的情形

根据《劳动合同法》第 44 条、46 条，《劳动合同法实施条例》第 6 条、第 22 条的规定，劳动合同终止时，下列情形用人单位应当向劳动者支付经济补偿金：

① 劳动合同期满除用人单位维持或者提高劳动合同约定条件续订劳动合同，劳动者不同意续订的情形外，依照本法第 44 条第 1 项规定终止固定期限劳动合同的；

【延伸】如何定义“用人单位维持或者提高劳动合同约定条件”

“用人单位维持或者提高劳动合同约定条件”的定义应当从多个角度综合考量和理解，其不仅存在提高原劳动合同约定的劳动报酬一种方式，还可能是工作岗位层级的提升、工作环境或者工作条件的改善、劳动报酬项目的增加或发放频率提高，降低考核要求或标准、福利待遇提升等等。

实践中劳动合同期限延长通常也被认为属于“用人单位维持或者提高劳动合同约定条件”，笔者持不同观点。劳动合同的期限是双方当事人享有权利和履行义务的时间，它与劳动合同中的劳动报酬、社会保险、劳动保护、劳动条件和职业危害防护等容易判断约定条件高低的内容不同。劳动合同期限长对一部分劳动者可能有利而对另一些则可能不利，需要进行综合考量。

② 以完成一定工作任务为期限的劳动合同因工作任务完成而终止劳动合同的；

③ 用人单位被吊销营业执照、责令关闭、撤销或者用人单位决定提前解散的；

④ 用人单位被依法宣告破产的；

⑤ 用人单位经营期限届满后不再继续经营导致劳动合同不能继续履行而终止的；

⑥ 用人单位自用工之日起超过 1 个月不满 1 年未与劳动者签订书面劳动合同，在此期间要求与劳动者补签劳动合同，劳动者不予用人单位订立书面劳动合同，用人单位书面通知劳动者终止劳动合同的。

（2）无需支付终止劳动合同经济补偿金的情形

根据《劳动合同法》第 44 条、第 46 条，第 71 条，《劳动合同法实施条例》第 5 条的规定，劳动合同终止时，下列情形用人单位无需向劳动者支付经济补偿金：

① 劳动合同期限届满，用人单位同意以维持或提高劳动合同约定的条件续订劳动合同，员工不愿意续订的；

② 劳动合同因劳动者开始依法享受基本养老保险待遇而终止的；

③ 劳动合同因劳动者死亡或被人民法院宣告死亡或宣告失踪而终止的；

④ 用人单位在用工之日起一个月内经书面通知后，劳动者仍不与用人单位签订书面劳动合同，用人单位书面通知劳动者终止劳动关系的；

⑤ 非全日制用工任一方通知对方终止劳动关系的。

16.1.3 解除或终止劳动合同经济补偿金的计算方法

根据《劳动合同法》第 47 条的规定，解除或终止劳动合同经济补偿金的计算公式为：经济补偿金 = 月工资基数 × 工作年限转换的月份数

（1）月工资基数

月工资基数是指劳动者在劳动合同解除或者终止前 12 个月的平均工资，劳动者工作不满 12 个月的按照实际工作的月数计算平均工资。月工资基数设定了计算劳动者月工资的下限，如果劳动者在劳动合同解除或者终止前 12 个月的平均工资低于当地最低工资标准的，按照当地最低工资标准计算。

月工资基数中的“工资”指的是劳动者的应得工资而不是实得工资，包括公司代缴的、应由员工个人负担的、从员工月工资中扣减的各项社会保险费用，但不包括公司为员工负担的各项社会保险费用。

例如小明每月实发工资 1800 元，代扣社会保险 200 元，公司缴纳社会保险 300 元，则小明每月应发工资为 2000 元，月工资基数为 2000 元。但小明经常请假，12 个月平均每月发工资 1200 元，代扣社会保险 200 元，公司缴纳社会保险 300 元，当地最低工资标准为每个月 1750 元，则小明月工资基数为 1750 元。

（2）工作年限转换的月份数

工作年限转换的月份数是指按照劳动者在本单位连续工作的年限，每满一年按照一个月计算，向劳动者支付一个月工资。劳动者工作六个月以上不满一年的，按照一年计算、不满六个月的按照半年计算。

工作年限原则上应从劳动者提供劳动之日起连续计算，是否签订书面劳动合同、签订数份劳动合同都不能影响工作年限的计算。根据《劳动合同法实施条例》第十条规定，如劳动者非本人原因自原用人单位被安排到新用人单位工作，原用人单位未支付经济补偿的劳动者在原用人单位的工作年限合并计算为新用人单位的工作年限。

“非本人原因从原用人单位被安排到新用人单位”的情形在国家法律层面并没有明确规定，但在一些地方行政规章中有所提及。根据《江苏省高级人民法院、省劳动争议仲裁委员会关于印发 < 关于审理劳动争议案件的指导意见 > 的通知》第 8 条规定，用人单位的下列行为应认定属于《劳动合同法实施条例》第 10 条的“劳动者非因本人原因从原用人单位被安排到新用人单位工作”的情形：

① 用人单位以组织委派任命形式对劳动者进行工作调动的；

② 用人单位因资产业务划转、资产购并、重组等原因导致劳动者工作调动的；

③ 用人单位安排劳动者在用人单位下属分支机构间流动的；

④ 用人单位及其关联用人单位与劳动者轮流订立劳动合同的。

（3）高收入人群计算限制

《劳动合同法》对于月工资高于用人单位所在直辖市、设区的市级人民政府公布的本地区上年度职工月平均工资三倍的高收入人群在计算解除或终止劳动合同经济补偿金时作了月工资基数和工作年限转换月份数的双重限制：月工资基数按照用人单位所在直辖市、设区的市级人民政府公布的本地区上年度职工月平均工资三倍数额计算；作年限转换月份数最多只能计算 12 年，超过 12 年的按照 12 年计算。

例如李先生在北京某公司已经任职 15 年，月工资 10 万元，当年北京职工月平均工资为 8 000 元，如合同到期终止劳动合同则用人单位需要支付李先生经济补偿金为 =12 年 ×8 000 元 ×3 倍 =288 000（元）。

（4）经济补偿金的新旧法衔接

《劳动合同法》是 2008 年 1 月 1 日起正式实施，在劳动合同法实施之前计算经济补偿金的主要法律依据是我国《劳动法》以及原劳动部的《违反和解除劳动合同的经济补偿办法》的相关规定。

依据《劳动法》第24条、第26条、第27条、第28条，《关于贯彻执行<中华人民共和国劳动法>若干问题的意见》第36条，《违反和解除劳动合同的经济补偿办法》第5条、第6条、第7条、第8条、第9条、第11条的规定，《最高人民法院关于审理劳动争议案件适用法律若干问题的解释》第15条、在《劳动合同法》实施之前，用人单位应当支付经济补偿金的情形如下表：

范围	劳动合同终止无需支付，解除劳动合同有十种情形应当支付。
起算点	自劳动者入职之日起起算。
月工资基数	劳动者解除合同前12个月的月平均工资，无数额限制。
计算方式	按劳动者在单位工作年限计算，每满一年发一个月工资，不满一年按一年计算。
特殊限制	协商一致解除以及不能胜任工作解除，计算方式有封顶，最多12个月。

根据《劳动合同法》第97条的规定，如劳动者与用人单位在《劳动合同法》实行之前就已经签订劳动合同，在《劳动合同法》实行后解除或终止劳动合同的则在2008年1月1日起按照《劳动合同法》的规定计算经济补偿金，2008年1月1日之前按照本节上面表格的计算方法进行计算。

（5）经济补偿金的分段计算

司法实践中有关经济补偿金如何分段计算各地区的规定并不一致，本书仅以北京、上海以及广东三个地区为例进行说明，其他地区的分段计算方式请自行查阅当地规定。

北京	计算月份数分段，计算月工资基数不分段
上海	计算月份数分情况，有的分段，有的不分段，计算工资基数分段
广东	计算月份数分情况，有的分段，有的不分段，计算工资基数不分段

北京地区的分段计算方法

根据北京市《关于劳动争议案件法律适用问题研讨会会议纪要（一）》第25条的规定：

①《劳动合同法》施行之日存续的劳动合同在《劳动合同法》施行后解除或者终止，依照《劳动合同法》第46的规定应当支付经济补偿的，2007年12月31日前的经济补偿依照《劳动法》及其配套规定计算，

2008 年 1 月 1 日后的经济补偿依照《劳动合同法》的规定计算。

② 经济补偿金的基数为劳动者在劳动合同解除或者终止前十二个月的平均工资，不再分段计算。

上海地区的分段计算方法

根据上海市高级人民法院《关于适用 < 劳动合同法 > 若干问题的意见》第 21 条的规定：

①《劳动合同法》与 2008 年 1 月 1 日之前施行的相关法律法规的规定（以下简称“以前规定”）均规定应当支付经济补偿金的情况，且劳动者的月平均工资不高于上年度本市职工月平均工资三倍的，经济补偿金的计算基数按劳动者在劳动合同解除或终止前十二个月的月平均工资确定。

②《劳动合同法》规定应当支付经济补偿金的情形，且不属于以前规定中“经济补偿金总额不超过劳动者十二个月的工资收入”情形的，经济补偿年限自用工之日起计算。《劳动合同法》规定应当支付经济补偿金的情形，但属于以前规定中“经济补偿金总额不超过劳动者十二个月的工资收入”情形的，劳动者在《劳动合同法》施行前的经济补偿年限按照以前规定计算；劳动者在《劳动合同法》施行后的工作年限在计算经济补偿年限时并入计算。

③ 符合《劳动合同法》规定三倍封顶的情形，实施封顶计算经济补偿年限自《劳动合同法》施行之日起计算，《劳动合同法》施行之前的工作年限仍按以前规定的标准计算经济补偿金。

④ 根据《劳动合同法实施条例》第二十五条的规定，用人单位违反《劳动合同法》的规定解除或终止劳动合同，依法支付劳动者赔偿金，赔偿金的计算年限自用工之日起计算。如劳动者在劳动合同被违法解除或终止前十二个月的月平均工资高于上年度本市职工月平均工资三倍的，根据《劳动合同法》第 87 条规定，应当按照第 47 条第 2 款规定的经济补偿标准计算。

广东地区的分段计算方法：

① 用人单位支付劳动者解除或终止劳动合同经济补偿或赔偿金时，经济补偿或赔偿金的基数为劳动者在劳动合同解除或者终止前十二个月

的平均工资，不再以《劳动合同法》施行之日为界分段计算。劳动者月工资高于用人单位所在地上年度职工月平均工资三倍的，经济补偿或赔偿金的基数按用人单位所在地上年度职工月平均工资的三倍计算。

② 按《劳动合同法》实施以前的有关规定，用人单位无需支付经济补偿的，劳动者工作年限自《劳动合同法》实施之日起计算。按《劳动合同法》实施前后的有关规定，用人单位均需支付经济补偿的，劳动者的工作年限自用工之日起计算。用人单位与劳动者协商一致解除劳动合同或因劳动者不能胜任工作、经培训及调整岗位仍不能胜任工作为由解除劳动合同的，劳动者在《劳动合同法》实施以前计发经济补偿的工作年限最多不超过 12 年。劳动者月工资高于用人单位所在地上年度职工月平均工资的三倍，非因协商一致或劳动者不能胜任工作为由解除劳动合同的，劳动者在《劳动合同法》实施以前计发经济补偿的工作年限自用工之日起计算，不受最多不超过 12 年的限制。

（6）经济补偿金的缴税

根据《国家税务总局关于个人因解除劳动合同取得经济补偿金征收个人所得税问题的通知》（国税发〔1999〕178 号）与《财政部、国家税务总局关于个人与用人单位解除劳动关系取得的一次性补偿收入征免个人所得税问题的通知》（财税〔2001〕157 号）的规定，针对解除或终止劳动合同的经济补偿金缴税方式如下：

① 个人因与用人单位解除劳动关系而取得的一次性补偿收入（包括用人单位发放的经济补偿金、生活补助费和其他补助费用），其收入在当地上年职工平均工资三倍数额以内的部分，免征个人所得税；

② 个人收入在当地上年职工平均工资三倍数以上的部分，应按“工资、薪金所得”项目计征个人所得税。考虑到个人取得的一次性经济补偿收入数额较大，而且被解聘的人员可能在一段时间内没有固定收入，因此对于个人取得的一次性经济补偿收入，可视为一次取得数月的工资、薪金收入，允许在一定期限内进行平均。具体平均办法为：以个人取得的一次性经济补偿收入，除以个人在本用人单位的工作年限数，以其商数作为个人的月工资、薪金收入，按照税法规定计算缴纳个人所得税。

个人在本用人单位的工作年限数按实际工作年限数计算，超过 12 年的按 12 年计算。按照上述方法计算的个人一次性经济补偿收入应纳的个人所得税税款，由支付单位在支付时一次性代扣，并于次月 7 日内缴入国库。

③ 个人与用人单位终止劳动合同而获得的经济补偿金目前不被税务部门认定为应缴纳税费的款项，因此无需缴纳个人所得税。

16.1.4 竞业限制补偿金

根据《劳动合同法》的规定，对负有保密义务的劳动者用人单位可以在劳动合同或专用的保密协议中约定竞业限制条款，并在解除或终止劳动合同后竞业限制期限届满前按月给予劳动者经济补偿。

竞业限制补偿金与解除或终止劳动合同经济补偿金的权利来源以及支付方式、范围均不相同，可以同时适用互不干扰。

有关竞业限制补偿金的内容参见本书第九章商业秘密与竞业限制相关内容。

16.1.5 未依法支付工资补偿金

未依法支付工资补偿金是指根据《违反和解除劳动合同的经济补偿办法》的规定，用人单位克扣或者无故拖欠劳动者工资以及拒不支付劳动者延长工作时间工资报酬的，除在规定的时间内全额支付劳动者工资报酬外还需加发相当于工资报酬百分之二十五的经济补偿金。

16.1.6 额外经济补偿金

2008 年《劳动合同法》颁布之后，在经济补偿金的基础上又规定了额外的赔偿金。《劳动合同法》第 85 条用人单位有下列情形之一的，由劳动行政部门责令限期支付劳动报酬、加班费或者经济补偿金；劳动报酬低于当地最低工资标准的，应当支付其差额部分；逾期不支付的，责令用人单位按应付金额百分之五十以上百分之一百以下的标准向劳动者加付赔偿金：

① 未按照劳动合同的约定或者国家规定及时足额支付劳动者劳动报酬的；

② 低于当地最低工资标准支付劳动者工资的；

③ 安排加班不支付加班费的。

劳动者在适用未依法支付工资补偿金的规定时要注意负责该部分规定的是劳动行政部门，劳动者直接向仲裁委或法院起诉要求未依法支付工资的补偿金，仲裁委、法院不予支持。

《北京市高级人民法院、北京市劳动仲裁委员会关于劳动争议案件法律适用问题研讨会会议纪要（二）》第38条“劳动者依据（劳部发〔1994〕481号）《违反和解除劳动合同的经济补偿办法》第3条、第4条规定主张给付经济补偿金，仲裁委、法院应当向劳动者释明其应依据《劳动合同法》第85条规定先经劳动行政部门处理，劳动者坚持主张给付经济补偿金的，应驳回其请求。”

《广东省高级人民法院 广东省劳动人事争议仲裁委员会关于审理劳动人事争议案件若干问题的座谈会纪要》第24条“劳动者依照原劳动部《违反和解除劳动合同的经济补偿办法》第3条、第4条和第10条的规定，请求用人单位支付经济补偿金或额外经济补偿金的，不予支持。”

16.2 赔偿金

劳动法规定的赔偿金是指用人单位或劳动者因违反相关法律、规章制度的固定或劳动合同的约定给对方造成损失时，为弥补对方损失而承担的一定数额的经济赔偿。

劳动法规定的赔偿金分为两类，分别是违法解除或终止劳动合同时的赔偿金及其他赔偿金。

16.2.1 违法解除或终止劳动合同的赔偿金

（一）用人单位违法解除或终止劳动合同向劳动者支付赔偿金

用人单位解除或终止劳动合同必须遵守法律规定，实体上要达到解除或终止的要件，程序上也要满足法定程序，否则就属于违法解除或终止劳动合同并需要向劳动者支付赔偿金。

（1）用人单位违法解除或终止劳动合同的情形

用人单位违法解除或终止劳动合同主要分以下三种情形：

① 法律明确规定不得解除劳动合同但用人单位强行解除。《劳动合同法》第 42 条排除了五种情形的劳动者（从事接触职业病危害作业的劳动者未进行离岗前职业健康检查，或者疑似职业病病人在诊断或者医学观察期间的；在本单位患职业病或者因工负伤并被确认丧失或者部分丧失劳动能力的；患病或者非因工负伤在规定的医疗期内的；女职工在孕期、产期、哺乳期的；在本单位连续工作满 15 年且距法定退休年龄不足 5 年的）不能依据《劳动合同法》第 40 条无过错性解除劳动合同和第 41 条经济性裁员解除劳动合同，如用人单位存在强行解除则构成了违法解除劳动合同。

② 用人单位在法律规定的条件未满足时解除或终止劳动合同。根据《劳动合同法》的规定在相关条件满足的情况下，用人单位可以分别协议解除劳动合同、单方即时解除劳动合同和单方预告解除劳动合同。为了保障劳动者的权益，维护劳资关系的稳定，我国《劳动法》《劳动合同法》对用人单位解除或终止劳动合同规定了严格的法律条件，如用人单位只是机械套用解除或终止劳动合同的法定理由但实际并未达到，则用人单位构成了违法解除或终止劳动合同。用人单位协议解除劳动合同、单方即时解除劳动合同、单方预告解除劳动合同的法定条件参见本书第十四章劳动合同解除章节。

③ 用人单位解除或终止劳动合同的程序不符合法律规定。为了保护劳动者的合法权利，防止用人单位滥用解除或终止合同的权利，用人单位在解除或终止劳动合同时应当遵循法律规定的程序。如果用人单位在解除或终止劳动合同时不遵循法律规定的程序，其行为同样构成《劳动合同法》第 48 条规定的违法解除或终止劳动合同并应承担相应的法律责任。

（2）用人单位违法解除或终止劳动合同赔偿金的计算

根据《劳动合同法》第 87 条的规定，用人单位违反本法规定解除或者终止劳动合同的，应当依照本法第 47 条规定的经济补偿标准的两倍向劳动者支付赔偿金。故用人单位违法解除或终止劳动合同赔偿金的公式为：赔偿金 = 经济补偿金 ×2

同经济补偿金一样，赔偿金也涉及到《劳动合同法》实施前后分段计算的问题，本书仅以北京和上海两地举例：

北京地区根据北京市《关于劳动争议案件法律适用问题研讨会会议及纪要（一）》第 25 规定，用人单位违反劳动合同法的规定解除或终止劳动合同，应支付的赔偿金的计算方法为：自用工之日起依照《劳动合同法》第 47 条的规定计算出经济补偿金再乘以 2，即为赔偿金，不再分段计算。

上海地区根据上海市高级人民法院《关于适用〈劳动合同法〉若干问题的意见》第 21 条规定，《劳动合同法实施条例》第 25 条的规定用人单位违反《劳动合同法》的规定解除或终止劳动合同，依法支付劳动者赔偿金，赔偿金的计算年限自用工之日起计算。如劳动者在劳动合同被违法解除或终止前十二个月的月平均工资高于上年度本市职工月平均工资三倍的，根据《劳动合同法》第 87 条规定应当按照第 47 条第 2 款规定的经济补偿标准计算。针对赔偿金的分段计算，上海市人力资源与社会保障局专门公告了一份表格，如下所示：

<table>
<tr><th colspan="2">情形</th><th>计算公式（按照经济补偿金标准的 2 倍支付）</th><th>备注</th></tr>
<tr><td rowspan="2">劳动者前 12 个月平均应得工资没有超过上年度全市职工月平均工资 3 倍</td><td>前 12 个月平均应得工资低于本市最低工资标准</td><td>本市最低工资 × 经济补偿年限 ×2</td><td rowspan="3">赔偿金的计算年限自用工之日起计算</td></tr>
<tr><td>前 12 个月平均应得工资高于本市最低工资标准，且没有超过上年度全市职工月平均工资 3 倍</td><td>前 12 个月平均应得工资 × 经济补偿年限 ×2</td></tr>
<tr><td rowspan="2">劳动者前 12 个月平均应得工资超过上年度全市职工月平均工资 3 倍</td><td>工作年限小于 12 年</td><td>上年度全市职工月平均工资 3 倍 × 经济补偿年限 ×2</td></tr>
<tr><td>工作年限大于或等于 12 年</td><td>上年度全市职工月平均工资 3 倍 ×12×2</td><td></td></tr>
</table>

（3）劳动者违法解除或终止劳动合同向用人单位支付赔偿金

根据《违反<劳动法>有关劳动规定的赔偿办法》第4条规定劳动者违法解除或终止劳动合同对用人单位造成损失的，劳动者应赔偿用人单位下列损失：用人单位招收录用其所支付的费用；用人单位为其支付的培训费用，双方另有约定的按约定办理；对生产、经营和工作造成的直接经济损失；劳动合同约定的其他赔偿费用。

16.2.2 其他赔偿金

除了违法解除或终止劳动合同赔偿金外，《劳动合同法》还规定了其他在劳动用工环节中应当承担的赔偿责任。

（1）用人单位需要支付的其他赔偿金

依据我国相关劳动法律、法规，用人单位需要支付其他赔偿金的情形如下：

① 用人单位制定的涉及劳动者切身利益的规章制度违反法律、法规规定，由劳动行政部门责令改正，给予警告；给劳动者造成损害的，应当承担赔偿责任。（《劳动合同法》第80条）

② 用人单位提供的劳动合同文本未载明本法规定的劳动合同必备条款或者用人单位未将劳动合同文本交付劳动者，给劳动者造成损害的，应当承担赔偿责任。（《劳动合同法》第81条）

③ 用人单位违反本法规定与劳动者约定试用期，违法约定的试用期已经履行的，由用人单位以劳动者试用期满月工资为标准，按已经履行的超过法定试用期的期间向劳动者支付赔偿金。（《劳动合同法》第83条）

④ 用人单位违反本法规定，以担保或者其他名义向劳动者收取财物，给劳动者造成损害的，应当承担赔偿责任。（《劳动合同法》第84条）

⑤ 劳动者依法解除或者终止劳动合同，用人单位扣押劳动者档案或者其他物品的，用人单位应当赔偿劳动者相应赔偿责任。（《劳动合同法》第84条）

⑥ 用人单位以欺诈、胁迫的手段或者乘人之危，使对方在违背真实意思的情况下订立或者变更劳动合同、免除自己的法定责任、排除劳动者权利、违反法律、行政法规强制性规定而被确认劳动合同无效的，给劳动者造成损失，有过错的用人单位应当承担赔偿责任。（《劳动合同法》第86条）

⑦ 用人单位以暴力、威胁或者非法限制人身自由的手段强迫劳动、违章指挥或者强令冒险作业危及劳动者人身安全、侮辱、体罚、殴打、非法搜查或者拘禁劳动者或劳动条件恶劣、环境污染严重，给劳动者身心健康造成严重损害，用人单位应当承担赔偿责任。（《劳动合同法》第88条）

⑧ 用人单位违反本法规定未向劳动者出具解除或者终止劳动合同的书面证明，给劳动者造成损害的，应当承担赔偿责任。（《劳动合同法》第89条）

【案例】

杨某琴于2013年11月8日被非法从某酒店带离，造成事实离职。2014年3月份，杨某琴被北京某技术有限公司（以下简称A公司）录用，月薪8 000元，任中英文文案编辑。因为某酒店深圳分公司未给杨某琴出具离职证明导致A公司不再录用杨某琴，造成其工作机会丢失。杨某为保护自身权益，申请仲裁并要求：1. 某酒店深圳分公司为杨某琴出具离职证明；2. 某酒店深圳分公司赔偿因未出具离职证明造成的工资损失（2014年3月25日至2015年3月18日）96 000元。

某酒店认为，杨某琴从未要求公司出具离职证明，直到其向北京市劳动人事争议仲裁委员会（以下简称仲裁委）申请仲裁，公司才知道杨某琴要求出具离职证明。公司在仲裁委开庭时当庭给杨某琴出具了离职证明，但杨某琴拒收。2015年2月9日，公司又给杨某琴邮寄了离职证明并不同意杨某琴的诉讼请求。

【裁决】

仲裁委支持了杨某琴的诉讼请求。某酒店不服向一审法院提起诉讼，一审法院支持了仲裁委的裁决。

【解析】

仲裁委、法院的裁决是正确的。用人单位未向劳动者出具解除劳动合同书面证明，给劳动者造成损害的，应当承担赔偿责任。本案中，某酒店深圳分公司未及时应杨某琴要求出具离职证明，对杨某琴失去工作机会，产生经济损失的后果负有责任，应当予以赔偿，故杨某琴要求赔偿因未出具离职证明造成经济损失的请求，仲裁委及法院应予支持。

⑨ 用人单位招用与其他用人单位尚未解除或者终止劳动合同的劳动者，给其他用人单位造成损失的，应当承担连带赔偿责任。（《劳动合同法》第 91 条）

⑩ 劳务派遣单位、用工单位违反本法有关劳务派遣规定，给被派遣劳动者造成损害的，劳务派遣单位与用工单位承担连带赔偿责任。（《劳动合同法》第 92 条）

⑪ 用人单位不具备合法经营资格而违法用工，给劳动者造成损害的，用人单位应当承担赔偿责任。（《劳动合同法》第 93 条）

⑫ 个人承包经营违反本法规定招用劳动者，给劳动者造成损害的，发包的组织与个人承包经营者承担连带赔偿责任。（《劳动合同法》第 94 条）

（2）劳动者需要支付其他赔偿金

① 劳动者以欺诈、胁迫的手段或者乘人之危，使对方在违背真实意思的情况下订立或者变更劳动合同，违反法律、行政法规强制性规定导致劳动合同确认无效，给用人单位造成损害的，应当承担赔偿责任。（《劳动合同法》第 86 条）

② 劳动者违反本法规定解除劳动合同或者违反劳动合同中约定的保密义务或者竞业限制，给用人单位造成损失的，应当承担赔偿责任。（《劳动合同法》第 91 条）

③ 因劳动者本人原因给用人单位造成经济损失的，用人单位可按照劳动合同的约定要求其赔偿经济损失。（《工资支付暂行规定》第16条）

16.2.3 违约金

违约金亦称违约罚款，是指合同当事人约定在一方不履行合同时向另一方支付一定数额的货币。违约金只有在合同当事人有约定或法律有直接规定时才能适用，当事人一方不能自行规定违约金。违约金可分为赔偿性违约金和惩罚性违约金。

在《劳动合同法》实施之前，我国相关劳动法律并没有对“违约金”作出明确限制，根据“法无禁止即可行”的原则，实践中很多用人单位动辄在劳动合同中对劳动者约定高额违约金，以此“圈”住劳动者而不是通过适当的待遇、和谐的劳动关系留住劳动者，损害了劳动者的权益。

为了杜绝这一现象，《劳动合同法》第25条明确规定在劳动合同中设定违约金条款只限于劳动者违反服务期约定和违反竞业限制约定两种情况，除此之外用人单位在合同中规定的其他违约金条款均属无效。

有关服务期违约金以及竞业限制违约金相关内容请参加本书第九章保密协议与竞业限制及第十章服务期。

第十七章　工伤

工伤又称为产业伤害、职业伤害、工业伤害、工作伤害，是指劳动者在从事职业活动或者与职业活动有关的活动时所遭受的不良因素的伤害和职业病伤害。为了保障因工作遭受事故伤害或者患职业病的职工获得医疗救助和经济补偿，促进工伤预防和职业康复，分散用人单位的用工风险，我国制定了《工伤保险条例》等一系列法律法规。

17.1 工伤认定

工伤认定是劳动行政部门依据法律的授权对职工因事故伤害或者患职业病是否属于工伤或者视同工伤给予定性的行政确认行为，劳动者的工伤待遇与非工伤待遇相差巨大，用人单位承担的责任也不尽相同。

17.1.1 工伤认定情形

工伤认定分为劳动者被直接认定工伤的情形和劳动者被视同认定工伤的情形。

（1）劳动者被直接认定工伤情形

根据《工伤保险条例》《最高人民法院关于审理工伤保险行政案件若干问题的规定》及国务院法制办公室、最高人民法院的各类复函，劳动者存在下列情形，可直接被认定为工伤：

① 在工作时间和工作场所内，因工作原因受到事故伤害的；

② 劳动者在工作时间和工作场所内受到伤害，用人单位或者社会保险行政部门没有证据证明是非工作原因导致的；

③ 劳动者参加用人单位组织或者受用人单位指派参加其他单位组织的活动受到伤害的；

④ 在工作时间内，劳动者来往于多个与其工作职责相关的工作场所之间的合理区域因工受到伤害的；

⑤ 其他与履行工作职责相关，劳动者在工作时间及合理区域内受到伤害的；

⑥ 工作时间前后在工作场所内，从事与工作有关的预备性或者收尾性工作受到事故伤害的；

⑦ 在工作时间和工作场所内，劳动者因履行工作职责受到暴力等意外伤害的；

⑧ 患职业病的；

【延伸】职业病的概念、种类及认定条件

职业病是指用人单位、事业单位和个体经济组织等用人单位的劳动者在职业活动中，因接触粉尘、放射性物质和其他有毒、有害物质等因素而引起的疾病。在生产劳动中，接触生产中使用或产生的有毒化学物质，粉尘气雾，异常的气象条件，高低气压，噪声，振动，微波，X射线，γ 射线，细菌，霉菌；长期强迫体位操作，局部组织器官持续受压等，均可引起职业病，一般将这类职业病称为广义的职业病。对其中某些危害性较大，诊断标准明确，结合国情，由政府有关部门审定公布的职业病，称为狭义的职业病。

根据《中华人民共和国职业病防治法》的规定，劳动者认定患有职业病，需具备以下四个条件：

① 患病主体是用人单位、事业单位或个体经济组织的劳动者；

② 必须是劳动者从事职业活动的过程中产生的疾病；

③ 必须是劳动者因接触粉尘、放射性物质和其他有毒、有害物质等职业病危害因素引起的疾病；

④ 劳动者所患疾病必须是国家公布的职业病分类和目录中所列的职业病；

上述四个条件全部具备才能被认定为职业病，缺一不可。

根据2013年12月颁布实施的《职业病分类与目录》，职业病分为十大类，132种职业病，分别是：

① 尘肺及其他呼吸系统疾病（包括：矽肺、煤工尘肺、石墨尘肺、炭黑尘肺、过敏性肺炎、棉尘肺、哮喘等）；

② 职业性皮肤病（包括：接触性皮炎、光接触性皮炎、电光性皮炎、

黑变病等）；

③ 职业性眼病（包括：化学性眼部灼烧、电光性眼炎、白内障）；

④ 职业性耳鼻喉口腔疾病（包括：噪声聋、铬鼻病、牙酸蚀病、爆震聋）；

⑤ 职业性化学中毒（包括：铅及其化合物中毒、汞及其化合物中毒、锰及其化合物中毒等）；

⑥ 物理因素所致职业病（包括：中暑、高原病、航空病等）；

⑦ 职业性放射性疾病（包括：外照射急性放射病、外照射亚急性放射病等）；

⑧ 职业性传染病（包括：炭疽、森林脑炎、布鲁氏菌病等）；

⑨ 职业性肿瘤（包括：石棉所致肺癌、间皮瘤、联苯胺所致膀胱癌等）；

⑩ 其他职业病（包括：金属烟热、滑囊炎、股静脉血栓综合征等）；

⑪ 因工外出期间，由于工作原因受到伤害或者发生事故下落不明的；

⑫ 在上下班途中，受到非本人主要责任的交通事故或者城市轨道交通、客运轮渡、火车事故伤害的；（上下班途中不限于用人单位到经常居住地，父母、子女住所地或配偶单位、居住地等具有合理性的路线均应属于上下班途中的范围）

⑬ 劳动者听从用人单位工作安排，参加体育训练活动而受到伤害的；

⑭ 离退休人员受聘于现工作单位，现工作单位已经为其缴纳了工伤保险费，其在受聘期间因工作受到事故伤害的；

⑮ 用人单位聘用的超过法定退休年龄的务工农民，在工作时间内、因工作原因伤亡的；

⑯ 职工受单位指派外出学习期间，在学习单位安排的休息场所休息时受到他人伤害的；

⑰ 劳动者因工外出期间死因不明，用人单位或社会保障部门提供的证据不能排除非工作原因导致死亡的。

（2）劳动者被视同认定工伤的情形

根据《工伤保险条例》《最高人民法院关于审理与低温雨雪冰冻灾害有关的行政案件若干问题座谈会议纪要》的规定，劳动者存在下列情形可视为工伤：

① 劳动者在工作时间和工作岗位，突发疾病死亡或者在 48 小时之内经抢救无效死亡的；

② 劳动者在抢险救灾等维护国家利益、公共利益活动中受到伤害的；

③ 劳动者原在军队服役，因战、因公负伤致残，已取得革命伤残军人证，到用人单位后旧伤复发的；

④ 低温雨雪冰冻灾害期间，用人单位为维护国家利益和公共利益的需要，在恢复交通、通信、供电、供水、排水、供气、道路抢修、保障食品、饮用水、燃料等基本生活必需品的供应、组织营救和救治受害人员等过程中，临时雇用员工受到伤害的。

17.1.2 工伤认定的例外

依据《工伤保险条例》第 16 条的规定，职工有下列情形之一的，不得认定为工伤或者视同工伤：

① 故意犯罪的；

② 醉酒或者吸毒的；

③ 自残或者自杀的。

17.1.3 工伤认定程序

劳动者发生损害或患病后，需要经历工伤认定程序来判断是否为工伤，只有在认定为工伤后，才能享受到相应的工伤待遇。

（1）申请主体

根据《工伤保险条例》第 17 条的规定，工伤保险的申请主体有两类：一是职工所在单位，二是工伤劳动者或者其家属，以及工伤职工所在单位的工会组织。

用人单位是工伤申请的主要责任主体。工伤保险实行的是雇主责任原则，因而在工伤保险方面用人单位承担了许多责任和义务。工伤事故发生或者职业病被确诊以后，为了及时抢救受伤劳动者，保障劳动者的合法权益，促进单位的安全生产，有必要要求劳动者所在单位承担首要的工伤申报义务。同时为了保证维护劳动者权益的时效性，法律规定单位申报工伤时间限定为在事故发生或者职业病被确诊后的30日以内，只有在特殊情况下经过劳动保障部门的同意，才可以将申报时间延长。

工伤劳动者、家属及所在单位的工会组织是工伤申请的补充责任主体。申请工伤认定是工伤职工的一项基本权利，是工伤职工获得工伤保险待遇的基本前提。在很多工伤发生的情况下，受伤职工大多在医疗机构进行抢救或者治疗，很难办理工伤申请等事项，故工伤职工的家属，如配偶、父母、成年子女等，都可以成为工伤认定申请的主体。此外工会作为维护职工权益的专门性群众组织，在工伤保险方面也需承担很多义务，及时进行工伤认定的申请是工会的一项重要义务。

（2）申报需要递交的材料

用人单位或工会组织申报的

①职工伤亡事故报告表(事故发生之日3个工作日内报送)。

②工伤认定申请表1份(此表及自事故发生之日起1个月内报送)。

③事故人和单位签订的有效书面劳动合同(原件及复印件)。

④事故人的身份证或暂住证(原件及复印件)。

⑤首次就医病历及诊断书等有关材料(原件及复印件)。

⑥工作考勤记录卡(原件及复印件)。

⑦用人单位营业执照(原件及复印件)。

⑧单位参加当地工伤保险按时足额缴费的凭证和参保职工花名册(原件及复印件)。

⑨事故调查报告。

事故人或直系亲属申报的

①工伤认定申请表1式2份。

② 事故人和单位签订的有效书面劳动合同，或单位有效工作证、单位签章工资表、单位签章的从事本职工作证明等 (原件及复印件)。

③ 事故人的身份证或暂住证 (原件及复印件)。

④ 首次就医病历及诊断书等有关材料 (原件及复印件)。

⑤ 物证、书证、证人证言、照片等有关证据。

⑥ 事故发生详细经过。

⑦ 单位、用人单位法人注册登记资料 (工商部门查询)。

如属下列情况，除上述材料外，申请人还需另提供以下材料：

① 属交通事故的，需提供道路交通事故责任认定书、道路交通事故损害赔偿调解书 (原件及复印件)。

② 属刑事案件的，法院、公安部门的有关材料 (原件及复印件)。

③ 属职业病的，需提供职业病诊断证明书 (原件及复印件)。

④ 属维护国家、公众利益的，需提供政府相关部门的证明材料 (原件及复印件)。

⑤ 属革命伤残军人的，需提供因公或因战革命军人伤残证和旧伤复发证明 (原件及复印件)。

⑥ 劳动保障行政部门要求提供的其他材料 (如出差、开会等的通知)。

⑦ 死亡证明书（如有）。

（3）工伤申报流程

① 申报。

单位申请的，职工发生伤亡事故后，用人单位应当立即向当地劳动保障行政部门和工伤保险经办机构报告，并填报《事故伤害报告表》。同时，应在伤亡事故发生或职业病确诊之日起 30 日内填表写并提交《工伤认定申请表》和首诊病历本、旁证材料、身份证等有关材料。未参加工伤保险的用人单位应提交用人单位的营业执照复印件或工商行政管理部门出具的查询证明。

职工或直系亲属申请的，用人单位未在规定期限申请认定的，职工或直系亲属可在伤亡事故或职业病确诊之日起一年内直接向劳动保障行政部门提出工伤认定申请。

② 受理

劳动保障行政部门针对用人单位、单位工会及职工或直系亲属申请的工伤认定申请，应于受理并出具《受理决定通知书》。如职工或其直系亲属的申请超过一年的期限或不符合管辖权规定，劳动保障行政部门将不予受理，出具《不予受理决定书》。如申请材料不全的，劳动保障行政部门当场或在 7 个工作日内以书面形式一次性告知申请人。

③ 调查

对职工或直系亲属提出工伤认定申请的，劳动保障行政部门对用人单位发出《工伤认定协查通知书》，要求单位提供相关材料。用人单位应在规定期限内如实提供情况和有关证据，在规定的时间内未能提出相反证据的，视为对职工或其直系亲属提供的证据材料无异议。如有需要，劳动保障行政部门对提供的证据进行调查核实。有关单位和个人应据实提供情况和有关证据或线索，参保单位有意隐瞒伤亡事故真相，提供虚假证据或数据等材料以及拒绝配合事故调查的，工伤保险经办机构可以拒绝支付工伤保险待遇的各项费用，转由用人单位负担。

④ 认定

劳动保障行政部门应在正式受理之日起 60 日内做出认定结论，开出《工伤认定结论书》。工伤认定结论作出之日起 20 个工作日内送达用人单位和职工或其直亲属，并抄送工伤保险经办机构。

⑤ 其他事项

用人单位或劳动者 (直系亲属) 对工伤认定申请不予受理的决定或工伤认定结论不服的，可以在收到决定之日起 60 日内依法申请行政复议 ; 对复议决定不服的，可以依法提起行政诉讼。

认定为工伤的参保职工，应在医疗期满后向市劳动能力鉴定委员会提出劳动力鉴定申请，有关费用由工伤保险经办机构按规定处理。

认定为工伤的未参保职工，有关费用由用人单位支付、报销。

工伤认定申请全流程图如下：

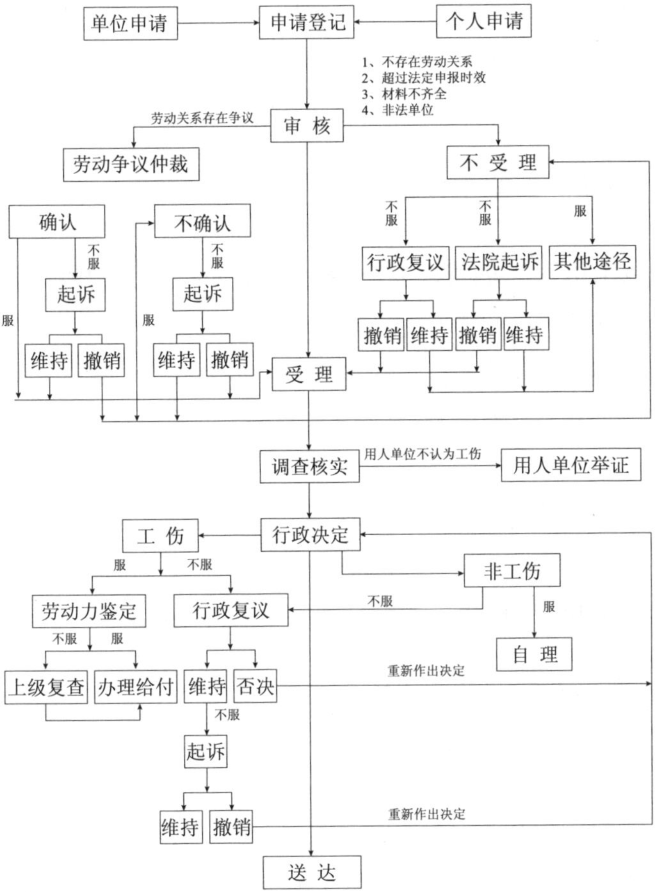

工伤认定流程图

17.2 劳动能力鉴定

劳动能力鉴定是指劳动者因工或非因工负伤以及患病后，劳动鉴定机构根据国家鉴定标准，运用有关政策和医学科学技术的方法、手段确定劳动者伤残程度和丧失劳动能力程度的一种综合评定。它是给予受伤害职工保险待遇的基础和前提条件，也是工伤保险管理工作的重要内容。

劳动能力鉴定分为劳动功能障碍程度和生活自理障碍程度两种等级

鉴定。劳动功能障碍分为十个伤残等级，最重的为一级，最轻的为十级。生活自理障碍分为三个等级：生活完全不能自理、生活大部分不能自理和生活部分不能自理。

17.2.1 劳动能力鉴定申请条件

根据《工伤职工劳动能力鉴定管理办法》的规定，申请劳动能力鉴定要具备如下条件：

① 劳动者发生工伤；

② 经治疗病情相对稳定；

③ 存在残疾；

④ 影响劳动能力。

17.2.2 劳动能力鉴定的程序

（1）提交材料

申请劳动能力鉴定需要提供的材料包括：

① 工伤认定决定书或《工伤证》的复印件 1 份；

② 被鉴定人的身份证复印件 1 份、一寸照片 2 张；

③ 被鉴定人的病历、诊断证明、理化检验报告、 CT、X 光片等诊疗资料的复印件；

④ 申请再次鉴定（确认）的，需提供初次鉴定结论通知书的复印件。

⑤ 工亡职工供养亲属进行劳动能力鉴定（确认），还需提供被鉴定人与工伤职工之间亲属关系的有效证明；

⑥ 法规、政策规定或劳动能力鉴定经办机构要求提供的其他资料。

（2）进行审查

劳动鉴定办公室工作人员接到劳动鉴定申报后，应对下列事项进行审查：

① 申请的事项是否属于劳动鉴定的内容；

② 申请的劳动鉴定是否属于本鉴定委员会受理；

③ 申请书及有关材料是否齐备并符合要求；

对申请书不明确，有关材料不齐备的，应指导申请人予以补充。

（3）受理鉴定

劳动鉴定委员会办公室经审查决定受理的申请后，按照以下程序进行鉴定：

① 将申请书及报送材料分类、分科整理、登记；

② 通知用人单位和被鉴定人有关鉴定事宜（如：鉴定的时间、地点、注意事项等），并组织协调鉴定工作；

③ 指定劳动鉴定医院、聘用劳动鉴定专家组成技术鉴定组；

④ 劳动鉴定医院指定合格的医生根据被鉴定人受伤的部位或病情进行检查，写出诊断报告；鉴定专家组对被鉴定人及材料进行技术鉴定并写出鉴定意见；

⑤ 劳动鉴定委员会依据国家标准、劳动法规及鉴定意见作出鉴定结论。

17.3 工伤赔偿待遇

劳动者在遭遇工伤或患职业病后，可以享受工伤赔偿待遇，保障自身及供养亲属的生活不受影响。用人单位为劳动者缴纳工伤保险的，工伤赔偿由工伤保险基金支付，用人单位未为劳动者缴纳工伤保险的，由该用人单位按照《工伤保险条例》规定的工伤保险待遇项目和标准支付。

17.3.1 工伤医疗待遇

工伤医疗待遇是指职工发生工伤事故后，治疗工伤所需费用符合工伤保险诊疗项目目录、工伤保险药品目录、工伤保险住院服务标准的，从工伤保险基金支付。

根据《工伤保险条例》的规定，工伤医疗待遇主要包括：

① 职工治疗工伤应当在签订服务协议的医疗机构就医，情况紧急时

可以先到就近的医疗机构急救。

② 治疗工伤所需费用符合工伤保险诊疗项目目录、工伤保险药品目录、工伤保险住院服务标准的，从工伤保险基金支付。

③ 职工住院治疗工伤的伙食补助费，以及经医疗机构出具证明，报经办机构同意，工伤职工到统筹地区以外就医所需的交通、食宿费用从工伤保险基金支付，基金支付的具体标准由统筹地区人民政府规定。

④ 工伤职工到签订服务协议的医疗机构进行工伤康复的费用，符合规定的，从工伤保险基金支付。

⑤ 工伤职工因日常生活或者就业需要，经劳动能力鉴定委员会确认，可以安装假肢、矫形器、假眼、假牙和配置轮椅等辅助器具，所需费用按照国家规定的标准从工伤保险基金支付。

⑥ 生活不能自理的工伤职工在停工留薪期需要护理的，由所在单位负责。工伤职工已经评定伤残等级并经劳动能力鉴定委员会确认需要生活护理的，从工伤保险基金按月支付生活护理费。生活护理费按照生活完全不能自理、生活大部分不能自理或者生活部分不能自理 3 个不同等级支付，其标准分别为统筹地区上年度职工月平均工资的 50%、40% 或者 30%。

17.3.2 工伤致残待遇

工伤伤残待遇是指职工发生工伤由劳动保障行政部门认定工伤并经劳动能力鉴定委员会鉴定伤残等级后享受的一种工伤待遇。

根据《工伤保险条例》的规定，工伤伤残待遇分为 1-4 级伤残待遇，5-6 级伤残待遇，7-10 级伤残待遇三个层次。

（一）职工因工致残被鉴定为一级至四级伤残的，保留劳动关系，退出工作岗位并享受以下待遇：

①从工伤保险基金按伤残等级支付一次性伤残补助金，标准为：一级伤残为 24 个月的本人工资，二级伤残为 22 个月的本人工资，三级伤残为 20 个月的本人工资，四级伤残为 18 个月的本人工资；

②从工伤保险基金按月支付伤残津贴，标准为：一级伤残为本人工资的90%，二级伤残为本人工资的85%，三级伤残为本人工资的80%，四级伤残为本人工资的75%。伤残津贴实际金额低于当地最低工资标准的，由工伤保险基金补足差额；

③工伤职工达到退休年龄并办理退休手续后，停发伤残津贴，享受基本养老保险待遇。基本养老保险待遇低于伤残津贴的，由工伤保险基金补足差额。职工因工致残被鉴定为一级至四级伤残的，由用人单位和职工个人以伤残津贴为基数，缴纳基本医疗保险费。

（二）职工因工致残被鉴定为五级、六级伤残的，享受以下待遇：

①从工伤保险基金按伤残等级支付一次性伤残补助金，标准为：五级伤残为16个月的本人工资，六级伤残为14个月的本人工资；

②保留与用人单位的劳动关系，由用人单位安排适当工作。难以安排工作的，由用人单位按月发给伤残津贴，标准为：五级伤残为本人工资的70%，六级伤残为本人工资的60%，并由用人单位按照规定为其缴纳应缴纳的各项社会保险费。伤残津贴实际金额低于当地最低工资标准的，由用人单位补足差额。

③经工伤职工本人提出可以与用人单位解除或者终止劳动关系，由工伤保险基金支付一次性工伤医疗补助金，用人单位支付一次性伤残就业补助金。一次性工伤医疗补助金和一次性伤残就业补助金的具体标准由省、自治区、直辖市人民政府规定。北京市根据《北京市人力资源和社会保障局、北京市财政局关于北京市工伤保险基金支出项目标准及相关问题的通知》的规定，北京地区一次性工伤医疗补助金具体标准为解除或者终止劳动关系时3至18个月的本市上年度职工月平均工资，其中五级18个月，六级15个月。用人单位应当支付的一次性伤残就业补助金，按上述标准执行。

（三）职工因工致残被鉴定为七级至十级伤残的，享受以下待遇：

①从工伤保险基金按伤残等级支付一次性伤残补助金，标准为：七级伤残为12个月的本人工资，八级伤残为10个月的本人工资，九级伤残为8个月的本人工资，十级伤残为6个月的本人工资；

②劳动合同期满终止，或者职工本人提出解除劳动合同的，由工伤保险基金支付一次性工伤医疗补助金，用人单位支付一次性伤残就业补助金。一次性工伤医疗补助金和一次性伤残就业补助金的具体标准由省、自治区、直辖市人民政府规定。北京市根据《北京市人力资源和社会保障局、北京市财政局关于北京市工伤保险基金支出项目标准及相关问题的通知》的规定，北京地区一次性工伤医疗补助金具体标准为解除或者终止劳动关系时 3 至 18 个月的本市上年度职工月平均工资其中七级 12 个月，八级 9 个月，九级 6 个月，十级 3 个月。用人单位应当支付的一次性伤残就业补助金，按上述标准执行。

17.3.3 工亡待遇

工亡待遇是指劳动者因工发生工伤死亡事故后对其直系亲属的一种补救和补偿，其作用是使工亡职工遗属的基本生活得到保障。工亡待遇主要有三项，分别是丧葬补助金、供养亲属抚恤金、一次性工亡补助金。

丧葬补助金为 6 个月统筹地区上年度职工月平均工资；

供养亲属抚恤金按照职工本人工资的一定比例发给由因工死亡职工生前提供主要生活来源、无劳动能力的亲属。标准为：配偶每月 40%，其他亲属每人每月 30%，孤寡老人或者孤儿每人每月在上述标准的基础上增加 10%。核定的各供养亲属的抚恤金之和不应高于因工死亡职工生前的工资。

一次性工亡补助金标准为上一年度全国城镇居民人均可支配收入的 20 倍。

伤残职工在停工留薪期间内因工伤导致死亡，享受全部工亡待遇；一级至四级伤残职工在停工留薪期满后死亡的，其近亲属可以享受丧葬补助金及供养亲属抚恤金待遇。

第十八章　特殊用工形式

18.1 劳务派遣

劳务派遣又称人力派遣、人才租赁、劳动派遣、劳动力租赁、雇员租赁，是指由劳务派遣机构与派遣劳工订立劳动合同，把劳动者派向其他用工单位，再由其用工单位向派遣机构支付一笔服务费用的一种用工形式。劳动力给付的事实发生于派遣劳工与要派用人单位（实际用工单位）之间，要派用人单位向劳务派遣机构支付服务费，劳务派遣机构向劳动者支付劳动报酬。

18.1.1 劳务派遣的适用范围

劳务派遣是我国劳动用工的补充形式，不同于劳动合同建立劳动关系，其适用存在一定范围。根据《劳动合同法》的规定，劳务派遣只能在临时性、辅助性或替代性的工作岗位上适用：

临时性工作岗位，是指存续时间不超过6个月的岗位，6个月是指岗位本身存续的时间，而不是被派遣劳动者在某一工作岗位上的工作时间；

辅助性工作岗位，是指为主营业务岗位提供服务的非主营业务岗位，如一些生产经营单位中的保安、保洁、炊事等后勤服务岗位等；

替代性工作岗位，是指用工单位的劳动者因脱产学习、休息休假等原因无法工作的一定期间内，可以由其他劳动者替代工作的岗位。主要是指因用工单位的劳动者由于各种原因缺勤而由被派遣劳动者顶替的岗位。

上述提及的三种工作岗位只要符合一种，即可使用劳务派遣，无需同时具备三个特性。

18.1.2 劳务派遣的适用比例

为避免劳务派遣成为用工主渠道，修正后的《劳动合同法》《劳务派遣暂行规定》在明确允许实施劳务派遣的“三性”岗位范围的同时，对用工单位使用被派遣劳动者的数量比例做了进一步要求。

《劳动合同法》第 66 条规定“用工单位应当严格控制劳务派遣用工数量，不得超过其用工总量的一定比例，具体比例由国务院劳动行政部门规定。”

《劳务派遣暂行条例》第 4 条规定“用工单位应当严格控制劳务派遣用工数量，使用的被派遣劳动者数量不得超过其用工总量的 10%。”

严格控制劳务派遣用工数量，目的在于避免劳务派遣成为用工主渠道，要在坚持劳动合同用工这一用人单位基本用工形式的前提下，发挥劳务派遣作为一种补充用工形式，在促进就业、满足临时性用工需求方面发挥积极功能。

18.1.3 劳务派遣单位的设立条件

劳务派遣的最大特点是劳动力雇用和使用相分离，处于强势地位的派遣单位和用工单位，容易利用劳务派遣的特性，转移用工风险，规避法律义务。多数国家通过立法对劳务派遣进行了严格的规范和限制，其中一个共性的做法就是对营利性劳务派遣实行严格的市场准入制度，设置许可或者登记等批准程序。

我国也不例外，根据我国《劳动合同法》规定，经营劳务派遣业务的用人单位应当具备以下条件：

（1）注册资本不得少于 200 万元人民币

《劳动合同法》将劳务派遣单位的最低注册资本规定为人民币 200 万元，远远高于公司法对公司注册资本最低限额的要求，这主要是为了确保劳务派遣单位有相当的资金支持其规范经营和对外承担民事责任。

（2）有与开展业务相适应的固定的经营场所和设施

劳务派遣单位作为一个经营性实体，其开展业务必须要投入相当的人、财、物等生产要素，需要具备与开展业务相适应的一定的场所，也要具备必要的办公设施，如计算机和网络设备、档案管理设施等，这些是劳务派遣单位开展劳务派遣业务必备的物质基础。此处强调经营场所的“固定”是指在比较固定的地点，提供相应的经营服务。劳务派遣单位应当能够提供办公用房的产权证、租赁协议等合法使用证明，经营场所还应当符合消防、通风等建筑技术标准规定，具有安全合理的使用效能。

（3）有符合法律、行政法规规定的劳务派遣管理制度

（4）法律、行政法规规定的其他条件

另外，劳动派遣公司经营劳务派遣业务应当向劳动行政部门依法申请行政许可；经许可的，依法办理相应的公司登记；未经许可，任何单位和个人不得经营劳务派遣业务。

劳动行政部门应当对申请人提交的材料进行审查，实践中可以采取书面审查、实地核查、当面询问、听证、听取第三人意见、召开专家论证会等多种形式进行审查。经审查，劳动行政部门根据申请人是否符合法定条件，在法定期限内作出准予或者不准予的行政许可决定。准予许可的，颁发劳务派遣业务经营许可证。许可证应当载明证件名称、发证机关名称、持证人名称、行政许可事项名称、行政许可证件的有效期等，劳动行政部门应当在许可证上加盖本行政机关印章，标明发证日期。不予许可的，劳动行政部门应当向申请人说明理由，告知救济权和救济程序。

18.1.4　劳务派遣中的法律关系

劳务派遣法律关系中存在三方主体，分别是：劳务派遣单位、实际用工单位以及被派遣的劳动者。这三方主体相互之间存在不同的法律关系，如下图：

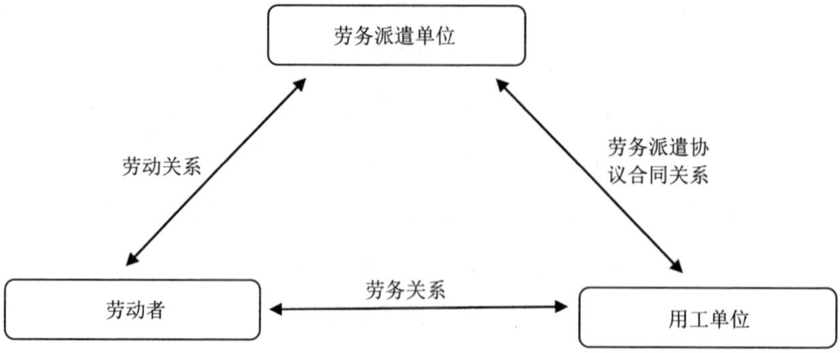

劳务派遣中的三方主体

18.1.5 劳务派遣单位与被派遣劳动者的关系

劳务派遣单位与被派遣劳动者之间形成的是劳动关系。劳务派遣单位是《劳动合同法》所称的用人单位，应当履行用人单位对劳动者的义务，包括办理录用、退工手续，签订劳动合同、支付劳动报酬、交纳社保，办理工伤认定、工伤待遇，解除和终止劳动关系。双方因履行劳动合同发生的纠纷属于劳动争议纠纷，必须经过劳动仲裁前置程序。

劳务派遣单位应当与被派遣劳动者订立二年以上的固定期限劳动合同，按月支付劳动报酬；被派遣劳动者在无工作期间，劳务派遣单位应当按照所在地人民政府规定的最低工资标准，按月向其支付报酬。

18.1.6 劳务派遣单位与用工单位之间的关系

劳务派遣单位与用工单位之间形成的是依据劳务派遣协议形成的民事合同关系。劳务派遣协议应当约定派遣岗位和人员数量、派遣期限、劳动报酬和社会保险费的数额与支付方式以及违反协议的责任。

双方的劳务派遣协议属于民事劳务派遣服务合同，并不确立劳动关系，建立的只是劳动力派遣契约关系，即劳务派遣单位与用工单位签订的关于委托提供劳动管理服务、支付服务费和承诺给派遣劳动者提供劳动条件的协议；双方的劳务派遣协议非劳动合同，如果双方就劳动派遣协议发生纠纷，除自行协商和调解外，可以民事诉讼渠道解决。

需要注意的是，无论劳务派遣单位与用工单位之间在派遣协议中如何分配其权利义务，该约定只对劳务派遣单位与用工单位之间有效，而对被派遣劳动者不产生约束力。

18.1.7 用人单位与被派遣劳动者之间的法律关系

用工单位与被派遣劳动者之间不存在劳动关系，属于一般的劳务关系。用工单位依据劳务派遣协议以及相关法律规定，还需要对被派遣劳动者履行一定的义务，其中《劳动合同法》第62条规定了五项应当履行的义务：

① 执行国家劳动标准，提供相应的劳动条件和劳动保护；

② 告知被派遣劳动者的工作要求和劳动报酬；

③ 支付加班费、绩效奖金，提供与工作岗位相关的福利待遇；

④ 对在岗被派遣劳动者进行工作岗位所必需的培训；

⑤ 连续用工的，实行正常的工资调整机制。

18.1.8　劳务派遣中的退回被派遣劳动者

用工单位在劳务派遣中与被派遣劳动者之间并不形成劳动关系，其不能与劳动者直接解除或终止劳动关系而是要将被派遣劳动者进行退回。所谓的被派遣劳动者的退回是指用工单位在特定情况下将被派遣的劳动者退回劳务派遣单位，由劳务派遣单位另行安排工作、待岗或解除劳动关系的一种方式，根据情况不同可以分为法定退回、约定退回和单方退回三种。

（1）法定退回

法定退回是指被派遣劳动者因个人过错或不能履行正常职责等法定情形时，用工单位可以依法将被派遣劳动者退回劳务派遣单位的方式，根据《劳动合同法》第 65 条的规定，法定情形具体包括：

① 被派遣劳动者在试用期被证明不符合录用条件的；

② 被派遣劳动者严重违反用人单位规章制度的；

③ 被派遣劳动者严重失职、营私舞弊、给用人单位造成重大损害的；

④ 被派遣劳动者与其他单位建立劳动关系，对完成本单位工作任务造成严重影响，或者经用工单位提出，拒不改正的；

⑤ 被派遣劳动者以欺诈、胁迫的手段或者乘人之危，使对方在违背真实意思的情况下订立或者变更劳动合同的；

⑥ 被派遣劳动者被依法追究刑事责任的；

⑦ 被派遣劳动者患病或者非因工负伤，在规定的医疗期满后不能从事原工作，也不能从事由用人单位另行安排的工作的；

⑧ 被派遣劳动者不能胜任工作，经过培训或者调整工作岗位，仍不能胜任工作的。

法定退回的情形与劳动关系中的法定解除情形效力相同，用工单位依法将被派遣劳动者退回劳务派遣单位后，劳务派遣公司可以依据法律规定与被派遣劳动者解除劳动关系。

（2）单方退回

单方退回是指非因被派遣劳动者自身原因，由于用工单位的客观原因导致用工关系无法继续，用工单位可以将被派遣劳动者退回劳务派遣单位的方式，根据《劳务派遣暂行规定》第 12 条的规定，具体包括：

① 劳动合同订立时所依据的客观情况发生重大变化，致使劳动合同无法履行，经用人单位与被派遣劳动者协商，未能就变更劳动合同内容达成协议的；

② 用工单位依照企业破产法规定进行重整的；

③ 用工单位转产、重大技术革新或者经营方式调整，经变更劳动合同后，仍需裁减人员的；

④ 其他因劳动合同订立时所依据的客观经济情况发生重大变化，致使劳动合同无法履行的；

⑤ 劳务派遣协议期满终止的。

以上情形中，用工单位退回劳动者的原因并非劳动者自身过错，单方退回并不等于解除条件，被派遣劳动者被单方退回后劳务派遣单位应当在其无工作期间按照不低于所在地人民政府规定的最低工资标准向被派遣劳动者按月支付报酬。

被派遣劳动者被单方退回后，劳务派遣单位可为其另行安排劳务派遣工作。劳务派遣单位重新派遣时维持或者提高劳动合同约定条件，被派遣劳动者不同意的，劳务派遣单位可以解除劳动合同；劳务派遣单位重新派遣时降低劳动合同约定条件，被派遣劳动者不同意的，劳务派遣单位不得解除劳动合同。

（3）协商退回

被派遣劳动者可以在不违反法律强制性规定的情况下协商退回。劳务派遣不同于普通劳动关系，涉及到用工单位、劳务派遣单位、被派遣劳动者三方，因此协商退回必须经过三方一致同意，否则不能适用协商退回方式。

为了避免争议，用工单位在适用协商退回被派遣劳动者时一定要签订书面的三方协议对协商退回进行详细约定。协商退回的劳动者与劳务派遣单位之间的劳动关系并不一定解除，如劳动关系解除，劳务派遣单位应当支付劳动合同解除经济补偿金。

实践中，有的用人单位为了吸纳优秀的劳务派遣劳动者而与劳动者协商退回。此种情况下，协商退回劳动者是建立新的劳动关系的一种手段。用人单位退回被派遣劳动者后，被派遣劳动者与劳务派遣单位解除劳动关系，用人单位在与该劳动者直接签订劳动合同，用人单位在进行上述操作时要注意提前对劳动合同解除的经济补偿金作出约定。

18.1.9 劳务派遣的社会保险缴纳

劳务派遣中劳动关系存在于劳务派遣单位以及被派遣劳动者之间，故被派遣劳动者的社会保险原则上由劳务派遣公司在劳务派遣公司所在地缴纳社会保险，但存在下列例外情形：

① 劳务派遣单位跨地区派遣劳动者的，应当在用工单位所在地为被派遣劳动者申请社会保险并按照用工单位所在地的规定缴纳相应费用。

② 劳务派遣单位在用工单位所在地设立分支机构的，由分支机构为被派遣劳动者申请社会保险并承担相应费用。劳务派遣单位未在用工单位所在地设立分支机构的，由用工单位代劳务派遣单位为被派遣劳动者申请社会保险并承担相应费用。

18.1.10 用人单位使用劳务派遣用工形式时应注意的问题

劳务派遣是人力资源外包的一种形式，目前被诸多用人单位所热衷选择。一方面劳务派遣用工机制灵活，用工单位只负责被派遣劳动者的选择与退回，劳动关系的建立与解除由劳务派遣公司负责；另一方面被派遣劳动者与用工单位之间形成的是普通劳务关系并非劳动关系，免掉了用工单位处理劳动人事纠纷的麻烦。但应当注意的是，劳务派遣的用工模式自身也存在一定法律风险，用工单位在使用劳务派遣用工形式时应注意下列问题：

（一）选择合法的劳务派遣单位，避免形成劳动关系

根据《劳动合同法》的规定，劳务派遣公司需要具有合法的劳务派遣资格，如劳务派遣单位不符合《劳动合同法》规定的设立条件，则已经签订的劳务派遣协议无效，被派遣劳动者与用工单位之间形成劳动关系。

（二）查阅并备案劳务派遣公司与被派遣劳动者之间的劳动合同，避免形成事实劳动关系

用工单位在使用劳务派遣工之前要查看劳务派遣单位的员工名册和劳动合同，确认劳务派遣单位与劳务派遣工是劳动关系，防止劳务派遣单位不签、迟签劳动合同导致实际用工单位与劳动者形成事实劳动关系。另外出于留存证据的考虑，用工单位应要求劳务派遣公司提供与劳务派遣劳动者签订的劳动合同并将副本进行备案存档，避免发生争议因举证不能而承担不利后果。

（三）与劳务派遣公司签订合法、详细的劳务派遣协议

用工单位与劳务派遣公司签订书面的劳务派遣协议时要认真审查，确保合法且具备必备条款，一份劳务派遣协议应具备以下条款：派遣岗位和人员数量、派遣期限、劳动报酬和社会保险的数额与支付方式、违约责任等。

（四）善用劳务派遣协议中的约定条款，保护用工单位利益

用工单位应善用劳动派遣协议中的约定条款来保护自身利益，防止责任约定不清引发争议。用工单位可以在派遣协议中约定以下条款：

① 劳动合同备查存档条款，用工单位可以在协议中要求派遣公司与劳务派遣工签订符合规定的劳动合同并提供一份劳动合同副本存档备查。

② 社保缴纳及加班费条款，用工单位可以在协议中约定劳务派遣公司必须依法为劳动者缴纳社保、按时足额发放劳动者加班费的条款。

③ 派遣劳动者退回条款，用工单位可以在协议中约定派遣劳动者退回情形以及退回方式。

④ 损失赔偿及违约责任条款，用工单位可以在协议中约定损失赔偿及违约责任条款来减少用工单位损失，例如约定“如果劳务派遣工造成用工单位损失，视为劳务派遣公司违反合同约定，应承担违约责任；造成用工单位损失的，由劳务派遣公司承担赔偿责任”来确保用工单位的损失得到相应赔偿。

【案例】

上海某纸品包装有限公司与黄氏公司签订了《劳务派遣协议》，黄氏公司将72名员工派遣至上海某纸品包装有限公司从事车间工人岗位工作，为期1年。员工在工作过程中发现上海某纸品包装有限公司以及黄氏公司并没有为其缴纳社保，并且了解到黄氏公司并没有劳务派遣资质，也没有在社保系统中登记开户。员工起诉至仲裁委要求确认与上海某纸品包装有限公司存在劳动关系，并要求其承担未缴纳社会保险的损失。

【裁决】

仲裁委认为劳务派遣单位应当是依法登记设立的公司，具备一定的经济实力且能够独立承担法律责任。黄氏公司既未经工商登记注册成立，在社保系统中也没有登记开户，没有为任何劳动者缴纳过社会保险费用的记录，故本案中黄氏公司不是合法成立的公司并不具备合法的劳务派遣资质。劳务派遣关系不成立，72名员工已经在上海某纸品包装有限公司实际工作并领取报酬，符合劳动关系建立的要件，应当认定为成立事实劳动关系。上海某纸品包装有限公司不服，起诉至一审法院，一审法院支持了仲裁委的裁决。

【解析】

仲裁委及法院的裁决是正确的。劳务派遣公司必须具有劳务派遣资质，否则签订的劳务派遣协议无效，且劳务派遣单位与被派遣劳动者之间不形成劳动关系，用人单位与被派遣劳动者之间亦不形成劳务派遣关系。被派遣劳动者与用工单位之间如不成立劳务派遣关系，因其工作与一般劳动者相同，故极易形成事实劳动关系。1995年劳动部《关于贯彻执行〈中华人民共和国劳动法〉若干问题的意见》中提出了“事实劳动关系”的概念，该意见第一条规定“中国境内的用人单位、个体经济组织与劳动者之间，只要形成劳动关系，即劳动者事实上已成为用人单位、个体经济组织成员，并为其提供了有偿劳动，适用劳动法。”这里规定的“事实劳动关系”是相对于劳动法调整的劳动法律关系而言的，劳动者与用人单位虽然没有签订书面的劳动合同，但是履行了实际的劳动关系，包括为用人单位提供劳动，接受用人单位的管理和约束，受到用人单位的保护等等，即双方在事实上确立了劳动关系。

本案中，72名员工提供的出勤考核表、员工出勤记录表、工资发放表等证据材料也反映出，72名员工均在上海某纸品包装有限公司处工作，从事单位的生产任务，受其统一管理，并领取工资报酬，应当认定为存在事实劳动关系，故仲裁委及法院的裁决是正确的。

18.2 业务外包

业务外包也称资源外包、资源外置，是指用人单位为了获得比单纯利用内部资源更多的竞争优势，整合用其外部最优秀的专业化资源，将其非核心业务交由合作用人单位完成，从而达到降低成本、提高效率、充分发挥自身核心竞争力和增强用人单位对环境的迅速应变能力的一种管理模式。

18.2.1 业务外包的种类

根据业务外包实现方式来看，用人单位业务外包主要分为业务承揽和业务代理两种。

业务承揽，是指用人单位将非核心业务的生产、经营、服务等工作委托给承揽单位，由承揽单位按照承揽合同的要求进行人力资源，技术、资本等投入，完成产品的生产或服务的提供的一种业务外包形式。业务承揽依据的是《合同法》第251条规定：承揽合同是承揽人按照订做人的要求完成工作，交付工作成果，订做人给付报酬的合同。承揽包括加工、订做、修理、复制、测试、检验等工作。我国法律对承揽主体没有统一的资格要求，承揽主体既可以是法人，也可以是自然人或个体工商户，但对特殊业务如工程施工、设计、监理，电梯维修、检验，物业管理等，相关法规规定承揽方必须具备相应资质。

业务代理，是指外包单位接受用人单位委托，在授权范围内以用人单位的名义对外开展工作，法律后果直接归属于该用人单位。该种方式主要适用于营销业务的代理，营业厅的业务受理等。业务代理依据的是《民法通则》第63条规定：公民、法人可以通过代理人实施民事法律行为；代理人在代理权限内，以被代理人的名义实施民事法律行为；被代理人对代理人的代理行为，承担民事责任。

18.2.2 业务外包的连带责任

用人单位的业务外包并不等于隔断了法律责任的承担，在特定情况下发包的用人单位仍然承担连带责任。

（1）安全生产连带赔偿责任

在通常情况下，业务外包中的安全生产责任属于外包方，但为了加强安全生产管理，避免或减少生产安全事故的发生，我国法律规定了发包方的连带赔偿责任。《安全生产法》第86条规定：生产经营单位将生产经营项目、场所、设备发包或者出租给不具备安全生产条件或者相应资质的单位或者个人的，责令限期改正，没收违法所得；导致发生生产安全事故给他人造成损害的，与承包方、承租方承担连带赔偿责任。

为了避免承担发包方的连带赔偿责任，用人单位在业务外包工作中应当注意以下方面：

① 审查外包方资质。凡外包业务中涉及资质要求的，用人单位应对

外包方进行详细的审查，确保其具备相应资质；

② 审查外包方的生产条件。外包商应当具备符合法律规定要求的生产组织管理能力，有安全生产管理制度和相应的安全生产管理人员，安全生产设施符合要求，劳动保护用品发放到位。用人单位在业务外包前应对外包方进行审查，凡是无办公场所、无相应管理人员、无一定资金保障的“三无”公司，一旦发现就应当被认定为不具备安全生产条件，拒绝与其进行进一步合作；

③ 慎重使用自然人和个体工商户的业务外包。除单纯的业务营销代理可以外包给自然人和个体工商户外，其他业务尤其是安全生产风险较大的业务，用人单位应尽量避免外包给自然人和个体工商户以避免承担连带赔偿责任。

（2）劳动用工连带赔偿责任

《劳动合同法》第94条规定：个人承包经营违反本法规定招用劳动者，给劳动者造成损害的，发包的组织与个人承包经营者承担连带赔偿责任。赔偿的范围应当包括工资、加班费、经济补偿金、赔偿金等。

（3）劳务派遣连带赔偿责任

劳务派遣与业务外包在实践中容易混淆，一旦用人单位业务外包被相关机构认定为劳务派遣，那么用人单位将承当相应的劳务派遣连带赔偿责任。

【延伸】业务外包与劳务派遣的区别

劳务派遣和业务外包在工作上的表象使得二者易于混淆，但二者有着本质的区别：

第一，薪酬支付的对象不同。劳务派遣是一种劳务合同关系，用工单位以劳动力的使用作为标的，用工单位通过派遣用人单位向员工支付工资，员工向用工单位提供劳动服务，用工单位针对劳动力的使用支付薪酬。业务外包是一种承揽合同关系，是按照发包用人单位的要求，由承包人完成的工作成果为标的，用人单位针对完成的工作成果支付薪酬。

第二，法律依据不同。劳务派遣是劳务派遣机构与派遣员工签订立劳动合同，劳动合同关系存在于劳务派遣机构与派遣员工之间，但劳动力给付的事实（劳动管理）则发生于派遣员工与实际用工单位之间，是种招聘和用人相分离的用工模式，受《劳动法》及《劳动合同法》等相关法律的调整。业务外包是种经济、业务合作关系，发包用人单位与承包用人单位签订业务合作合同，由承包用人单位独立完成所承包业务，合作针对的是业务。承包用人单位自行安排人员，开展业务，对人员发放工资，不受发包用人单位干涉，故业务外包关系是受《民法通则》和《合同法》调整的。

第三，业务的独立性不同。业务外包针对的是业务，因此承包公司主宰业务的进程，管理现场人员。劳务派遣则由实际用工单位控制业务的进程，派遣员工完全受控于用工单位，由用工单位对其管理，派遣公司不涉及任何用工单位的业务问题。

第四，给付员工工资的标准不同。劳务派遣员工被派遣至用工单位工作，通常比照用工单位的正式员工，实行同工同酬。业务外包过程中，虽有时业务人员也进驻发包用人单位工作，但其工资完全由承包公司决定并进行发放。

第五，费用结算周期不同。劳务派遣人员与用工单位的正式员工一样，由用工单位按月将其工资支付给派遣用人单位，派遣用人单位再支付给派遣员工，因此派遣用人单位与用工单位间通常是按照月进行结算的。业务外包则不同，发包用人单位与承包用人单位通常按照业务的进展程度约定结算周期，自由度大。

18.3 非全日制用工

非全日制用工是与全日制工作相对应的用工形式。根据《劳动合同法》的固定，非全日制用工的界定标准为：以小时计酬为主，劳动者在同一用人单位一般平均每日工作时间不超过 4 小时，每周工作时间累计不超过 24 小时的工作模式。非全日制用工有诸多优点，对于用人单位而言，非全日制用工可以根据市场变化适时调整劳动力余缺，节省人力成本的支出；对于劳动者而言，非全日制用工可以享受更大的时间自由度，解决工作与生活的平衡。

非全日制用工不同于一般全日制用工，其具有特殊性和灵活性，《劳动合同法》规定，非全日制用工的用人单位与劳动者无需签订书面劳动合同、双方均可以随时解除劳动合同、也可以存在多个劳动关系等。

18.3.1　非全日制用工的特征

相比全日制用工而言，非全日制用工存在以下特征：

（1）工作时间灵活

非全日制用工工作时间灵活，用人单位可自由支配。在每周二十四小时的总工作时间内，具体工作安排由用人单位自主决定。用人单位可以安排劳动者每天工作八小时，每周工作三天，也可以安排每天工作四小时，每周工作六天，还可以是其他的工作方式。

（2）劳动关系灵活

劳动者与不同的用人单位之间可以建立多重非全日制劳动关系，用人单位不因多重劳动关系而承担责任。另外非全日制劳动关系解除和终止也非常方便，用人单位和劳动者双方都可以随时解除或终止劳动关系而不需要承担任何责任。

（3）程序灵活

非全日制劳动关系不强制要求签订书面的劳动合同，可以以口头形式确立劳动关系。

（4）用工成本低

非全日制用工，用人单位只需为劳动者缴纳工伤保险。劳动和社会保障部《关于非全日制用工若干问题的意见》（劳社部发〔2003〕12 号）第 3 条规定："用人单位应当按照国家有关规定为建立劳动关系的非全日制劳动者缴纳工伤保险费。"作为非全日制用工，用人单位必须为其缴纳工伤保险，除工伤保险外的社会保险费，用人单位则不是必须为劳动者缴纳。

18.3.2 非全日制用工操作技巧

在实践中，用人单位与劳动者建立非全日制用工关系往往会产生很多法律风险，包括被认定为全日制用工的法律风险，用工单位商业秘密被侵犯，非全日制劳动者工伤、患病、意外伤害等等。针对非全日制用工，用人单位应掌握如下操作技巧：

（1）做好背景调查

非全日制用工的劳动者可以建立多重劳动关系，故用人单位在招聘劳动者时要提前做好背景调查，招聘时应明确劳动者劳动关系情况，时间安排情况等，避免用工时间存在冲突而影响工作效率与质量。

（2）签订书面劳动合同

虽然法律不强制订立书面劳动合同，但出于明确权利义务、避免争议以及留存证据等多方面考虑，用人单位应尽可能与劳动者签订非全日制用工劳动合同。订立非全日制劳动合同，用人单位可以明确用工性质及劳资双方的权利义务关系，一旦双方发生争议，书面合同就成为证明劳动者与用工单位之间用工关系的有力证据，避免用人单位因举证不能而承担不利后果，遭受不必要损失。

（3）详细约定必备条款

非全日制劳动合同的内容由双方协商确定，应当包括工作时间和期限、工作内容、劳动报酬、劳动保护和劳动条件等五项必备条款。用工单位在拟定劳动合同时要在同劳动者协商一致的前提下，尽量对必备条款进行精确描述，避免产生歧义。

（4）制作考勤记录、工资表等用工管理文件并保存

用人单位应当制作考勤记录、工资表等用工管理文件并保存。例如以每天打卡或签到、签退的方式对非全日制劳动者进行考勤管理，并保存好出勤记录。制作非全日制用工工资表，保留支付、签收凭证。

制作考勤记录、工资表等用工管理文件并保存的目的在于证明用人单位严格执行了非全日制用工劳动时间与薪酬支付的规定，避免发生争议。

（5）避免安排加班

用人单位应避免安排非全日制劳动者加班，将每周劳动者工作的时间严格控制在23小时之内。非全日制的最显著的特征就是工作时间的限制，每周不得超过24小时，用人单位若违反上述规定安排劳动者每周工作时间超过24小时，则会被认定全日制劳动关系，用人单位将承担不必要的用工责任。

（6）涉密岗位不使用非全日制劳动者

用人单位应避免在涉密岗位使用非全日制劳动者。非全日制与全日制劳动关系相比缺少对劳动者的规制，一旦劳动者泄露商业秘密追责难度较大，另外非全日制用工劳动者可以建立多重劳动关系，在多个单位之间交叉工作时也存在无意识泄露商业秘密的风险，故用人单位的涉密岗位应避免使用非全日制用工，如必须则应与涉密的非全日制劳动者签订保密、竞业限制协议。

（7）为非全日制劳动者缴纳工伤保险

用人单位应当为非全日制劳动者缴纳工伤保险。非全日制用工虽然属于灵活用工，但双方建立的仍然是劳动关系，如发生事故员工仍可按照《工伤保险条例》的规定申报和认定工伤，并享受相应的工伤保险待遇。用人单位有义务为非全日制员工缴纳工伤保险费，如未缴纳工伤保险费，则相应的损失将由用人单位自行承担。

【案例】

何某与北京市某食品厂签订了非全日制用工劳动合同，该合同约定何某从事搬运工作，每天工作4小时，工作时间由早9点到下午1点，每周工作5天，每小时工资为20元。签订合同后，恰逢食品销售旺季，何某与全日制员工一样，每天工作8小时，一直工作了3个月，公司突然发出解除通知书，要求解除劳动合同。

何某不服，认为其与全日制员工工作时间一致，应当属于全日制劳动关系，遂向仲裁委提起诉讼，要求食品厂支付解除劳动合同经济补偿金并赔偿未缴纳社会保险的损失。

【裁决】

仲裁委认为何某的工作时间已经远远超过非全日制用工的劳动时间，与全日制劳动者工作时间无异，应当认定为全日制劳动者支持了何某的请求。

【解析】

仲裁委的裁决是正确的。非全日制用工与全日制用工的根本区别在于工作时间，《劳动合同法》第 68 条规定：非全日制用工，是指以小时计酬为主，劳动者在同一单位一般平均每日工作时间不超过 4 小时，每周工作时间累计不超过 24 小时。据此，非全日制用工虽然在特殊情况下每天可以超过 4 小时，但每周累计不得超过 24 小时。一旦非全日制用工工作时间超过法定时间，仲裁委一般会根据具体工作时间长度，薪酬发放，合同约定等多方面来认定劳动关系的性质，进而判定是全日制劳动关系还是非全日制用工。

本案中，何某连续 3 个月工作时间与全日制员工工作时间一致，已经严重的超过了非全日制用工的法定劳动时间，与全日制劳动者工作时间无异，应当认定为全日制劳动者。

第十九章　劳动争议实务处理

劳动争议是指劳动关系的当事人之间因执行劳动法律、法规和履行劳动合同而发生的纠纷，即劳动者与用人单位之间因劳动关系中的权利义务而发生的纠纷。根据争议涉及的权利义务的具体内容，可将其分为以下几类：

① 因确认劳动关系发生的争议；

② 因订立、履行、变更、解除和终止劳动合同发生的争议；

③ 因除名、辞退和辞职、离职发生的争议；

④ 因工作时间、休息休假、社会保险、福利、培训以及劳动保护发生的争议；

⑤ 因劳动报酬、工伤医疗费、经济补偿或者赔偿金等发生的争议；

⑥ 法律、法规规定的其他劳动争议。

用人单位在营商过程中，不可避免会与劳动者产生劳动争议，劳动纠纷的发生，不仅使正常的劳动关系得不到维护，还会使劳动者的合法利益受到损害，不利于社会的稳定。正确把握劳动纠纷的特点，积极预防劳动纠纷的发生，合法合理地解决劳动争议是用人单位的重要任务。

19.1 劳动争议处理程序

劳动争议发生后，用人单位及劳动者应当按照下列基本程序请求解决。

19.1.1 协商与和解

用人单位与劳动者之间发生劳动争议后，双方应通过协商方式自行和解。协商和解成本低，效率高，能最大限度维持用人单位与劳动者之间的良好劳资关系，是解决劳动争议最先选择的途径。协商和解是建立在双方自愿基础上的，如用人单位或劳动者任何一方不愿协商或者经过协商不能达成一致，双方可以选择调解程序或仲裁程序。

19.1.2 调解程序

用人单位与劳动者双方自行协商不成的或协商达不成一致意见的，任何一方可以向用人单位所在地劳动争议调解委员会申请调解。调解程序是自愿的，只有双方当事人都同意申请调解，调解委员会才能受理该案件，当事人可以不经过调解而直接申请仲裁。另外，工会与用人单位因履行集体合同发生争议，不适用调解程序，当事人应直接申请仲裁。

19.1.3 仲裁程序

若经过调解双方达不成协议，用人单位或劳动者一方或双方可向当地劳动争议仲裁委员会申请仲裁，用人单位与劳动者也可以跳过调解程序直接申请仲裁。仲裁程序适用于各类劳动争议，但集体合同争议除外（因签订集体合同发生的争议，目前是由劳动部门会同有关方面进行协调处理，不适用仲裁程序）。仲裁程序是劳动争议的必经程序，只要有一方当事人申请仲裁，且符合受案条件，仲裁委员会即予受理；当事人如果要起诉到法院，必须先经过仲裁程序，未经过仲裁程序的劳动争议案件，人民法院将不予受理。

19.1.4 审判程序

用人单位或劳动者任一方对仲裁裁决不服，可以向当地基层人民法院起诉。目前法院是由民事审判庭依民事诉讼程序对劳动争议案件进行审理，实行两审终审制。当事人若不服一审判决，仍可向上级法院上诉。法院审判程序是劳动争议处理的最终程序。

19.2 协商与和解

劳动争议的协商与和解是指发生争议的劳动者与用人单位通过自行

协商，或者劳动者请工会或者其他第三方共同与用人单位进行协商，从而使当事人的矛盾得以化解，自愿就争议事项达成协议，使劳动争议及时得到解决的一种方式。

发生劳动争议后由当事人双方进行协商和解，有利于使劳动争议在比较平和的气氛中得到解决，防止矛盾激化，促进劳动关系和谐稳定。

19.2.1 协商与和解的技巧

协商和解虽然是避免矛盾激化，节约综合成本的解决劳动争议的方式，但其需要用人单位和劳动者双方达成一致意见，如何妥善地化解争议达成一致需要用人单位掌握一定的技巧：

① 用人单位需保证协商的公平平等。用人单位与劳动者在劳动关系中存在的天然的不对等性，这种不对等性在协商的过程中会使劳动者不信任，从而引发矛盾，无法进行协商与和解。用人单位在协商的过程中要尽量保证协商的公平平等，在协商环境的选择上，尽量避免在人力资源办公室或各级领导、管理人员的办公室中而应该设定在会议室当中；在用人单位协商代表的选派上，应选择在用人单位内部人际关系好、服众、性格温和的管理人员或选择与协商相对人关系融洽的管理人员；在协商的过程中，应当充分尊重劳动者的权利，保持宽容开放的态度，听取劳动者的意见，让劳动者感受到公平平等。

② 用人单位应与每位劳动者进行协商。用人单位针对有多名劳动者的群体劳动争议，应当与每位劳动者单独进行协商和解。群体劳动争议因争议内容大致相似，实践中很多用人单位为了简化流程只跟劳动者代表进行谈判，最后协商效果一般很不理想。每位劳动者有自身不同的预期和诉求，劳动者代表在协商的过程中并不能兼顾所有劳动者的诉求，牺牲一部分劳动者的利益而又未获得理解会导致协商失败，不能达成和解。故用人单位应当分别与每位劳动者进行协商，耐心听取每位劳动者的诉求，针对特殊诉求的劳动者可与其单独达成和解协议。

③ 及时签订和解协议，将协商结果进行固定。用人单位与劳动者达

成的口头协商一致的意见，用人单位应当及时签订书面的和解协议固定协商结果。如未签订书面的和解协议，一旦劳动者反悔，用人单位会承担举证不能的不利后果，不能按照协商一致的意见执行。需要注意，和解协议不具备法律上的强制力，用人单位或者劳动者任一方不按照和解协议的内容执行无法直接申请法院强制执行。任一方不履行和解协议内容，另一方可以向仲裁委提起劳动仲裁，和解协议可以作为定案证据。

④ 协商与和解程序贯穿整个劳动争议始终，如在劳动仲裁或审判阶段达成和解的，用人单位可以申请仲裁委或法院按照和解协议制作调解书。根据《最高人民法院关于人民法院民事调解工作若干问题的规定》，用人单位以及劳动者在诉讼过程中达成和解协议的，可以申请人民法院依法确认和解协议制作调解书，法院依据和解协议出具的调解书具有强制力。

19.2.2 制作和解协议的注意事项

用人单位与劳动者就劳动争议协商一致后，用人单位应当起草和解协议书。为了防止和解协议书因无效、被撤销或约定不清而被劳动者索要二次赔偿，用人单位在制作和解协议书时应当注意以下事项：

① 和解协议应避免排除当事人权利。很多用人单位在拟定和解协议时为了避免劳动者另行申请仲裁或诉讼，在协议中添加了“签订本协议后，劳动者不得再向劳动部门进行投诉或申请仲裁、诉讼”甚至添加了违约金条款。这种条款限制了劳动者的合法权益，申请仲裁和提起诉讼则属于公法中的权利，不属于民事权利义务，当事人不能自由处分。协议约定当事人任何一方不得再提起诉讼、仲裁的约定违反了法律规定，该约定的内容无效。

② 和解协议应避免约定显失公平。个别用人单位在与劳动者签订协议时，利用劳动者不懂法的特点与劳动者签订的和解协议的赔偿金额明显低于依法应进行补偿的数额，订立的和解协议显失公平。根据《最高人民法院关于审理劳动争议案件适用法律若干问题的解释（三）》（法

释〔2010〕12 号）的规定，劳动者与用人单位就解除或者终止劳动合同办理相关手续、支付工资报酬、加班费、经济补偿或者赔偿金等达成的协议，存在重大误解或者显失公平情形，当事人请求撤销的，人民法院应予支持。故用人单位在签订和解协议时，应当明确告知劳动者自身的权利，在劳动者知情且同意的情况下签订和解协议。

【案例】

在北京某建筑公司工作的杨某施工时左手大拇指被锯伤，当日杨某被送往当地医院进行治疗，公司为其支付医疗费 1.6 万元。一个月后，杨某出院并与该公司签订了和解协议，约定公司一次性支付补偿4000元，杨某自愿放弃工伤认定及伤残鉴定等请求，不得再为该起事故提出任何赔偿或补贴要求。

后杨某被认定为工伤九级伤残，杨某向该公司邮寄了辞职申请，并请求支付工伤保险待遇。建筑公司签收该邮件后，书面告知公司与杨某劳动关系已解除，但杨某因已经签订和解协议，且公司已经支付 4000 元的补偿款，杨某无权另行要求工伤赔偿。杨某不服，向劳动仲裁委员会申请仲裁，要求公司支付工伤保险待遇 15 万元。

【裁决】

仲裁委认为杨某与公司签订的和解协议显失公平，应予以撤销，公司赔偿工伤保险待遇差额 14.6 万元。

【解析】

仲裁委的裁决是正确的。《最高人民法院关于审理劳动争议案件适用法律若干问题的解释(三)》（法释〔2010〕12 号）第 10 条规定，劳动者与用人单位就解除或者终止劳动合同办理相关手续、支付工资报酬、加班费、经济补偿或者赔偿金达成的协议可撤销的条件有三类：一是违反法律、行政法规的强制性规定；二是存在欺诈、胁迫或者乘人之危情形；三是存在重大误解或者显失公平情形。本案明显不存在前两种情形，因此该协议是否具有可撤销性，关键在于是否存在重大误解或显失公平的情形。

用人单位在工伤认定和伤残等级鉴定作出前与劳动者达成工伤赔偿协议，若该协议的赔偿款项显著低于劳动者应当享有的工伤保险待遇的，一般应认为是显失公平的协议，用人单位这种行为是对劳动者权益的重大损害，使应当承担赔偿责任的用人单位从中受益，违背了公平原则。本案中，二者在工伤认定前达成的一次性赔偿4000元的协议和工伤九级伤残的鉴定结论足可以看出该协议获赔的金额远远低于其依法应获赔的金额，故该协议认定为显失公平，应予撤销是正确的。

第三，和解协议应避免约定不完整、不明确。用人单位在与劳动者签订和解协议前，应当全面审查与该劳动者的争议风险点，包括但不限于工资、加班、带薪休假、产假工资、工伤、经济补偿金、竞业限制金等，尽量做到穷尽列举劳动者可能获得的赔偿项目。另外在和解协议最后应设定兜底条款，以避免和解协议约定不完整、不明确导致劳动者不履行和解协议另行仲裁要求赔偿的法律风险。和解协议的兜底条款可以表述为“在用人单位按照本协议约定支付全部款项后，用人单位与劳动者双方的所有争议即告终结，双方再无任何劳动争议和经济纠纷，双方不得再以任何理由和方式向对方主张权利。”

19.3 劳动争议的调解

劳动争议调解是指在用人单位与员工之间由于社会保险、薪资、福利待遇、劳动关系等发生争议时，由第三方（例如专业性的人才机构、争议调解中心等）进行的和解性咨询，通过劳动争议调解达到法律咨询、和解方式等的劳动争议解决机制。

19.3.1 劳动争议调解的组织

劳动争议调解利用第三方力量，在中立的角度下尽可能促进劳资双方达成一致意见，化解劳资矛盾。根据《劳动争议调解仲裁法》的规定，第三方基层调解组织包括：企业劳动争议调解委员会、依法设立的基层人民调解组织、在乡镇、街道设立的具有劳动争议调解职能的组织。

19.3.2 劳动争议调解的流程

（1）调解申请

劳动争议的双方当事人以口头或书面的形式向企业劳动争议调解委员提出的调解请求，企业劳动争议调解委员会只有在收到当事人的调解申请后，才能受理并行使调解。需要注意的是，调解并非是解决劳动争议的必经阶段，双方当事人可以申请调解，也可以申请仲裁。

（2）调解受理

企业劳动争议调解委员会在收到调解申请后，经过审查，决定接受案件申请。调解申请可以是双方当事人共同提出，也可以是一方提出，但必须是在双方合意的情况下。

调解委员会受理时主要就三项内容进行审查：一是调解申请人的资格；二是争议案件是否属劳动争议；三是争议案件是否属调解委员会受理的范围。调解委员会在对案件进行审查后，就可以做出是否受理的决定并及时将决定通知双方当事人。

（3）进行调查

案件受理后，调解委员会的首要任务是进行调查工作。调查的内容主要包括：双方当事人争议的事实及对调解申请提出的意见和依据；调查争议所涉及的其他有关人员、单位和部门及其对争议的态度和看法；查看和翻阅有关劳动法规以及争议双方订立的劳动合同或集体合同等。

（4）实施调解

实施调解是指通过召开调解会议对争议双方的分歧进行调解。调解会议一般由调解委员会主任主持，参加人员是争议双方当事人或其代表，其他有关部门或个人也可以参加。

实施调解有两种结果。一是调解达成协议，依法制作调解协议书；二是调解不成或调解达不成协议，做好记录并制作调解处理意见书，提出对争议的有关处理意见。

（5）调解执行

调解协议达成后，争议双方当事人都应按达成的调解协议书内容自觉地执行。

19.4 劳动争议仲裁

劳动仲裁是指由劳动争议仲裁委员会对当事人申请仲裁的劳动争议居中公断与裁决。在我国劳动仲裁是劳动争议当事人向人民法院提起诉讼的必经程序。

19.4.1 劳动仲裁的受理范围

根据《劳动争议调解仲裁法》的规定，劳动仲裁委员会受理下列发生在用人单位与劳动者之间的劳动争议：

① 因确认劳动关系发生的争议；

② 因订立、履行、变更、解除和终止劳动合同发生的争议；

③ 因除名、辞退和辞职、离职发生的争议；

④ 因工作时间、休息休假、社会保险、福利、培训以及劳动保护发生的争议；

⑤ 因劳动报酬、工伤医疗费、经济补偿或者赔偿金等发生的争议；

⑥ 法律、法规规定的其他劳动争议。

除上述几种一般情况属于劳动争议受案范围以外，还有几项特殊的规定：

① 事业单位实行聘用制的工作人员与本单位发生劳动争议的，除法律、行政法规或者国务院另有规定的以外，应当属于劳动仲裁受理范围；

② 因履行集体合同发生的争议，属于劳动仲裁受理范围；

除了上述情形外，都不属于劳动争议。《最高人民法院关于审理劳动争议案件适用法律若干问题的解释（二）》（法释〔2006〕6号）特殊规定了一些不属于劳动争议的情形：

① 劳动者请求社会保险经办机构发放社会保险金的纠纷；

② 劳动者与用人单位因住房制度改革产生的公有住房转让纠纷；

③ 劳动者对劳动能力鉴定委员会的伤残等级鉴定结论或者对职业病诊断鉴定委员会的职业病诊断鉴定结论的异议纠纷；

④ 家庭或者个人与家政服务人员之间的纠纷；

⑤ 个体工匠与帮工、学徒之间的纠纷；

⑥ 农村承包经营户与受雇人之间的纠纷；

用人单位针对员工提起的劳动仲裁，应当在应诉前审查该纠纷是否属于劳动争议。如纠纷不属于劳动争议，应当在答辩期内向劳动争议仲裁委员会提出异议。

19.4.2 劳动仲裁的时效

劳动仲裁的时效是指当事人因劳动争议纠纷要求保护其合法权利，必须在法定的期限内向劳动争议仲裁委员会提出仲裁申请，否则法律规定消灭其申请仲裁权利的一种时效制度。

（1）一般时效

2008 年 5 月 1 日后受理的劳动争议案件，应当按照《劳动争议仲裁法》第 27 条的规定，时效为一年，仲裁时效期间从当事人知道或者应当知道其权利被侵害之日起计算。

2008 年 5 月 1 日前受理的劳动争议案件，应当按照《劳动法》第 82 条的规定，时效为六十日，仲裁时效期间从劳动争议发生之日起计算。

（2）特殊时效

考虑到用人单位与劳动者之间劳动关系的特殊性，《劳动争议调解仲裁法》规定了一般时效的例外情形，即劳动关系存续期间因拖欠劳动报酬发生争议的，劳动者申请仲裁不受一年时效的限制。待劳动关系解除或终止后，自劳动合同解除或终止之日起计算一年的普通时效。

（3）时效中断

劳动争议的时效中断是指在劳动争议时效进行期间，因发生一定的法定事由致使已经经过的时效期间归于无效，待时效中断事由消除后，诉讼时效期间重新起算的时效制度。

《劳动争议调解仲裁法》规定了三种时效中断的法定事由，分别是：

① 当事人一方向对方主张权利，如劳动者向用人单位讨要被拖欠的工资或者经济补偿。

② 向有关部门请求权利救济，如劳动者向劳动监察部门或者工会反映用人单位违法要求加班，请求保护休息权利；也可以向劳动争议调解组织申请调解。

③ 对方当事人同意履行义务。如劳动者向用人单位讨要被拖欠的工资，用人单位答应支付，或用人单位要求未满服务期离职的劳动者支付违约金，劳动者答应支付等等。

（4）时效中止

劳动争议的时效中止是指仲裁时效进行中的某一阶段，因发生法定事由致使权利人不能行使请求权，暂停计算仲裁时效，待阻碍时效进行的事由消除后，继续进行仲裁时效期间的计算的时效制度。时效中止的法定事由主要包括以下两种情形：

① 不可抗力，即不能预见、不能避免并且不能克服的客观情况，如发生特大自然灾害、地震等。

② 其他正当理由，即除不可抗力之外的阻碍权利人行使请求权的客观事实。如权利人为无民事行为能力人或限制民事行为能力人而无法定代理人，或其法定代理人死亡或丧失民事行为能力等。

19.4.3 劳动仲裁的管辖

劳动争议仲裁管辖，是指确定各个劳动争议仲裁委员会审理劳动争议案件的分工和权限，明确当事人应当到哪一个劳动争议仲裁委员会申请劳动争议仲裁，由哪一个劳动争议仲裁委员会受理的法律制度。

劳动仲裁的管辖分为级别管辖、地域管辖、移送管辖、指定管辖四种情况，不存在协议管辖，劳动合同中存在协议管辖条款无效。

（1）级别管辖

我国劳动仲裁实行一裁制，各级劳动争议仲裁委员会虽存在一定的级别管辖关系，但没有直接的隶属关系。

各地划分级别管辖的一般原则是，劳动争议案件一般由基层的劳动争议仲裁委员会管辖，特殊和重大的劳动争议案件的级别管辖由省人民政府规定。各地一般都规定，省级劳动争议仲裁委员会和设区的市的劳动争议仲裁委员会，负责处理外商投资用人单位的劳动争议和在本省有重大影响的劳动争议。有的地方还将用人单位划分为中央用人单位、省属用人单位和市属用人单位等，依此确定不同级别劳动争议仲裁委员会的管辖权。

北京市依据北京市劳动和社会保障局制定的《关于进一步明确我市劳动争议仲裁案件管辖的通知》确定了本市的劳动争议级别管辖：市劳动争议仲裁委员会管辖下列劳动争议案件：

① 用人单位注册地及劳动合同履行地位于东城区、西城区、崇文区、宣武区、海淀区、丰台区、朝阳区和石景山区，注册资金在壹仟万美元以上（或者相当于壹仟万美元以上）的中央、市属单位与外商合资、合作用人单位和外商独资用人单位（含港澳台合资、合作和独资用人单位）的劳动争议案件；

② 在全市有重大影响的劳动争议案件；

③ 市劳动争议仲裁委员会认为应当受理的劳动争议案件。区、县劳动争议仲裁委员会管辖本行政区域内，除市劳动争议仲裁委员会管辖范围内的劳动争议案件。

（2）地域管辖

劳动争议仲裁委员会负责管辖本区域内发生的劳动争议。劳动争议由劳动合同履行地或者用人单位所在地的劳动争议仲裁委员会管辖。

劳动合同履行地为劳动者实际工作场所，用人单位所在地为用人单位注册、登记地或者主要办事机构所在地。用人单位未经注册、登记的，其出资人、开办单位或者主管部门所在地为用人单位所在地。双方当事人分别向劳动合同履行地和用人单位所在地的仲裁委员会申请仲裁的，由劳动合同履行地的仲裁委员会管辖。有多个劳动合同履行地的，由最先受理的仲裁委员会管辖。劳动合同履行地不明确的，由用人单位所在地的仲裁委员会管辖。

（3）移送管辖

仲裁委员会发现已受理案件不属于其管辖范围的，应当移送至有管辖权的仲裁委员会并书面通知当事人。对于移送案件，受移送的仲裁委员会应当依法受理，受移送的仲裁委员会认为移送的案件按照规定不属于其管辖，或者仲裁委员会之间因管辖争议协商不成的，应当报请共同的上一级仲裁委员会主管部门指定管辖。

（4）指定管辖

对于被移送的劳动争议案件，受移送的仲裁委员会认为移送的案件按照规定不属于其管辖，或者仲裁委员会之间因管辖争议协商不成的，应当报请共同的上一级仲裁委员会主管部门指定管辖。

（5）管辖权异议

劳动仲裁的管辖权异议是指劳动仲裁委员会受理后，当事人对该仲裁委员会对该案件无权管辖的意见及主张。用人单位或劳动者如对劳动仲裁受理的仲裁委的管辖权存在异议的，应当在答辩期届满前以书面的形式提交管辖异议申请书，当事人逾期提出不影响仲裁程序的进行，当事人因此对仲裁裁决不服的，可以依法向人民法院起诉或者申请撤销。当事人提出管辖权异议后，仲裁委应当进行审查，异议成立的，裁定移送至有管辖权的仲裁委；异议不成立的，裁定驳回。

19.4.4 劳动仲裁的程序

劳动争议的程序分为申请、审查与受理、申请送达与答辩、提交证据、开庭审理、裁决生效与异议、裁决执行七个主要阶段，仲裁庭裁决劳动争议案件，应当自劳动争议仲裁委员会受理仲裁申请之日起四十五日内结束。案情复杂需要延期的，经劳动争议仲裁委员会主任批准，可以延期并书面通知当事人，但是延长期限不得超过十五日。如果仲裁庭逾期未作出裁决，用人单位与劳动者可以就劳动争议事项直接向人民法院提起诉讼。

（1）申请

劳动仲裁适用“不告不理”原则，仲裁委员会处理劳动争议案件必须有当事人的申请，否则仲裁委员会无权仲裁案件。

申请劳动仲裁一般应当以书面的《劳动仲裁申请书》的形式进行申请，如劳动者申请确实有困难不能书面申请的，劳动者可以口头申请，由劳动仲裁委计入笔录并由劳动者签字确认。

《劳动仲裁申请书》应当具有如下信息：

① 申请人具体信息。劳动者申请的，列明姓名、年龄、性别、职业、工作单位、住所、联系方式等信息；用人单位申请的，列明名称、住所、法定代表人或主要负责人的信息，住所地或实际经营地。

② 仲裁请求。

③ 仲裁请求所依据的事实以及理由。

④ 证据及证据相关信息。

用人单位申请劳动仲裁的需要向劳动仲裁委提交用人单位相关材料，包括但不限于用人单位营业执照、组织机构代码证、法定代表人身份证明、法定代表人身份证复印件，委托他人办理的，还要提交授权委托书及委托人的身份信息。

（2）审查与受理

仲裁委员会办事机构接到仲裁申请书后，应对以下事项进行审查：

① 申请人是否与本案有直接利害关系；

② 申请仲裁的争议是否属于劳动争议；

③ 申请仲裁的劳动争议是否属于仲裁委员会的受理范围；

④ 该劳动争议是否属于本仲裁委员会管辖；

⑤ 申诉书及有关材料是否齐备符合要求；

⑥ 申诉时间是否符合申请仲裁的时效规定等。

劳动争议仲裁委员会收到仲裁申请之日起五日内，认为符合受理条件的应当受理，并通知申请人；认为不符合受理条件的，应当书面通知申请人不予受理，并说明理由。对劳动争议仲裁委员会不予受理或者逾期未作出决定的，申请人可以就该劳动争议事项向人民法院提起诉讼。

（3）申请送达与答辩

劳动争议仲裁委员会受理仲裁申请后，应当将相关材料送达被申请人，被申请人应当制作相应的答辩材料。

劳动争议仲裁委员会受理仲裁申请后，应当在五日内将仲裁申请书副本送达被申请人，被申请人根据送达的材料了解申请人的仲裁请求和事实、理由，及时提出答辩维护自身权益。

被申请人收到仲裁申请书副本后，应当在十日内向劳动争议仲裁委员会提交答辩书。劳动争议仲裁委员会收到答辩书后，应当在五日内将答辩书副本送达申请人。被申请人未提交答辩书的，不影响仲裁程序的进行。

被申请人的答辩应以书面的方式作出。被申请人通过向劳动争议仲裁委员会提交仲裁答辩书，可以表明自己对申请人仲裁请求的态度，并有利于仲裁庭查明事实。答辩书主要是发表申请人请求事项不能被支持的理由，该理由可以是程序上的也可以是实体上的，在程序方面主要是申请人无权提起仲裁，劳动争议仲裁委员会无权管辖等。在实体方面重点是要针对申请人的仲裁请求及其所依据的事实和理由进行反驳和辩解，阐明自己的主张和根据并可以提出反请求。

（4）提交证据

申请人与被申请人双方均应在举证期限内向劳动仲裁委员会提交证据。举证期限由仲裁委根据案件情况指定，自当事人收到案件受理通知书或立案通知书之日起计算。当事人应当在举证期限内向仲裁委提交证据材料，当事人在举证期限内不提交的，视为放弃举证权利。

用人单位在向劳动仲裁委员会提交证据时，应当注意以下几点：

① 提交证据时，应当提供证据原件以及与原件核对无异的复印件，如提交的证据是视听资料，则应提交视听资料的拷贝件及文字版的视听资料笔录；

② 提交证据较多的应当将提供的证据逐一分类编号，并制作《证

据材料目录》，写明编号、页码、证据名称、证明目的、证据来源等信息。证据原件和复印件经仲裁委核对后，原件退当事人，复印件由仲裁委收存。

③ 申请证人出庭的，应当在举证期限届满五日前提出，并经仲裁委许可。提供证人证言的，除法律、司法解释规定的特殊情况外，证人应当亲自到庭作证接受询问。仲裁员和当事人可以对证人进行询问，证人不得旁听仲裁庭审理，询问证人时，其他证人不得在场。仲裁庭认为有必要的，可以让证人进行对质。

（5）开庭审理

劳动仲裁开庭审理程序包括了仲裁准备阶段、仲裁庭审阶段、辩论调解阶段、裁决阶段四个主要阶段。

① 仲裁准备阶段

组成仲裁庭。仲裁委员会受理劳动争议后，一般应组成仲裁庭进行审理，仲裁庭由三名仲裁员组成，设首席仲裁员。对于案情简单的劳动争议案件，可以由一名仲裁员独任仲裁。《劳动争议仲裁委员会办事规则》第 16 条对简单案件界定为“事实清楚，案情简单，适用法律法规明确”的劳动争议案件。

通知开庭。仲裁庭应当在开庭五日前，将开庭日期、地点书面通知双方当事人。当事人有正当理由的，可以在开庭三日前请求延期开庭。是否延期，由劳动争议仲裁委员会决定。

按时到庭参加庭审。申请人与被申请人需按照仲裁委规定的时间，准时到庭参加庭审。申请人无正当理由拒不到庭或者未经仲裁庭同意中途退庭的，可以视为撤回仲裁申请。被申请人收到书面通知，无正当理由拒不到庭或者未经仲裁庭同意中途退庭的，可以缺席裁决。

申请仲裁员回避。如案件审理的仲裁员与用人单位或劳动者存在影响案件公正判决的情形，当事人有权以口头或者书面方式提出回避申请，仲裁委员会对回避申请应当及时作出决定，并口头或书面方式通知申请人。符合回避申请的情形包括：仲裁人员是本案当事人或当事人、代理人近亲属；与本案有利害关系；与本案当事人、代理人有其他关系，可能影响案件公正裁决；私自会见当事人、代理人，或者接受当事人、代理人的请客送礼的。

② 仲裁庭审阶段

陈述申请与答辩。申请人陈述仲裁请求及事实依据及理由；被申请人对申请人的仲裁请求、事实、理由进行答辩。在仲裁庭审阶段，申请人可以追加、撤回、变更仲裁请求，被申请人可以当庭答辩，也可以延期答辩。

举证与质证。当事人双方就自身掌握的证据向法庭进行出示，相对方就对方提供的证据从真实性、合法性、关联性三方面进行质证。当事人提供的证据经查证属实的，仲裁庭应当将其作为认定事实的根据。需要注意的是，劳动争议案件与一般民事案件“谁主张、谁举证”的原则不同，用人单位被赋予了更多的举证责任——劳动者无法提供由用人单位掌握管理的与仲裁请求有关的证据，仲裁庭可以要求用人单位在指定期限内提供。用人单位在指定期限内不提供的，应当承担不利后果。

③ 辩论调解阶段

庭审辩论。用人单位与劳动者有权在劳动仲裁案件中进行辩论。在仲裁庭的主持下，双方当事人就争议的事实认定问题和法律适用问题，各自陈述己方的主张和根据，挑战对方的主张和根据，对对方的挑战进行反驳，以维护己方的合法权益的活动。通过双方当事人的辩论，仲裁庭可以进一步查清事实，确定定案的根据，正确适用法律，最终作出公正的裁决。辩论的顺序一般为：申请人及其代理人发言；被申请人及其代理人发言；第三人及其代理人发言。 第一轮辩论结束，首席仲裁员或者独任仲裁员应当询问当事人是否还有补充意见。当事人要求继续发言的，应当允许，但当事人不得重复第一轮的发言。一轮辩论结束后当事人要求继续辩论的，可以进行下一轮辩论。下一轮辩论不得重复上一轮的内容。

最后意见陈述。质证和辩论终结时，首席仲裁员或者独任仲裁员应当按照申请人、被申请人、第三人的顺序，征询他们各自的最后意见，以充分保证当事人发表意见的权利。

仲裁庭调解。仲裁庭在作出裁决前，应当先行调解。调解达成协议的，仲裁庭应当制作调解书。调解书是指仲裁庭制作的记载对当事人劳动争议进行调解的过程和结果的具有约束力的法律文书，是经双方当事人协商并经仲裁庭批准的协议。与裁决书一经作出就发生法律效力不同，调解书不是制成后马上生效，而是要由双方当事人签收后才生效。调解书应当载明仲裁请求和当事人协议的结果。调解书应当由仲裁员签名，并加盖劳动争议仲裁委员会的印章送达双方当事人。调解不成或者调解书送达前，一方当事人反悔的，仲裁庭应当及时作出裁决。

④ 裁决阶段

裁决应当按照多数仲裁员的意见作出裁决，少数仲裁员的不同意见应当做笔录。仲裁庭不能形成多数意见时，裁决应当按照首席仲裁员的意见作出裁决。裁决书应当载明仲裁请求、争议事实、裁决理由、裁决结果和裁决日期。裁决书由仲裁员签名，加盖劳动争议仲裁委员会印章。对裁决持不同意见的仲裁员，可以签名也可以不签名。

⑤ 裁决异议与生效

当事人如对劳动仲裁委的裁决存在异议，可以自收到仲裁裁决书之日起十五日内向人民法院提起诉讼。双方当事人任一方提起诉讼的，劳动仲裁裁决不生效，如双方当事人均未在规定的时限内提起诉讼，裁决书自期限届满之日起生效。

需要注意的是，有一部分劳动争议实行“一裁终局”制度，裁决书自作出之日起发生法律效力。实行“一裁终局”制度劳动争议一类是追索劳动报酬、工伤医疗费、经济补偿或者赔偿金，不超过当地月最低工资标准十二个月金额的争议；另一类是因执行国家的劳动标准在工作时间、休息休假、社会保险等方面发生的争议。针对“一裁终局”的裁决，劳动者与用人单位提出异议的途径及效力有所不同，劳动者对“一裁终局”裁决不服的，可以自收到仲裁裁决书之日起十五日内向人民法院提起诉讼；用人单位只有在裁决适用法律、法规确有错误、无权管辖、违反法定程序、裁决依据证据伪造这四种情况下才可以自收到仲裁裁决书之日起三十日内向劳动争议仲裁委员会所在地的中级人民法院申请撤销裁决。

⑥ 裁决执行

当事人对发生法律效力的调解书、裁决书，应当依照规定的期限履行。一方当事人逾期不履行的，另一方当事人可以依照民事诉讼法的有关规定向人民法院申请执行，受理申请的人民法院应当依法执行。

受理执行的法院应当在被执行人所在地人民法院或被执行的财产所在地人民法院。

如劳动争议案件当事人权利义务明确且不立即执行将严重影响申请人的生活，仲裁庭可以对追索劳动报酬、工伤医疗费、经济补偿或者赔偿金的案件，根据当事人的申请，裁决先予执行并移送人民法院执行。

19.4.5 劳动争议诉讼程序

当事人如对劳动仲裁委的裁决存在异议，可以自收到仲裁裁决书之日起十五日内向人民法院提起诉讼。双方当事人任一方提起诉讼的，劳动仲裁裁决不生效，劳动争议进入审判程序。

1. 劳动争议诉讼程序的立案期限

不服劳动仲裁裁决的起诉期限为 15 日，自当事人收到劳动仲裁裁决书之日起算，如第 15 日为休息日，则顺延至下一工作日，用人单位与劳动者起诉期限单独计算。例如用人单位于 2018 年 1 月 2 日签收劳动仲裁裁决书，劳动者于 2018 年 1 月 5 日签收劳动仲裁裁决书，则用人单位应于 2018 年 1 月 17 日（含当日）前向人民法院提起诉讼，劳动者应于 2018 年 1 月 22 日前（含当日，期限届满日期为 2018 年 1 月 20 日，当天是周六为休息日，顺延至 2018 年 1 月 22 日）向人民法院提起诉讼。

2. 劳动争议诉讼程序的管辖

依据《最高人民法院关于审理劳动争议案件适用法律若干问题的解释（一）》（法释〔2001〕14 号）第 8 条的规定，劳动争议案件由用人单位所在地或者劳动合同履行地的基层人民法院管辖。劳动合同履行地不明确的，由用人单位所在地的基层人民法院管辖。

从法条可以看出，用人单位所在地以及劳动合同履行地的人民法院均具有管辖权，如当事人双方就同一仲裁裁决分别向有管辖权的人民法院起诉的，后受理的人民法院应当将案件移送给先受理的人民法院。

级别管辖上，对于案情比较简单、影响不大的劳动争议案件，一般由劳动争议仲裁委员会所在地的基层人民法院进行一审程序；对于案情复杂、影响很大的劳动争议案件，基层人民法院审理有困难的，可由中级人民法院进行一审程序。

3. 原被告的确定

用人单位或劳动者任一方就劳动争议裁决向人民法院起诉的，起诉的一方为原告，未起诉的一方为被告。

如当事人双方不服劳动争议仲裁委员会作出的同一仲裁裁决，均向同一人民法院起诉的，先起诉的一方当事人为原告，但对双方的诉讼请求人民法院应当一并作出裁决。

4. 劳动争议诉讼具体流程

劳动争议诉讼程序是劳动争议仲裁程序的后置程序，与一般民事纠纷一致， 程序上适用《民事诉讼法》的规定，主要有一审程序，二审程序以及审判监督程序。

（1）一审程序

一审程序，法院可以适用简易程序或普通程序审理劳动争议案件，如适用简易程序审理的，审理期限为3个月；如适用普通程序审理的，审理期限为6个月。一审程序包含立案受理、庭审前准备、开庭审理、调解与判决四个阶段。

① 立案受理

我国民事立案制度已经由立案审查制度变为立案登记制度，只要劳动者或用人单位提供符合形式要件的起诉状及相应材料，法院应当一律接受并在规定的时间内进行处理。

劳动争议诉讼阶段的立案材料与劳动仲裁阶段提供的材料相似，均需提交书面的起诉状、相关证据材料以及原被告身份信息材料，并且将劳动仲裁裁决原件及复印件一并提交。

② 庭审前准备

与劳动仲裁阶段相同，不再赘述。

③ 开庭审理

与劳动仲裁阶段相同，不再赘述。

④ 调解与判决

判决前双方如能够调解达成一致的，一审法院应组织双方当事人进行调解，出具调解书，调解书的效力与判决书一致。如双方不能达成一致意见，法院应出具一审判决。如当事人不服一审判决的，可以在收到判决之日起 15 日内向上级人民法院提起诉讼。

（2）二审程序

当事人不服一审判决可以提起上诉，劳动争议案件进入二审程序。二审程序包括受理上诉、审理前的准备工作、审理、判决四个阶段。人民法院审理第二审诉讼案件，应当在第二审立案之日起 3 个月内审结。有特殊情况需要延长的，由本院院长批准。人民法院审理对裁定的上诉案件，应当在第二审立案之日起 30 日内作出终审裁定。

① 受理上诉。上诉的受理包括诉讼文书的接受和送达、诉讼案卷和证据的报送、立案。

② 审理前的准备工作。二审审理前的准备工作包括组成合议庭、对上诉状进行审查、查阅案件材料并熟悉案情、决定是否开庭审理。

③ 审理。上诉案件的审理以开庭审理为原则，以径行裁判为例外。开庭审理的流程与民事诉讼一审的流程相同；人民法院认为不需要开庭审理就能查清事实、予以裁判的案件，可以径行裁判。

④ 判决。二审法院对当事人的上诉进行审理，根据事实和法律作出终局裁决。二审判决和裁定一经送达当事人即发生法律效力，当事人不得就此再行上诉。

（3）审判监督程序

劳动争议案件的二审判决即时生效，如劳动者或用人单位对判决不服可以申请再审，进入审判监督程序。审判监督程序是指人民法院、人民检察院对已经发生法律效力的判决和裁定，发现在认定事实或适用法律上确有错误，依法提起对案件进行重新审判的程序。

劳动案件的审判监督程序与一般民事案件审判监督程序相同，具体规定参见《最高人民法院关于适用 < 中华人民共和国民事诉讼法 > 审判监督程序若干问题的解释》的相关规定，本书不再详述。

19.4.6　劳动争议中的举证责任

举证责任是指当事人对其提出的主张有收集或提供证据的义务，并有运用该证据证明主张的案件事实成立或有利于其主张的责任，否则将承担其主张不能成立的危险。

1. 举证责任分配

在一般民事案件中，“谁主张谁举证”是举证责任分配的一般原则，举证责任倒置则是这一原则的例外。举证责任倒置是指基于法律规定，将通常情形下本应由提出主张的一方当事人（一般是原告）就某种事由不承担举证责任，而由对方当事人（一般是被告）就某种事实存在或不存在承担举证责任，如果该方当事人不能就此举证证明，则推定主张的一方当事人的事实主张成立的一种举证责任分配制度。

在劳动争议案件中，因为用人单位在劳动关系中出于强势地位，我国法律将一部分的举证责任倒置分配给用人单位，使得用人单位在劳动争议案件中承担较重的举证责任。

2. 用人单位承担的举证责任

（1）用人单位对劳动合同的订立承担举证责任

劳动仲裁委员会或者人民法院在处理劳动争议纠纷时，一般要求用人单位就是否签订劳动合同承担举证责任，比如是否签订书面的《劳动合同》。如果用人单位不能提供证据，会被认定为未签订劳动合同，用人单位将会承担双倍支付工资的风险。劳动者只需证明是否存在劳动关系的初步举证责任，且对劳动者的举证要求相对比较简单，类似工号牌、名片、公司通讯录、工资表等都可以作为存在劳动关系的直接证据。劳动者提供了上述证据而用人单位不能提供已经签订书面《劳动合同》的相应证据，用人单位将败诉并承担举证不能的不利后果。

（2）用人单位对规章制度合法有效性承担举证责任

用人单位适用规章制度对劳动者进行处理时，需承担规章制度合法有效的举证责任，即规章制度条款不存在违法、违规情形且已经履行了民主及告知程序的义务。用人单位不能证明的，将被认定规章制度对劳动者不发生效力，其依据规章制度作出的用工处理违法。

（3）用人单位对解除劳动合同合法性承担举证责任

用人单位合法解除劳动合同包括实体上的合法以及程序上的合法，用人单位对实体以及程序方面均负有举证责任。《劳动合同法》第39条、第40条、第41条赋予了用人单位单方解除劳动合同的权利，但这些权利同时也对用人单位形成了约束。用人单位在解除劳动合同时，必须要存在法定的解除情形且须遵循法定的程序，同时须提供相关证据予以证明。

用人单位在解除劳动合同时须提交的证据，如“在试用期间被证明不符合录用条件的”；用人单位在招聘时就应当规定详尽的录用条件，“严重违反用人单位的规章制度的”，在规章制度中就须明确出现哪些情形就属于严重的情形，假如设定连续旷工达7天或者一年内累计旷工达20天的属于严重违反用人单位规章制度的情况可以解除劳动合同，这个过程中用人单位就须提供该名劳动者旷工的相关证据，比如考勤表。

用人单位在解除劳动合同时须遵循法定的程序，如用人单位依据《劳动合同法》第40条第3款“劳动合同订立时所依据的客观情况发生重大变化，致使劳动合同无法履行，经用人单位与劳动者协商未能就变更劳动合同内容达成协议的”之规定解除劳动合同的，用人单位应提交其与劳动进行协商但未能协商一致的相关证据，否则就不能以此款解除劳动合同，擅自解除的将承担违法解除劳动合同的双倍责任。

（4）用人单位对减少劳动报酬等实际影响劳动者权益的待遇合法性承担举证责任

用人单位在用工过程中不能擅自减少劳动报酬，否则劳动者将按照《劳动合同法》第 85 条的规定追究用人单位的责任。用人单位在用工过程中也不能擅自实际影响劳动者相关权益，如减少劳动保护、降低办公条件、变更工作岗位等。用人单位减少劳动报酬等实际影响劳动者权益的待遇时，需要承担决定合理合法的举证责任，如提供劳动者不合格的考核材料、旷工材料等否则将承担举证不能的不利后果。

（5）用人单位对劳动者工作年限承担举证责任

劳动者工作年限的计算一般由用人单位提供相关证据证明，因为劳动者工作年限证据主要是由用人单位来掌握的，如果用人单位不能提供则劳动者的相关主张将会被仲裁委或者法院认可。

读者意见反馈表

亲爱的读者：

感谢您对中国铁道出版社有限公司的支持，您的建议是我们不断改进工作的信息来源，您的需求是我们不断开拓创新的基础。为了更好地服务读者，出版更多的精品图书，希望您能在百忙之中抽出时间填写这份意见反馈表发给我们。随书纸制表格请在填好后剪下寄到：北京市西城区右安门西街8号中国铁道出版社有限公司大众出版中心 王佩 收（邮编：100054）。或者采用传真（010-63549458）方式发送。此外，读者也可以直接通过电子邮件把意见反馈给我们，E-mail地址是：1958793918@qq.com。我们将选出意见中肯的热心读者，赠送本社的其他图书作为奖励。同时，我们将充分考虑您的意见和建议，并尽可能地给您满意的答复。谢谢！

- -

所购书名：________________________

个人资料：

姓名：__________性别：________年龄：________文化程度：______________

职业：________________电话：____________E-mail：________________

通信地址：______________________________邮编：______________

- -

您是如何得知本书的：

□书店宣传 □网络宣传 □展会促销 □出版社图书目录 □老师指定 □杂志、报纸等的介绍 □别人推荐

□其他（请指明）______________________________

您从何处得到本书的：

□书店 □邮购 □商场、超市等卖场 □图书销售的网站 □培训学校 □其他

影响您购买本书的因素（可多选）：

□内容实用 □价格合理 □装帧设计精美 □带多媒体教学光盘 □优惠促销 □书评广告 □出版社知名度

□作者名气 □工作、生活和学习的需要 □其他

您对本书封面设计的满意程度：

□很满意 □比较满意 □一般 □不满意 □改进建议

您对本书的总体满意程度：

从文字的角度 □很满意 □比较满意 □一般 □不满意

从技术的角度 □很满意 □比较满意 □一般 □不满意

您希望书中图的比例是多少：

□少量的图片辅以大量的文字 □图文比例相当 □大量的图片辅以少量的文字

您希望本书的定价是多少：

本书最令您满意的是：

1.

2.

您在使用本书时遇到哪些困难：

1.

2.

您希望本书在哪些方面进行改进：

1.

2.

您需要购买哪些方面的图书？对我社现有图书有什么好的建议？

您更喜欢阅读哪些类型和层次的书籍（可多选）？

□入门类 □精通类 □综合类 □问答类 □图解类 □查询手册类

您在学习计算机的过程中有什么困难？

您的其他要求：